Ueli Mäder

Vom Kolonialismus zum Tourismus – von der Freizeit zur Freiheit

rotpunktverlag

Ueli Mäder

Vom Kolonialismus zum Tourismus – von der Freizeit zur Freiheit

Mit Cartoons von Heinz Pfister

Arbeitskreis Tourismus und Entwicklung
rotpunktverlag

Mit herzlichem Dank an alle, die den Arbeitskreis Tourismus und Entwicklung (PC 40 – 37 517-2) unterstützen und damit eine kritische Befragung des Tourismus ermöglichen.

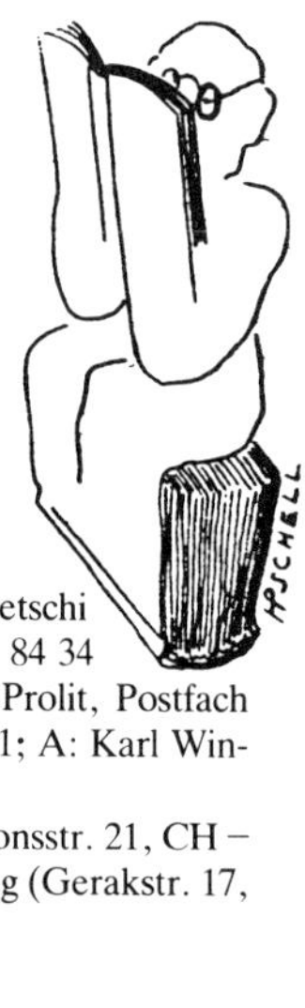

1. Auflage, Januar 1987

Cartoons: Heinz Pfister, Bern
Fotos: Peter Jesse, Basel; Hugo Stamm, Galgenen
Repros: Rumzeis, Basel
Satz: Studio 12, Basel
Druck: Fuldaer Verlagsanstalt, Fulda
Umschlag, Gestaltung, Layout: Heinz Scheidegger und Ueli Mäder
Lektorat: Dieter Fahrni
Korrektorat: Marianne Gujer, Barbara Heuberger, Lilo Roost, Beat Rüetschi
Verlagsadresse: rpv, Postfach 397, CH–8026 Zürich/Schweiz, Tel. 01/241 84 34
Auslieferungen: CH: AVA, Postfach 89, 8910 Affoltern a.A.; BRD: Prolit, Postfach 111008, 6300 Giessen; Berlin: Rotation, Mehringdamm 51, 1000 Berlin 61; A: Karl Winter, Landesgerichtsstr. 20, 1010 Wien
Ferner ist das Buch beim Arbeitskreis Tourismus und Entwicklung (Missionsstr. 21, CH – 4003 Basel, 061/ 25'33'99) und Zentrum für Entwicklungsbezogene Bildung (Gerakstr. 17, BRD – 7000 Stuttgart) erhältlich.
ISBN 3-85869-040-6
Printed in Germany
Bitte verlangen Sie unser Gesamtverzeichnis

Inhalt

Liebe LeserInnen,
"Mich friert, draussen ist es kalt", so beginnt mein 1982 erschienenes, inzwischen vergriffenes Buch "Fluchthelfer Tourismus — Wärme in der Ferne?".(1) Wir wollen abhauen, lautet der Kerngedanke, weg von Autolärm, grauen Mauern, Stress, Grönland, Packeis. In der Ferne suchen wir, was wir in der Nähe kaum mehr finden. Alltagsfrust prägt unsere Reiselust. Ferner schüren schönfärberische Plakate unsere Ferienbedürfnisse. Und clevere Unternehmer wissen diese zu vermarkten. Sie prellen dabei uns Kunden, die wir Könige seien, ganz besonders aber die unfreiwillig Bereisten in armen Ländern.
Im grossen ganzen treffen diese stark verkürzten Aussagen nach wie vor zu. Für mich ist das Grund genug, sie teilweise zu wiederholen, allerdings zusammen mit wesentlichen Ergänzungen und Vertiefungen. Zum einen interessiert, wie der Tourismus entstanden und mit Wirtschaft und Gesellschaft verknüpft ist; zum andern, wie sich unsere Neugierde sowie das Bedürfnis nach Erholung befriedigen lassen, ohne Mensch und Natur in Mitleidenschaft zu ziehen. Unter welchen Bedingungen könnte der Tourismus für alle Beteiligten fruchtbar sein? Welche Vorschläge und praktischen Ansätze sind bekannt? Und wie äussern sich Vertreter benachteiligter Regionen dazu? Welche Entwicklungsstrategie verfolgen sie? Und was bedeutet das für uns?
Es gilt, die Tourismus- und Entwicklungsdiskussion miteinander zu verbinden. Tourismus mit Einsicht erfordert eine Veränderung der gesamten Lebensverhältnisse.

Vom Kolonialismus...

1.1 Der grosse Sündenfall

Von seiner geliebten Eva liess sich Adam verleiten, in den süssen Apfel zu beissen. Dafür mussten beide büssen und das Paradies verlassen. Sie wurden zum (Aus-)Reisen gezwungen. Und da liegt, weiss uns das Alte Testament zu berichten, alles Übel unserer Erde begründet. Die Schuldfrage scheint somit gelöst zu sein. Sie behaftet weniger den Auszug aus dem Garten Eden, sondern das, was zur Vertreibung geführt hat. Bloss, so einfach ist die Geschichte wohl kaum (gemeint).
Was nun den Tourismus betrifft, läuft die aktuelle Debatte ebenfalls Gefahr, ihn entweder zu beschönigen oder zu verteufeln. Die einen preisen als Freiheit, was andere als Ursache von Armut anprangern. Daher sollen nun, im Sinne einer Annäherung an die Realität, zunächst allgemeine Probleme der Entwicklungspolitik zur Darstellung kommen. Der grosse Sündenfall ist weder ein einziges Mal geschehen, noch einem einzelnen Bereich alleine anzulasten. Er wird täglich wiederholt und reicht weit über das touristische Umfeld hinaus. Einige Angaben mögen das verdeutlichen.

Millionen von Menschen können sich nur ungenügend ernähren. Täglich ringen sie ums Überleben. 15 Millionen Kinder sterben jedes Jahr.(2) Ein Drittel der Erdbewohner leidet unter mangelnder Gesundheitsversorgung. Das müsste nicht sein, auf einem Planeten, wo jeweils zwischen dem 1. Januar und 31. Dezember Hunderte Milliarden Dollar für Waffen verschleudert werden. Die Grossmächte verfügen über ein nukleares Zerstörungspotential von knapp zwei Millionen Hiroshima-Bomben. Pro Person stehen mehr Sprengstoffe als Nahrungsmittel zur Verfügung. So lässt sich die Welt zerstören, nicht aber freiheitlich gestalten.(3)
Zu den grossen Krisenherden unserer Zeit gehört die Verarmung breiter Bevölkerungskreise in sogenannten Entwicklungsländern.(4) Sie sind durch die seit Jahren laufenden Bemühungen der Entwicklungshilfe und Entwicklungszusammenarbeit kaum begünstigt worden. Jedenfalls ist es bis heute im grossen Masstab keineswegs gelungen, Konzeptionen anzuwenden, die zu einer wesentlichen Verbesserung der Lage führen.(5) Inflation und rezessive Tendenzen in den Industrieländern haben die Länder der Dritten Welt (6) in letzter Zeit besonders hart getroffen. Das “Phänomen Unterentwicklung” ist kein historischer Überrest. Er breitet sich aus. Die pessimistische Prognose einer noch lange anhaltenden Aktualität des Hungerproblems konnte durch jüngste Ereignisse ebenso wenig entkräftet werden wie die Aussage, soziale und politische Katastrophen seien ohne Kurswechsel nicht mehr zu verhindern.(7)
“Wenn zwei Elefanten miteinander streiten, leidet das Gras” – sagt ein

Heute: touristisches Glück im "Garten Eden". (Foto: H. Stamm)

afrikanisches Sprichwort. Es peilt die Folgen des Konfliktes zwischen den Grossmächten an. Länder der Dritten Welt versuchen, sich diesem zu entziehen. Sie lehnen es ab, sich auf Gedeih und Verderb dem einen oder andern Machtblock zu verschreiben. Statt fremde Rezepte anzuwenden, wollen sie unliebsame Abhängigkeiten vermindern. Der Wunsch nach eigenständig friedlichem Wandel ist gross, die Realisierung schwierig.(8)

Wie lassen sich jene verhärteten Strukturen ändern, welche "die Reichtümer der Reichen ständig vermehren und gleichzeitig das unermessliche Elend weltweit ausbreiten"?(9) Und welche Bedeutung kommt hier dem Tourismus zu? Wiederholt er den grossen Sündenfall? Benachteiligt er fortgesetzt die verarmten Massen in Entwicklungsländern? Oder könnte er, umstrukturiert, zur Verbesserung ihrer Lage und vielleicht sogar zu mehr Völkerverständigung beitragen? — Vorab einige Informationen dazu, wie's zu den skizzierten Misständen gekommen ist.

1.2 Zur Unterjochung Afrikas

Einen Höhepunkt beim Wettlauf um die schönsten Plätze der Welt bildete die Kongo-Konferenz in Berlin. Auf Einladung des kaiserlichen Deutschland setzten sich vom 15. November 1884 bis zum 26. Februar 1885 die engsten Kolonialrivalen an einen Tisch. In seltsamer "Eintracht" steckten die fünfzehn interessierten Staaten ihre Gebiete auf dem afrikanischen Kontinent ab, um sie fortan ungestörter ausplündern zu können. Einen Tag nach Abschluss der Berliner Konferenz würdigte die Neue Zürcher Zeitung dieses höchst bedeutsame und betrübliche Ereignis als "befriedigendes Werk". Warum? Der nunmehr für das Kongobecken geltende Freihandel verhelfe denjenigen zum Erfolg, die sich durch grössten Unternehmergeist auszeichneten. So lautete die Begründung. Und weiter: "Die liberale Aneignung des Eigentums unzivilisierter Völker soll nicht länger englisches Monopol bleiben."(10)
"Dieser Vertrag von Berlin hat mich lange gekränkt", schrieb hingegen der später ermordete afrikanische Priester Michael Kayoyo in seinem Gedicht "Das Selbstbewusstsein des 'Kolonisierten'".(11) Das Schlimmste sei für Afrikaner die Order gewesen, dieses schreckliche Datum auswendig lernen und schätzen zu müssen. "Vor unseren unbeweglichen Gesichtern breitete man die Folgen aus: Die Befriedung Afrikas. Die Wohltaten der Zivilisation, den Mut der Forscher, den selbstlosen Humanismus. Aber niemand, absolut niemand wies uns hin auf die Beleidigung, auf die Schmach, die uns überall begleitete. Ein Mensch, einer der dir gleich ist, mischt sich in deine Angelegenheiten, ohne zu fragen. Das ist eine grobe Unhöflichkeit, die jedes empfindsame Herz verwundet."

1487 umsegelte der vielgepriesene Bartholomeo Dias das "Kap der guten Hoffnung". Die Portugiesen schalteten sich in den bereits florierenden Küstenhandel ein, gefolgt von Holländern, Briten und Buren. Letztere setzten sich am südlichen Zipfel fest. Am nördlichen Ende des gewaltigen Erdteiles traten die Franzosen ihren Feldzug an, danach auch im Westen (Senegal) und Osten (Madagaskar). "Mutige Forscher" drangen ins Innere Afrikas vor. Stanley im Auftrage von Leopold II. Der belgische König wollte Kolonien, "ganz egal wo". 1876 lud er unter dem Vorwand "rein philantropischer Absichten" Wissenschaftler und Politiker nach Brüssel ein. Sein erklärtes Ziel: Im "entdeckten" Kongo sollten durch internationale Vereinigung eine Eisenbahn sowie Handelsniederlassungen entstehen, "um dem dunkelsten Kontinent das Licht der Zivilisation zu bringen".
Von belgischen Truppen begleitet, rückte Stanley abermals aus. Mit Kongohäuptlingen schloss er Konzessionsverträge ab. Solche hatte

Erzwungene Demut – mit Zuckerbrot, Peitsche und Strang.

aber schon der Franzose DeBrazza in der Hand. Die beunruhigten Portugiesen baten nun Grossbritannien um Schützenhilfe für ihre "historisch begründeten Gebiete" in den selben Breitengraden und boten dafür Handelsrechte an. Das Durcheinander war perfekt. Französische Truppen besetzten noch schnell Guinea.

Kurz vor Torschluss entstand auch ein deutscher Kolonialverein. Am 5. Juli 1884 wurde Togo zum deutschen Protektorat erklärt, neun Tage später die deutsche Reichsflagge in Kamerun gehisst und nach weiteren zwei Wochen das heutige Namibia unter deutschen Reichsschutz gestellt. Den Geheimverhandlungen mit Frankreich folgte die Einberufung der Berliner Konferenz. Alle interessierten europäischen Mächte beteiligten sich, ebenfalls die USA. Afrikaner waren keine eingeladen.(12).

Als offizielle Konferenzdelegierte fungierten die jeweiligen Botschafter und Gesandten in Berlin. Beschlossen wurden die Handelsfreiheit im geographisch grosszügig definierten Kongobecken, die freie Schiffahrt auf dem Kongo und Niger, die Unzulässigkeit von Einfuhr- und Durchgangszöllen, die Religionsfreiheit (für christliche Konfessionen und den Islam) sowie das Recht, "aus humanitären Gründen gegen die schwarze Bevölkerung zu intervenieren".

Im wesentlichen ging es darum, einen "unabhängigen Kongostaat" in-

Die Prügelpraxis von Kolonailbeamten, Siedlern und Gesellschaftsangestellten hat in der deutschen Kolonie um diese Zeit bereits Tradition. Versuche, sie einzuschränken, führten zu heller Empörung unter den Deutschen in Namibia. Ein Zeugnis ihrer Denkweise ist das nachstehende Gesuch:

Gesuch der weißen Einwohner des Bezirks Windhoek(Windhuk), Deutsch-Südwestafrika, an die Kolonialabteilung des Auswärtigen Amtes. 21. Juli 1900.
Ausfertigung.

Aus den Verhandlungen des Reichstags ersehen wir, daß daselbst beantragt worden ist, in unseren Kolonien die Prügelstrafe bei Eingeborenen abzuschaffen.
Ohne Zweifel liegen diesem Antrag humane Ansichten zugrunde, wie solche aber nur in der Heimat entstehen können, wo man wohl Fragen über Eingeborene theoretisch erörtern kann, aber jede praktische Erfahrung für dieselben noch gänzlich fehlt.
Da wir nun in der Aufhebung der Prügelstrafe bei Schwarzen eine ernstliche Bedrohung der gesunden wirtschaftlichen Entwicklung unserer Kolonie sehen, so halten wir es für unsere Pflicht, die Kolonial-Abteilung des Auswärtigen Amtes sehr ergebenst zu bitten, der Gefahr vorzubeugen, welche unserer Kolonie durch Aufhebung der Prügelstrafe drohen würde. Die erste Vorbedingung für eine richtige Behandlung der Eingeborenen ist, daß man sich über ihre Lebensanschauung und ihren Gesichtskreis klar wird.
Unsere Eingeborenen leben seit Urzeiten in Faulheit, Rohheit und Stumpfsinn in den Tag hinein; je schmutziger sie sind, desto wohler fühlen sie sich. Für jeden Weißen, der unter Eingeborenen gelebt hat, ist es nicht gut möglich, dieselben als Menschen im europäischen Sinne anzusehen; sie müssen erst mit endloser Geduld, Strenge und Gerechtigkeit im Laufe der Jahrhunderte dazu erzogen werden.
Für Milde und Nachsicht hat der Eingeborene auf die Dauer kein Verständnis; er sieht nur Schwäche darin und wird infolgedessen anmaßend und frech gegen den Weißen, dem er doch nun einmal gehorchen lernen muß, denn er steht geistig und moralisch doch so tief unter ihm. Ehrgefühl darf man bei dem Eingeborenen nicht suchen, weshalb auch entehrende Strafen für ihn zwecklos sind. Entziehung der Freiheit faßt er falsch auf, bekommt er doch bei Gefängnis seiner Meinung nach gute Wohnung und besseres Essen als er selbst hat.
Als Strafe war ihm bisher nur körperliche Züchtigung bekannt, und die muß naturgemäß auch beibehalten werden, bis er in späteren Zeiten einmal mehr Mensch geworden ist.
Wie die Erfahrung gelehrt hat, haben die in Südafrika geborenen Weißen ihre Eingeborenen zu den relativ brauchbarsten Arbeitern erzogen; sie kränkeln nicht an einer übertrieben humanen Auffassung, sondern geben ihren Eingeborenen bei Bedarf ihre verdiente Züchtigung. Der Eingeborene fühlt sich bei ihnen wohl und arbeitet gern bei ihnen.
Ob die Prügelstrafe beibehalten wird oder nicht, der eingeborene Kapitän wird sich nicht daran kehren, wodurch letzterer eine größere Gewalt über die Eingeborenen bekommt als der Weiße, der dadurch in seinem Ansehen sinken muß. Wir wiederholen deshalb nochmals unsere ergebene Bitte, uns in der Erziehung der Eingeborenen nicht die Hände zu binden, sondern die notwendige Prügelstrafe bei denselben gütigst bestehen zu lassen.

75 Unterschriften

Prügel- und Rutenstrafen in Deutsch-Südwestafrika nach den amtlichen Jahresberichten des Reichskolonialamtes:

Berichtsjahr	
1901/02	257
1902/03	473
1903/04	340
1904/05	187
1905/06	294
1906/07	336
1907/08	534
1908/09	703
1909/10	928
1910/11	1262
1911/12	1655

ternational zu lancieren und die privatwirtschaftliche Ausbeutung völkerrechtlich abzusichern. Gebiete für den Freihandel offen zu halten, das war vor allem das Anliegen der USA, welche in Afrika keine Kolonien besass. Den europäischen Mächten lag zudem daran, lähmende Zwistigkeiten über Einflussbereiche auszuräumen.
Wie einen Kuchen teilten sie den schwarzen Kontinent unter sich auf, ohne Rücksicht auf traditionelle Strukturen und kulturelle Einheiten. In seltsamer "Eintracht" steckten die fünfzehn Kolonialrivalen auf Einladung des kaiserlichen Deutschlands ihre Gebiete auf dem Reissbrett ab, um sie fortan ungestörter ausplündern zu können. "Teile und herrsche", lautete das Rezept.

Mit der Kongo-Konferenz öffnete sich das Tor zum Herzen Afrikas. Der afrikanische Historiker Ki-Zerbo bezeichnete sie als Signal zum Sturm auf zuvor eher punktuell besetzte Gebiete. Dank Absprachen über Grenzen und Verantwortlichkeiten konnten sich die europäischen Mächte nun intensiver "ihren" Übersee-Territorien widmen.(13) Sklaven durften keine mehr verschifft werden. Sie wurden im brutal entvölkerten Afrika selbst benötigt, und zwar als Arbeitskräfte auf Bananen-, Baumwoll-, Erdnuss-, Kaffee-, Kakao-, Tee- und anderen Plantagen sowie zum Abbau von Bodenschätzen. Auspressen lässt sich nur eine reife Frucht!
Die Kolonialisten bekämpften den Sklavenexport und hielten sich Diener und Mätressen wie Leibeigene. Mit Peitschenhieben zwangen sie ihre "Schutzbefohlenen" zu Schwerarbeit. Wer nicht spurte, wurde drakonisch bestraft, "erhielt" allenfalls sogar Hände und Füsse abgehackt. Tausende von Afrikanern wurden zur Abschreckung oder geringfügiger Vergehen wegen hingerichtet. Die Einheimischen mussten ihr Land abgeben, ihren Reichtum ausführen und Kopfsteuer entrichten. Sie wurden in ein "modernes Lohn- und Vermarktungssystem" einbezogen und vom zuvor aufgezwungenen, "unzeitgemässen Dreiecksgeschäft befreit". (Afrika erhielt von Europa Schnaps, lieferte an Amerika Sklaven und über dortige Plantagen Baumwolle an Europa.) So diente "Antisklaverei" auch als ideologisches Vehikel kolonialer Durchdringung, die höhere Gewinne versprach. Bismarck war freundlich genug, dies offen zuzugeben. Arbeitskräfte waren gefragt.(14)
Den Nutzen Kameruns beschrieb Hans Dominik, Befehlshaber der deutschen Kolonialtruppe, wie folgt: "Kamerun ist bereits durch seine natürlichen Schätze an Elfenbein, Gummi, Ölfrüchten und edlen Hölzern im Waldgebiet, an Gross- und Kleinvieh in den Steppen ein reiches Land; aber diese Reichtümer werden erst voll zur Geltung kommen, wenn durch Eisenbahnen die allgemeine Erschliessung ermöglicht wird. Und neben diesen natürlichen Schätzen werden dann auch die Massenerzeugnisse einer grosszügigen Bewirtschaftung auf dem Weltmarkt erscheinen: Baumwolle und Mais, Edeltabak, Reis und

zahlreiche andere. Herrliche, fruchtbare Länder harren hier der Arbeit."

"Christliche Nächstenliebe" predigten die Peiniger Afrikas. In der einen Hand hielten sie die Bibel, in der andern die Flinte. "Gottesfurcht ist der Weisheit Anfang", diese Inschrift ragte über etlichen deutschen Schulen in Afrika.

Engste Beziehungen unterhielten etwa die Basler Mission mit der Basler Handelsgesellschaft in Kamerun sowie die Norddeutsche Mission mit der Bremer Kaufmannsfamilie Vietor, welche 1857 den Togohandel eröffnet hatte. Einer der bekanntesten war der Pastorensohn J.K. Vietor. Er gründete ein eigenes Exportunternehmen, an der westafrikanischen Küste "fromme Firma" genannt, und galt, wie die Norddeutsche Mission auch, als "progressive Stimme innerhalb des Koloniallagers". Was bedeutete das?

Vietor und seinesgleichen prangerten nicht die Besetzung fremder Länder an sich an, sondern die inhumane Behandlung der Schwarzen, denen mehr Zugeständnisse gemacht werden sollten: "Wir müssen die Länder durch Bahnen erschliessen und den Negern Absatzmöglichkeiten verschaffen, sie heben, belehren und dafür sollen sie im Laufe der Zeit Millionen und Milliarden Rohprodukte liefern."

Vietor war nicht nur Kaufmann. Er wirkte auch als Diakon an der Bremer Hauptkirche, war Vorsitzender des Deutschen Evangelischen Kirchenbundes, Vorstandsmitglied der Norddeutschen Missionsgesellschaft, des Vereines für innere Mission, der Deutschen Kolonialgesellschaft sowie der Christlich-Sozialen Partei. Zudem präsidierte er die Bremer Handelskammer. Geschäft und Missionierung lagen ihm gleichsam am Herzen. "Deshalb bin ich felsenfest überzeugt", so Vie-

Über das Wirken der Missionare...

...wie es Afrikaner sehen

"Als du hierher kamst, hatten wir das Land, und du hattest die Bibel; jetzt haben wir die Bibel, und du hast das Land."

Ein bekanntes Sprichwort über die Folgen der Arbeit des Missionars, das den Schwarzen Südafrikas zugeschrieben wird.

...wie es von Deutschen gewürdigt wurde

"Eine wesentliche Unterstützung in ihrem Bestreben, die Eingeborenen zu heben und der Kultur zu gewinnen, fanden die Gouvernments bei den Missionen beider Bekenntnisse. Diese haben zum Teil das Verdienst, durch ihre Tätigkeit der deutschen Besitzergreifung günstig vorgearbeitet oder aber die Befriedung unserer Kolonien erleichtert zu haben."

Bibel und Flinte (1898)

Was treiben wir Deutschen in Afrika?
Hört, hört!
Die Sklaverei wird von uns allda zerstört.
Und wenn so ein Kaffer von uns nichts will,
Den machen wir flugs und ewig still.
Piff paff, piff paff, hurra!
O glückliches Afrika!

Wir predigen den Heiden das Christentum.
Wie brav!
Und wer's nicht will glauben, den bringen wir um.
Piff, paff!
O selig die "Wilden", die also man lehrt
Die "Christliche Liebe" mit Feuer und Schwert.
Piff paff, piff paff, hurra!
O glückliches Afrika!

Wir haben gar "schneidige Missionär",
Juchhei!
Den Branntwein, den Krupp und das Mausergewehr
Die drei.
So tragen "Kultur" wir nach Afrika.
Geladen! Gebt Feuer! Halleluja!
Piff paff, piff paff, hurra!
O glückliches Afrika!

tor, "dass es unbedingt notwendig ist, dass wir unseren Kolonialvölkern zugleich mit den unzweifelhaften, materiellen Vorteilen auch unser Christentum bringen, um sie wirklich glücklich zu machen. Sehen wir doch in unsere eigene Geschichte hinein, wann ist unser Volk am leistungsfähigsten gewesen? In der ersten Zeit nach seiner Bekehrung. In der Zeit Luthers und in der Zeit der Freiheitskriege. Immer dann, wenn die Frömmigkeit eine Macht in unserem Volk war. Und auch heute! Würden wir jetzt wieder so weit gekommen sein, wenn nicht noch so viel christlicher Sinn in unseren Massen steckte?"
Gewiss, Vietor meinte es, wie andere Geschäftsleute und Christen auch, gut mit den Armen. Er gehörte nicht zum Kolonialherrenschlage eines Truppenführers Hans Dominik, welcher, mit der Flinte in der Hand, "nicht rechts geschaut, nicht links geschaut, auf Gott vertraut und durch", ebenfalls gerne die heilige Schrift zitierte. Aber das "Recht und die Pflicht" der Kolonisation anerkannte auch Vietor, im Gegensatz etwa zu radikalen Sozialisten. Ein Kind der selben Zeit war August Bebel.Anlässlich der Reichstagsdebatte(vom 26. Januar 1889) erklärte dieser: "Im Grunde genommen ist das Wesen aller Kolonialpolitik die Ausbeutung einer fremden Bevölkerung in der höchsten Potenz." Solch unmissverständliche Stellungnahmen sind leider seitens ranghoher Kirchen- und Missionsvertreter von damals nicht bekannt. "Das Beispiel Kameruns zeigt bestens, wie westliche Missionare die Vorläufer der Kolonialisten waren", schreibt Al Imfeld,(14) und er zitiert den deutschen Missionar Frazer: "Dass ein solcher Wandel vor sich gegan-

gen ist, verdankt man dem Zusammenwirken der Regierung, deren Beamte scharf aufpassen und streng sind, und der Mission, die auf eine Umwandlung der Gesinnung bei den Eingeborenen hinarbeitet." Das bestätigt auch "Der evangelische Heidenbote", eine (1905) sehr populäre Missionszeitschrift: "Dankt dem lieben Gott, dass ihr nicht auch Heiden seid; denn ich kann euch versichern, dass diese Kamerunerknaben trotz ihrer Freiheit Sklaven der Sünde sind." Schlicht würdigt in seinem "Volksbuch unserer Kolonien" Autor Kuntze die Missionare als "koloniale Vorgänger und Mitstreiter".

An den "allerdurchlauchtigsten allergnädigsten Deutschen Reichstag" wandten sich am 19. Juni 1905 "King Akwa von Bonambela" und 27 "Chiefs" von Kamerun. Sie listeten eine Reihe von Verschulden seitens deutscher Gouvernementsbeamten auf. So gehe etwa in Konflikten beim Grundstückwechsel von Afrikanern auf Europäer der gerichtlich festgelegte Erlös direkt an die von der Basler Mission geführte Bezirksamtskasse und der bisherige Verfüger (nicht Eigentümer) über den im traditionellen Afrika gemeinschaftlichen Bodenbesitz erhalte lediglich einen Drittel des ihm zustehenden, ohnehin äusserst gering veranschlagten Betrages. Im Schreiben der daraufhin inhaftierten "Unruhestifter" heisst es weiter: "Trotz mehrmaligen Bitten, die schreckliche Gewohnheit zu lassen, werden wir für ein jedes geringes Vergehen mittels einer Seekuhpeitsche oder eines dicken, in Kohlentheer eingetauchten und im scharfen Sande umgewühlten und steifgetrockneten Tau ohne Rücksicht auf Person ausgepeitscht, öfters mit 75 Hieben."
Brutal niedergeschlagen wurde in Ostafrika der 1905 ausgebrochene Maji-Maji-Aufstand, der sich nach Klaus J. Bade ("Die deutsche Kolonialexpansion in Afrika") "nicht nur gegen die Repräsentanten der Kolonialherrschaft einschliesslich der Missionare, sondern in seinen vielfältigen Frontstellungen auch gegen indische, arabische und afrikanische Händler und Geldverdiener richtete und deutliche Züge eines sowohl antikolonialistischen als auch sozialrevolutionären Befreiungsversuchs trug."(15)
"Eine erste scharfe Feuerprobe hat unsere Njassamission gut bestanden", schrieb Missionsinspektor Axenfeld. Und später: "Gott war mit uns". Den Missionaren sei es nämlich gelungen "mit der Waffe in der Hand, mehrere Gemeinden zur Treue (gegenüber Deutschland) zu bestimmen". "So wurde unser Missionsgebiet der Damm, an dem sich hier der Aufstand brach, bis die (zuvor andersweitig mit Strafexpeditionen beschäftigte) Schutztruppe wieder freie Hand hatte."

Der erste Reichskommissar für Deutsch-Südwestafrika war Göring, der Vater des späteren Generalfeldmarschalls. Die von ihm mitbetriebene "systematische Menschenvernichtung in deutschen Kolonien" bezeichnet Konkret-Redaktor Wolfgang Pohrt als "Generalprobe für die

Vernichtungspolitik der Nazis". Fest steht: 1904 wurde General Lothar von Trotta mit der Züchtigung von Hereros beauftragt. Der "Metzgerknecht" (Bebel) hatte sich schon "grosse Verdienste" bei der Niederschlagung des Boxeraufstandes in China erworben. Sein Motto lautete: *"Pardon wird nicht gegeben, Gefangene werden nicht gemacht."* In Afrika erliess Trotta den berüchtigten Schiessbefehl, der den Hereros keine Kapitulation gestattete, sondern sie vor die Wahl stellte, erschossen zu werden oder in der Wüste an Durst und Hunger zu verenden: "Innerhalb der deutschen Grenzen wird jeder Herero mit oder ohne Gewehr, mit oder ohne Vieh, erschossen. Ich nehme keine Weiber und Kinder auf. Ich glaube, dass die Nation als solche vernichtet werden muss. Sie müssen jetzt im Sandfeld (Omaheke) untergehen. Dieser Aufstand ist und bleibt der Anfang eines Rassenkampfes." So wurden innerhalb eines Jahres über 50'000 Hereros ermordert. Und, wen wundert's: "Der Widerstand legte sich wie von selbst".(16)

Ob die immensen militärischen Kosten und wirtschaftlichen Investitionen während der Kolonisation nicht grösser waren als der herausgepresste und abgerahmte Nutzen? Die Diskussion dieser Frage — sie war schon zu Bismarcks' Zeiten aktuell — erfährt in unseren Tagen eine Neuauflage. Unter den Tisch gerät zuweilen die notwendige Unterscheidung zwischen staatlichen Anstrengungen und (erheblichen) privaten Gewinnen. Ebenso einer der politischen Hauptgründe: die innereuropäischen Konflikte. Durch allseitige Expansion hätten diese auf dem Buckel der Dritten Welt gelöst werden sollen. Aber, so interes-

50–100 Millionen Sklaven starben bei der Verschleppung.

sant die Debatte sein mag, wir wollen sie hier nicht weiterführen. Wichtiger ist eine Erörterung der Folgen für die unfreiwillig Beherrschten. Vor allem jetzt, wo wiederum öfters das "Argument" auftaucht: "Während der Kolonialzeit ging's diesen armen Teufeln doch besser als heute!" 50 - 100 Millionen Afrikaner — die Zahlen schwanken beträchtlich — starben bis Mitte des 19. Jahrhunderts bei der Verschleppung, Überfahrt oder unter Peitschenhieben auf amerikanischen Plantagen. Die Schiffe segelten unter den Flaggen "christlicher Länder". Und mit der Abschaffung des Sklavenexportes wurde alles anders? Nein, sagt der Zürcher Historiker Albert Wirz mit Fug und Recht. Sie beschleunigte sogar die weitere Ausbeutung auf dem afrikanischen Kontinent, wo die Forcierung der Exportwirtschaft ein grosses Arbeitskräftepotential erforderte.(17)
Auf den besten Böden mussten die Afrikaner Ausfuhrprodukte anpflanzen. Fatale Folge war die Zerstörung der traditionellen Selbstversorgung. Jedenfalls verschlimmerte sich "dank der modernen Landwirtschaft" die Ernährungsgrundlage zahlloser Einheimischer. Zudem versiegte vielerorts der interne Handel mit Textilien, Metallen, Salz und handwerklichen Gegenständen. Dafür gelangte da und dort europäischer Ramsch auf den Markt: Waffen, Alkoholika und andere industriell gefertigte Produkte, welche das lokale Kleingewerbe gefährdeten.

Als verheerendstes Erbe des Kolonialismus nannte der später ermordete guayanische Historiker Walter Rodney(18) das Auseinanderbröckeln der sozialen Solidarität, beziehungsweise das "Erpichtsein" auf persönliche Vorteile, bedingt durch Erziehung zu kapitalistischem Individualismus. Geschürt wurden ethnische und nationalstaatliche Zwistigkeiten. Zum einen durch die willkürliche Festlegung von Grenzen, zum andern durch das Ausrichten der Völker auf verschiedene fremde Mächte. Während des Zweiten Weltkrieges mussten Afrikaner für Europa und deshalb gegeneinander kämpfen.
In recht unterschiedlicher Manier klammerten sich im Gefolge dieser Wirren die "Mutterländer" an ihre Überseeterritorien. Im Gegensatz etwa zu England glaubte das wirtschaftlich schwache Portugal im innerkapitalistischen Konkurrenzkampf nur mit Kolonien bestehen zu können. An Angola, Guinea Bissao, Moçambique und den Kapverden hielt es fest, bis 1974 in Portugal selbst ein revolutionärer, von den Befreiungskämpfen in Afrika inspirierter Umschwung erfolgte.
Wie verfälscht die koloniale Vergangenheit oft zur Darstellung kommt, veranschaulicht ein Zeitungsbericht über die Kapverden. Darin heisst es: "Das erste bleibende Grün auf diesen Inseln erschien mit der portugiesischen Flagge. Doch die hinterlassenen Ressourcen Portugals sind nunmehr aufgebraucht." In Tat und Wahrheit wurde die Inselvegetation jedoch vornehmlich durch die Kolonialherren zerstört. Der Bau

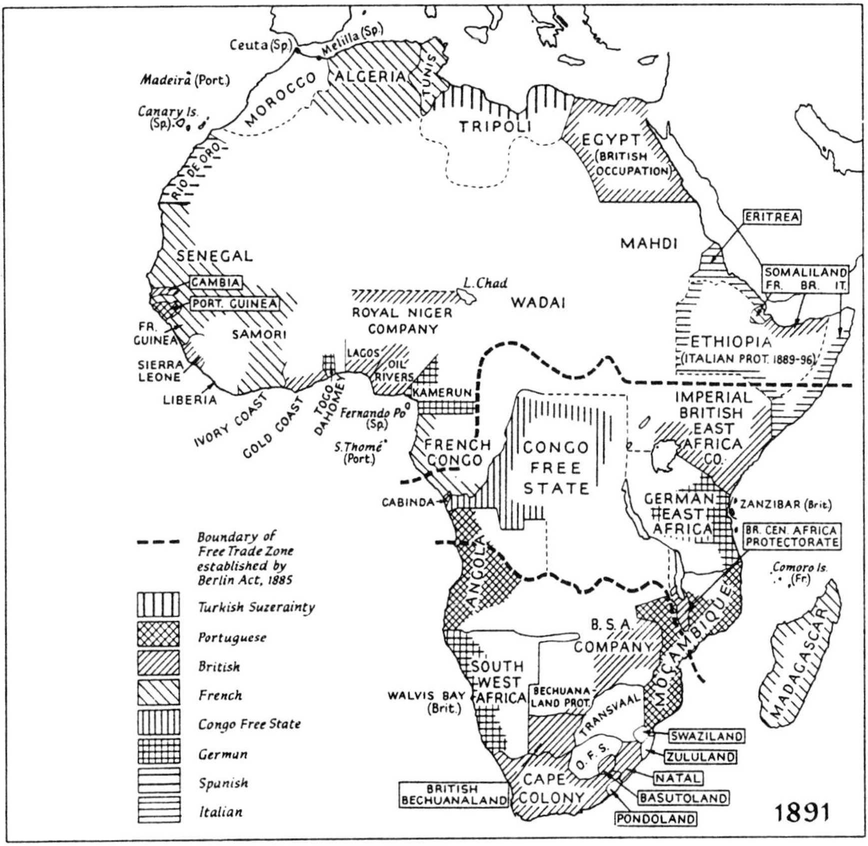

Wie einen Kuchen teilten sich die europäischen Länder Afrika auf.

von Sklavenschiffen verzehrte erhebliche Holzbestände. Hinterlassen haben die Portugiesen Armut, Hunger und eine in ihrer kulturellen Identität ruinierte Bevölkerung. Ein komplettes Chaos hinterliessen auch die Belgier im Kongo. *So haben die aktuellen Hungertragödien und (Grenz-) Konflikte in Afrika ihre Vorgeschichte.* Zwar ist es müssig und wenig ergiebig, für heutige Missgeschicke immer wieder die Vergangenheit zu bemühen. Bloss, die schädlichen Auswirkungen europäischer Eingriffe lassen sich kaum zu hoch veranschlagen. Sie wurden oft genug beschönigt. Es gilt daher, kollektives Verdrängen zu verhindern.(19)

1.3 Das schwierige Einfache

Nach dem Zweiten Weltkrieg zerbröckelten die Kolonialreiche allmählich. 1947 erlangte Indien seine Unabhängigkeit, Ceylon 1948. In Bandung (Indonesien) verabschiedeten sieben Jahre später Vertreter von 25 blockfreien Ländern eine Erklärung gegen Kolonialismus und Imperialismus. Als sie sich am 1. September 1961 in Belgrad wieder trafen, waren inzwischen über zwanzig afrikanische Staaten politisch selbständig geworden. Jetzt kamen grosse Hoffnungen auf. Die hartnäckigsten Bremsklötze schienen beseitigt zu sein. In Frieden und Freiheit sollte der wirtschaftliche und soziale Aufschwung erfolgen und die Süd-Süd-Achse ausgebaut werden. Doch bald machte sich Ernüchterung breit.(20) Neue Hindernisse tauchten auf, alte blieben bestehen. *Zum einen waren in den während Jahrzehnten besetzten Gebieten exportorientierte Monostrukturen errichtet worden. Zum andern entstanden nach der Befreiung internationale Organisationen, die mit andern Mitteln den Einfluss der Industrie- auf die Entwicklungsländer zu erhalten versuch(t)en.* Am Beispiel Tansanias sollen nun einzelne damit verbundene Probleme veranschaulicht werden.

"Es geht uns schlecht, sehr schlecht sogar", so äusserte sich der langjährige Staatspräsident Tansanias kurz vor seinem Rücktritt im November 1985. Während 24 Jahren leitete Julius Nyerere die Geschicke dieses armen Landes. In seinem Fazit gesteht er ein, viele Fehler begangen zu haben.(21) Gemeint ist zum Beispiel die Verstaatlichung von Vermarktungsgenossenschaften. Diese Massnahme hätte die Herausbildung kleinkapitalistischer Strukturen verhindern sollen, komplizierte aber den Absatz landwirtschaftlicher Produkte. Bloss, daran alle Probleme aufhängen zu wollen, wäre falsch. Sie sind global mitverursacht.

Landwirtschaftsminister John Machunda beschreibt: 1982 führte Tansania 280'000 Tonnen Nahrungsmittel ein, im Vorjahr 260'000 Tonnen aus. In Europa wurden diese teilweise zu Viehfutter verarbeitet. Tansanias Silos reichten für eine Lagerung der Ernteüberschüsse nicht aus. Bei den Rückkäufen legte das afrikanische Land 60 Dollar pro Tonne drauf.

Drastisch sanken ferner zwischen 1977 und 1982 die Weltmarktpreise für wichtige Exportprodukte. Fünfzig Prozent betrugen die Einbussen bei den Rohstoffen Tee und Kaffee. Stets verteuerten sich hingegen die industriellen Importgüter. Für einen 7-Tonnen-Lastwagen musste Tansania 1981 viermal soviel Baumwolle liefern wie 1976. Und ein Drittel der heute erforderlichen Baumwollmenge genügte damals, um einen Traktor zu erstehen. Unter diesen Bedingungen führt harte Arbeit nicht ohne weiteres zu mehr Wohlstand. Das entmutigt viele.

Bei sinkenden Weltmarktpreisen bringt mehr Anstrengung nicht automatisch mehr Erfolg (Bild: P. Jesse)

Während der sechziger Jahre galt Tansania als Modell einer eigenständigen Entwicklung. Vom friedlichen Weg zum Sozialismus war damals oft die Rede. Und heute, was ist aus der angestrebten Entwicklung von unten geworden?
Lebensmittelknappheit, Dürre und magere Ernten beeinträchtigen die Lebensqualität. Alle Waren sind knapp. Der Schwarzmarkt floriert. Rasant gestiegene Preise machen das Überleben zum täglichen Kampf. Genossenschaftliche Dorfgemeinschaften, Ujamaa genannt(22), haben an Attraktivität verloren. Die Arbeit auf gemeinsamen Feldern führte in etlichen Gegenden zu materiellen Rückschlägen. Die Ölimporte verschlingen rund die Hälfte der gesamten Devisen.
Für viele Beobachter ist damit das Modell Tansania gescheitert. Einzelne folgern, der Kapitalismus sei eben auch für Afrika das bessere System. Andere seufzen resigniert, Nyereres idealistischer Traum sei wohl schön gewesen, aber den wahren Sozialismus gelte es erst noch zu kreieren. Oft verweisen Kritiker auf die eher günstige Ausgangslage Tansanias zum Zeitpunkt der Unabhängigkeit.
Bemerkenswert ist gewiss die ziemlich ausgeglichene ethnische Struktur. Keines der zahlreichen Völker verfügt über einen höheren Anteil als zwölf Prozent der gesamten Einwohnerschaft. Die Hauptgruppen sind mehrheitlich in Randgebieten ansässig und durch grosse, dünn–

besiedelte Räume voneinander getrennt. Als Verkehrssprache dient das weitverbreitete Swahili. Auch dauerte die Kolonisation durch Portugiesen, Deutsche und Briten verhältnismässig kurz. Sie konzentrierte sich auf die zuvor durch Araber kontrollierten Küstengebiete. Doch die Überlagerung beeinflusste den traditionellen Ackerbau nachhaltig. Die Einführung neuer Kulturpflanzen wie Sisal, Tee und Baumwolle führte zwar zu einer Produktionssteigerung, beeinträchtigte aber die Bodenfruchtbarkeit. *Auf den besten Böden mussten Afrikaner die Felder für europäische Besitzer bestellen.* Höhere Schulbildung war in Deutsch-Ostafrika für Einheimische selten. Widerstand gegen die Fremdherrschaft wurde drastisch bestraft. Den kleinen industriellen Bereich — er steuerte knapp vier Prozent des Bruttoinlandproduktes bei — dominierten die Europäer und Inder auch nach Erlangung der Unabhängigkeit im Jahre 1961. Auch die Banken und das ganze Handelswesen standen unter ihrer Kontrolle.

Der erste Dreijahresplan im unabhängigen Tansania stützte sich vornehmlich auf Empfehlungen der Weltbank. Exportsteigerung von Agrarprodukten, so lautete die Devise. Sie galt auch für den 1964 verabschiedeten Fünfjahresplan. Erste Korrekturen leitete die von Nyere-

Gemeinsame Feldarbeit in einem der Genossenschaftsdörfer (Foto: P. Jesse)

re bereits seit 1954 präsidierte TANU-Partei anlässlich der Arusha-Konferenz im Januar 1967 ein. Der Staat sollte die wichtigsten Produktionsmittel kontrollieren, dörfliche Genossenschaften als Lebens- und Produktionsgrundlage fördern und den privaten Wirtschaftssektor eindämmen. Nach dem Sturz des sozialistisch orientierten Milton Obote in Uganda sowie portugiesischen Invasionsversuchen in Guinea Conakry, entschloss sich Tansania zu Beginn der Siebzigerjahre, eine Milizarmee aufzubauen. Auch forcierte die Regierung jetzt die zuvor als freiwillig erklärte Bildung von Genossenschaftsdörfern.
Mit Vergenossenschaftlichung der Landwirtschaft meint Nyerere auch neue Formen des Zusammenlebens. *Infolge der Kolonisation,* kritisiert er, *tendierten die Bauern aber dahin, als Individualisten zu arbeiten, in Konkurrenz und nicht in Kooperation mit ihren Nachbarn.* Die cleversten Bauern investierten ihr Geld, um auf mehr Land mit besseren Geräten für den Export zu produzieren. So nahm bloss der statistische Reichtum der Nation zu. Eigentliche Klassengegensätze entstanden. Demgegenüber ermunterte Nyerere die Leute, in der Nähe von Wasserstellen Dörfer zu gründen, Felder gemeinsam zu bestellen und eine Verteilung gemäss der geleisteten Arbeit sowie sozialer Kriterien vorzunehmen. Staatliche Hilfeleistungen könnten dann wirkungsvoll erfolgen, Einrichtungen im Bildungs- und Gesundheitswesen gezielt genutzt werden. Zudem vereinfache die Zusammenfassung der Bevölkerung die Mitbestimmung von der Basis aus. Trotzdem, in der Praxis blieb der erwartete Ujamaa-Boom aus. Die moralischen Aufrufe fruchteten kaum. Kurzfristig betrachtet, scheiterte das Prinzip der Freiwilligkeit. Ernüchterung machte sich breit. Die Regierung begann, den Verdörflichungs-Prozess zu forcieren.
In ziemlich unterschiedlicher Manier wurden Leute aufgefordert, ihre alten Streusiedlungen aufzugeben. Der Exodus aus der gewohnten Umgebung, fort von verehrten Ahnen, verlief keinesweg reibungslos. Je nach Fähigkeiten und Gespür lokaler Kader, ergaben sich kleinere oder grössere Konflikte. Sie reichten von der mühsamen Konsensfindung in langen Gesprächen bis zum gewalttätigen Abbrennen alter Häuser. In den neuen Siedlungen sollten die Bauern mehr produzieren, auch für eine hinreichende Versorgung der Städte. Einzelne Dörfer erreichten beachtliche Umsatzsteigerungen. Andere verweigerten die Erzeugung landwirtschaftlicher Mehrprodukte. Schwarzmärkte begannen zu florieren. Mit materiellen Anreizen und einer flexibleren Preispolitik versuchte nun die Regierung, das staatliche Vermarktungssystem aufzuwerten. Doch der durchschlagende Erfolg liess auf sich warten. Nyerere kritisiert: "Das Alte wurde nicht in den Dienst des Neuen gestellt, das Neue kam als Fremdkörper von aussen."(23)

Als richtungsweisende Prinzipien traditioneller Gesellschaften bezeichnet Nyerere die Gegenseitigkeitshilfe, den Gemeinschaftssinn und gemeinsamen Landbesitz. Afrika brauche weder zum Sozialismus bekehrt, noch über Demokratie belehrt zu werden. Vielleicht überschätzte Nyerere aber die Möglichkeit, traditionelle Institutionen und Verhaltensweisen als quasi fertige Zellen für den Aufbau einer sozialistischen Gesellschaft nutzen zu können. Vielleicht überschätzte er zudem seine Fähigkeit, pragmatisch mit internationalen Organisationen umgehen zu können, ohne dabei in einseitige Abhängigkeit zu geraten.(24) Voreilig stimmte Tansania etlichen verlockenden Investitionsangeboten zu. Was aber soll eine vollautomatisierte Bäckerei, die das einheimische Kleingewerbe bedroht? Solche Projekte verstärken die Aussenorientierung und die allerdings erst seit massivem Anheben der Zinsen auf sechs Milliarden Franken angewachsene Verschuldung. Sie verschärfen auch innere Gegensätze und widersprechen der eigenen Konzeption einer angepassten, dezentralen Entwicklung und Industrialisierung, die an vorhandenen Infrastrukturen sowie funktionierenden Basiseinheiten im Agrarbereich anknüpfen will. Zur Zeit ist die Verschuldung so gross, dass Tansania glaubt, dieses Problem nur über Arrangements mit denjenigen Institutionen lösen zu können, die wesentlich zur Misere beigetragen haben.(25)

Ende 1985 beschloss die Regierung, teilweise als Konzession gegenüber der Weltbank, die Erzeugerpreise für Grundnahrungsmittel anzuheben. So sollen, immerhin bei gleichzeitiger Erhöhung der Minimallöhne, Produktionsanreize geschaffen und die Selbstversorgung des Landes angekurbelt werden. Als weitere Schritte in eine “Zukunft mit Zukunft” wurden der Abbau von Bürokratie und Staatsbediensteten, die begrenzte Anhebung der Steuern, die Beschränkung der Nahrungsmittel-Subventionen auf Maismehl, die Erhöhung der Sparzinsen, die Zulassung von privaten Landwirtschaftsbetrieben sowie die Verbesserung der Zusammenarbeit mit nicht-staatlichen Unternehmen im Transportwesen und andern Bereichen in die Wege geleitet. Weitere Forderungen des Internationalen Währungsfonds, das Geld massiv abzuwerten und Kürzungen der Sozialabgaben vorzunehmen, lehnt Tansania nach wie vor ab.

Die Verbesserung der Lebensqualität durch Schulen, Gesundheitszentren, Wasserversorgung und einfache Läden hielt viele Jugendliche davon ab, in die Städte abzuwandern. Tansania ist eines der wenigen afrikanischen Länder ohne ausgedehnte Slumgebiete. Zwar fehlen üppig bestückte Schaufenster, aber für Kranke und Gebrechliche wird gesorgt. Gemäss Indikatoren der Weltbank ist unbestritten: Tansania hat im sozialen Bereich einen Standard erreicht, der deutlich über dem Durchschnitt vergleichbarer Entwicklungsländer liegt. Dies gilt insbesondere für die hohe Alphabetisierungsquote von über achtzig Prozent der Erwachsenen, die nahezu vollständige Einschulung von Kindern, die weite Verbreitung von Basisgesundheitsdiensten und Trinkwasserversorgung.

In Tansania erhält jeder ein Stück Land, um Grundnahrungsmittel zu pflanzen. (Foto: P. Jesse)

"Man kann ein Volk nicht entmündigen, wenn man es ausbildet," schreibt Nyerere träf. Bloss, zur Zeit fehlen im Zeichen der wirtschaftlichen Krise zunehmend Unterrichtsmaterialien. Auch ist der praktische Nutzen der Einrichtungen im Gesundheitswesen durch den akuten Mangel an Basis-Medikamenten in Frage gestellt. Zum Betreiben

der Wasserpumpen fehlt vielerorts der Treibstoff. Das fällt der wiederkehrenden Dürre-Perioden wegen besonders ins Gewicht. Seltsam jedoch, im reicheren Nachbarland Kenia hungern kaum weniger Menschen. Durch privaten Grossgrundbesitz verdrängt, ziehen viele Landlose in die Städte. Dort vermehren sie das Heer der Arbeitslosen.(26) In Tansania kann hingegen jeder ein Stück Land selbst bebauen. Er hat so die Grundlage für die elementarste Selbstversorgung. Es sei denn, der Regen bleibt aus. Und das kommt ab und zu vor. *"Aber weil wir unsere Schwächen kennen"*, schreibt der selbst sehr bescheiden lebende Nyerere, *"kann es uns eigentlich nur noch besser gehen."*

Mit Nachbarländern möchte Tansania fortan seine wirtschaftlichen Beziehungen intensivieren. Das ist zweifelsohne sinnvoll, aber keineswegs einfach: Während der Kolonialzeit errichtete Infrastrukturen orientierten sich auf europäische Breitengrade. Die Beziehungen zu Kenia sind seit dem Zerfall der ostafrikanischen Gemeinschaft getrübt. Und dass die Kolonialmächte den Afrikanischen Kontinent entgegen jeglicher nationalstaatlicher Idee mit dem Lineal aufteilten, dürfte noch über die Jahrhundertwende hinaus für Konfliktstoff sorgen.
Trotzdem zeigt sich Nyerere, der Ende 1987 auch das Parteipräsidium abgeben will, zuversichtlich. "Wir sind jetzt unabhängiger als vor zehn Jahren", sagt er. Und im Jahre 2000 werde Tansania "einigermassen bequem und einigermassen sozialistisch" sein. Dazu Emil C. Ndonde, sein persönlicher Referent zwischen 1972 und 1977: "Nyerere ist der alte Prediger der Vernunft, von Humanismus und Moral in den internationalen Beziehungen. Er ist auch der alte Idealist und Optimist. Und darin liegt seine Schwäche, vor allem die 'guten' Seiten einer 'bösen' Welt zu sehen. Denn weder das internationale, kapitalistische System noch der Konflikt der Supermächte lassen sich von Rationalität und Moral leiten."(27)
So kürzte beispielsweise die BRD gleich nach der politischen Wende von 1983 einen 100 Millionen-Kredit auf 30 Millionen DM. Und, um die Erhöhung der Eintrittsgebühren für Naturpärke rückgängig zu machen, strichen die grossen deutschen Reiseunternehmen TUI und NUR Tansania am 1.6.1985 kurzfristig aus dem Programm. Tansania soll gefälligst nach der Pfeife europäischer Staaten und internationaler Organisationen tanzen. Abweichendes Verhalten wird sanktioniert, Unselbständigkeit gefördert. Wer mehr soziale Gerechtigkeit fordert, spürt bald den Zugriff der Investoren. Diese sind vornehmlich daran interessiert, ihre Rendite ins Trockene zu bringen. So fliessen seit Jahrzehnten erhebliche Reichtümer von Süden nach Norden. Nicht genug, dass die Länder der Dritten Welt während der Kolonisation bis aufs Blut ausgepresst wurden und damit kaum wettzumachenden Schaden erlitten. Auch heute subventionieren sie unseren Wohlstand. Zahllose Medienberichte vermitteln jedoch ein völlig anderes Bild. "Fass ohne

Das Einfache, das so schwierig ist – mit Vorhandenem auf eigene Kräfte bauen. (Foto: P. Jesse)

Boden" nennt ein ZDF-Film Tansania. Und die Neue Zürcher Zeitung titelt: "Versickerte Entwicklungshilfe", "Verlorene Investitionen", "Überforderter Staat". Als "teure 'Erfolge" kritisiert die NZZ "ein landesweit verbreitetes Schulsystem, Krankenstationen innerhalb von 5km für 70% der Bevölkerung, eine Wasserversorgung für 30% aller Dörfer". Dies alles habe "zu einer hohen Alphabetisierung, höherer Lebenserwartung und einem Rückgang der Epidemien geführt".(28) So suchen vielbeachtete Medien, hervorragende Leistungen von Entwicklungsländern zu schmälern.(29)

1.4 Kulturelle Überheblichkeit

Was hören wir hierzulande von der sogenannten Dritten Welt? Und wie denken wir über sie, die "Armen", "Eingeborenen", "Primitiven", "Wilden"...? Der Vorsitzende des Koordinierungsrates für Information der Blockfreien Staaten, Mustafa Masmoudi, klagt: *"Es wird nur der negative Aspekt der Dinge herausgearbeitet. Wenn man von einem unserer Länder nach einem längeren Schweigen wieder spricht, so geschieht dies, um auf Zwischenfälle an dieser oder jener Universität, einen Putsch, Streiks, Überschwemmungen, Erdbeben, usw. hinzuweisen. So kann die öffentliche Meinung in den Industrieländern nur ein verzerrtes Bild von der Realität bekommen."* Dazu einzelne Beispiele. Sie weisen auf die Gefahr unserer (oft unbewussten) kulturellen Überschätzung hin. Ebenso auf die Entwicklungsländer-Berichterstattung massenwirksamer Medien, die teilweise unsere Gefühle der Überlegenheit schüren.(30)

Anschaulich lässt sich die verzerrte Darstellung der "Dritten Welt" am Beispiel der Weltkarte aufzeigen. In Schulatlanten, im Fernsehen und in Zeitungen begegnen wir der alten Mercator-Karte. Da ist die Schweiz Mittelpunkt. Europa erscheint viel grösser als der fast doppelflächige lateinamerikanische Kontinent, der im unteren Kartendrittel abfällt. Werden jedoch die Länder flächengetreu abgebildet und der Äquator in die Kugelmitte gesetzt, so wie das die kaum bekannte Petersprojektion annähernd leistet, entsteht ein völlig anderes, realistischeres Weltbild. Dann rückt Afrika ins Zentrum und Europa verschwindet weit oben im Norden.(31)

Lebendig beschreiben uns beliebte Schriftsteller wie Jules Verne, Mark Twain, Karl May oder Edgar Wallace kaum gesehene Farbige. Das fast blind gemalte Bild lässt diese als infantil, dumm, heidnisch, hässlich und kannibalisch erscheinen. Dahinter steckt weitverbreiteter, oft unbewusster Rassismus und Ethnozentrismus, geschürt durch eine Gesellschaftsstruktur, die kollektive Agressivität gern duldet, sofern sie sich gegen vermeintliche innere oder äussere Feinde richtet.

Während Rassisten bei der Beurteilung von Gruppen und Individuen auf erbbedingte Unterschiede zurückgreifen, erfolgt bei Ethnozentrismus eine Einschätzung auf Grund von kulturellen Werten, Vorstellungen und Errungenschaften. "Der Sudanese ist kein Freund der Arbeit und Anstrengung", weiss Karl May zu berichten, auch "dass jeder Beduine ein geborener Räuber ist". Ob Menschenfresserei real existierte, kümmerte Jules Verne wenig.

Wer diese Eigenschaften all jenen zuschrieb, die es nationaler Interessen wegen zu unterwerfen galt, erhielt Applaus. So "dienten die Kinder als Hauptgericht bei den Banketten". "Wenn die Mutter nichts mehr

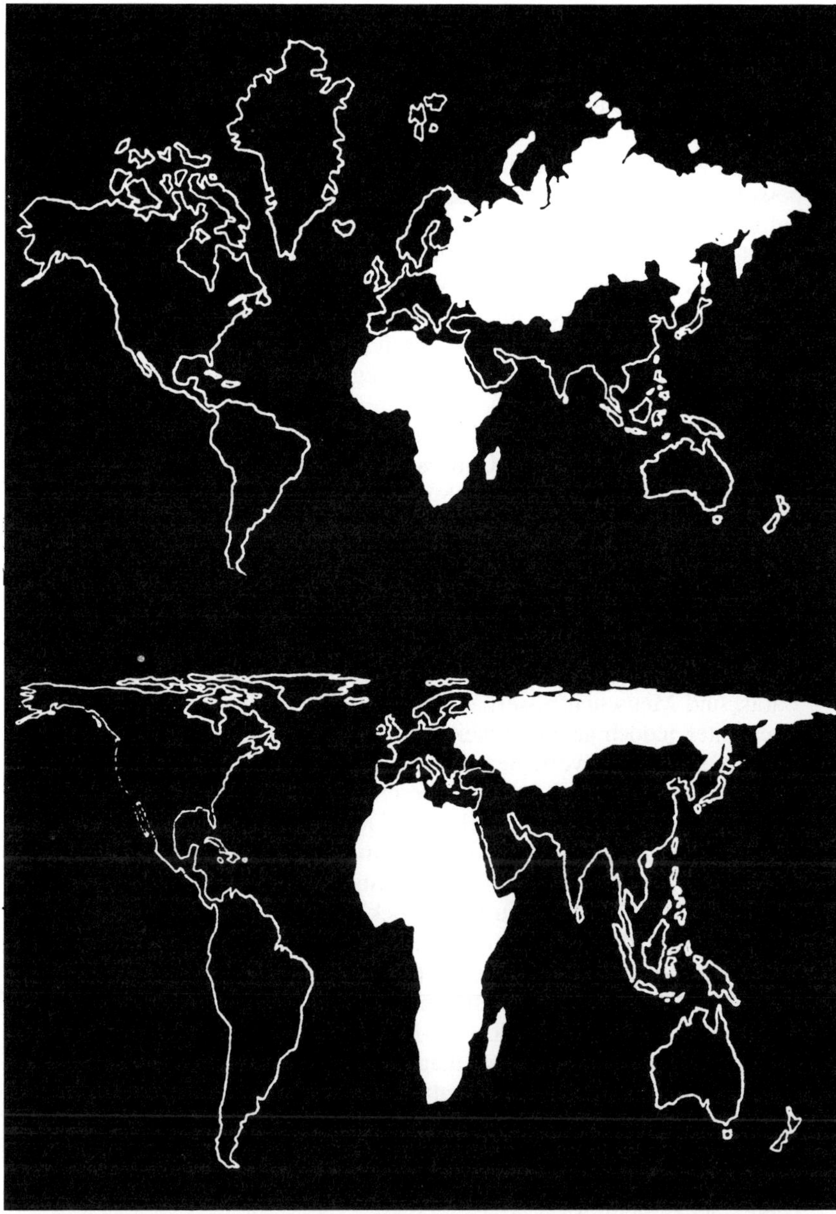

Bei der häufig verwendeten Mercator-Karte (oben) ist Europa im Zentrum der Welt. Die flächengetreue Petersprojektion (unten) lässt andere, realistischere Dimensionen erkennen. Europa (9,7 Mio. km^2) erscheint nicht mehr grösser als der fast doppelflächige lateinamerikanische Kontinent (17,8 Mio. km^2).

zu essen hat, geht sie soweit, dass sie das kleine Wesen verschlingt, das ihrem eigenen Schoss entsprungen ist." Das Thema kam an, kommt an. Es kribbelt so schön. Ein Fressen für Edgar Wallace, "Sachverständiger" der Manieren — "Wenn auch ihre Tischsitten einiges zu wünschen übrig liessen" — verschiedener "Kannibalen-Völker": "Der Mensch war Fleisch, und das war alles. Zudem kämpften die Krieger besser im Hinblick auf das Siegesmahl." Doch: "Langsam aber sicher hatten das neue (britische) Recht und Gesetz diesen Brauch ausgemerzt." Drum: "Wenn alteingesessene Eingeborene mir gegenüber ihren Unmut kundgeben, von den Weissen beherrscht zu sein", bestätigt der erfahrene und als besonnen geltende Albert Schweitzer, "antwortete ich ihnen, dass sie ohne die Weissen nicht mehr existieren würden, weil sie entweder sich gegenseitig erschlagen oder im Kochtopf der Pahuins geendet hätten."
Individualisiert findet sich die Verniedlichung und Verherrlichung weisser "Heldentaten" in Tarzan Comics. Jährlich werden über acht Millionen Hefte produziert und in 19 Sprachen übersetzt, in 46 Länder vertrieben. Vielgefragt sind zudem 45 Tarzanfilme sowie 57 einstündige Fernsehepisoden. Worum's geht: Weisshaupt-Abenteuer mit ewig gleichen Kämpfen um Leben und Tod, supermännliche Rettungsaktionen. Tarzan, ein Recke ohne Makel, tötet, bestraft, erzieht idiotisierte Schwarze. Nach Misshandlung eines Afrikaners wäscht er sich jede Spur des "widerlichen Geruches" des Opfers von seinen Händen. Die Batak sind Menschenfresser, Araber ausschliesslich Sklavenjäger. Interessanter jedoch als diese weitverbreiteten, krassen Formen platten Rassismus, sind die verfeinerten.
"Ich bin dein Bruder", sagt der bereits erwähnte Albert Schweitzer zum Afrikaner. "Dein älterer Bruder." Mark Twain gibt sich in seinen 154 amerikanischen und 71 deutschen Buchausgaben ebenfalls als Freund der Schwarzen. Energisch protestiert er gegen das Lynchen von "Niggers". In "The Adventures of Huckleberry Finn" sympathisiert er mit der Flucht des Sklaven Jim, der sich aber als erwachsener Mann von einem zwölfjährigen Jungen leiten und dominieren lässt. Als "jämmerlichste Vertreter des Menschengeschlechtes" verflucht hingegen derselbe Mark Twain die Goschut-Indianer, die selbst den Hottentotten unterlegen seien, "kleine, magere, 'verhutzelte' Geschöpfe, eine schweigsame, schleichende, heimtückische Sippe, die verstohlen alles beobachtete, gerade wie alle andern 'edlen roten Männer', ohne dabei eine Miene zu verziehen; stumpfsinnig und stets geduldig. Jäger, deren Ehrgeiz jedoch nicht über das Erlegen und Verspeisen von Eselskaninchen... hinausgeht."(32)

Auch unzählige Kinder- und Jugendbücher demonstrieren die vermeintliche Überlegenheit der Weissen. Globi heisst beispielsweise der Star einer vom Globus-Warenhaus herausgegebenen, beliebten Buch-

reihe. Das weisse Bürschchen Globi ist ein genialer Tausendsassa. Heldenhaft und clever meistert es auf seinen Abenteuerreisen kreuz und quer durch die Welt sämtliche Schwierigkeiten. So erhebt sich Globi etwa "mutig zum Obergötz", besteigt eine "Heidenstatue" und schon fallen die "Eingeborenen" und auch der federbeschmückte Häuptling vor ihm auf die Knie. Ein verdutzter Indianer erfrecht sich, Globi nicht sonderlich freundlich zu begrüssen und erhält dafür eine auf die Wange geklebt, dass es nur so "tätscht".

Der stets geniale Globi kann alles besser als die andern, auch als die erfahrenen Eskimos.

In Mexiko verfolgen schwerbewaffnete “Azteken” den Globi. Doch der ist nicht verlegen, malt schnell ein “böses” Gesicht auf seinen Sombrero, und schon ziehen die “Banditen” ab.
Ähnlich ergeht es *Ringgi und Hündchen Zofi* bei ihren “Abenteuer in aller Welt”. (1973 im Ringier-Verlag erschienen) Sie beobachten, wie ein Kind von einer Schlange bedroht wird, betätigen sich als Schlangenbeschwörer und siehe da: “Gerettet ist das Negerkind. Wo wohl nur seine Eltern sind? Sie liefen von der Schlange schon, von allem Anfang an davon.”
Oder *“Tim im Kongo“* (1979 neu aufgelegt): Ein exotischer Papagei pickert das Hündchen Strupi. Ein Arzt wird konsultiert. Der sagt, es sei nicht schlimm. Er müsse bloss ein kleines Schnittchen machen. Und schon rückt der Schwarze mit seinen wulstigen Lippen mit einer grossen Säge an. Im *Struwwelpeter* steckt der Nikolass die Kinder in das Tintenfass, damit sie nachher ebenfalls so schwarz sind wie der Moor. Darin liegt der Kern der Strafe.

Walt Disney ist vielleicht der bekannteste Amerikaner, seine “Dritte Welt” die vermutlich einseitigste. Donald Duck muss zum Beispiel “im Busch” telefonieren. Er fragt nach einer Kabine. Der Medizinmann antwortet: “Wir Telefon haben? Jede Farbe, jede Form. Aber kleines Problem: Nur eins Draht haben, Direktanschluss zur Welt-Kredit-Bank!” Schliesslich wollen und bekommen diese Länder sehr viel Geld. Dieser Eindruck wird zumindest erweckt. Die immensen Rückflüsse bleiben hingegen verschwiegen oder kaschiert. So entlockt Donald den “Hinterwäldlern” wertvolle Güter, für deren Verwaltung “die Eingeborenen zu blöd” sind. Als Gegenleistung bietet er an, ihnen zu lehren, “wie man vor einer Autorität stramm zu stehen hat”. Eine Lektion Ruhe und Ordnung also, darauf ist Disney spezialisiert. Harmlos? Nein, eher gezielt ideologisch. Er jagt just diejenigen Länder durch die Spiessruten seiner kinderpolitischen Geschichten, welche der US-Regierung gegenüber nicht freundschaftlich gesinnt sind.
Das also ist das Bild, das die meistgelesenen Kinderbücher von der “3. Welt” vermitteln. Kein Wunder schreibt ein Viertklässler in seinem Aufsatz: “Wenn man ihnen einen Traktor geben würde und das Benzin ausgehen würde, wüssten sie nicht einmal, wo man es nachfüllen müsste.”
So ungeschickt sind sie, die “Unterentwickelten”. Das drückt auch das Lied “Zehn kleine Negerlein” aus, das im Basler-Schulsingbuch enthalten ist und noch regelmässig gesungen wird. Beliebt ist auch der “Negeraufstand in Kuba”. Da fliessen Blut und Eiter. Das scheint dort üblich. Nachzulesen in einem 1982 erschienen Basler Pfadi-Singbuch.

Im Kanton Bern wird es noch rege benutzt, das Buch “Aus Welt- und Schweizergeschichte seit 1815” vom Staatlichen Lehrmittelverlag. Und da steht zum Beispiel: “Es waren die Europäer, welche die Menschenopfer, die Menschenfresserei, die Witwenverbrennung in Indien und die endlosen Stammeskriege in Afrika unterdrückten. Es waren ebenfalls die Europäer, die in den einstmals öden Gegenden wichtige Frucht- und Nutzpflanzen einführten und dadurch die Eingeborenen vor Hungersnöten schützten. (Die Portugiesen sind zum Beispiel die Wohltäter Äquatorialafrikas, weil sie hier aus Westindien die Bananenstauden, den Maniok und die Ölpalme ansiedelten.) Die Europäer haben ferner Entsumpfungen durchgeführt, gesundes Trinkwasser beschafft und dadurch in weiten Gebieten die Tropenkrankheiten ausgetilgt. Sie haben Strassen, Brücken, Bahnen, Spitäler und Schulen gebaut, die heute den Farbigen dienen. Der weisse Mann hat diese gelehrt, und lehrt sie heute noch, wie der Boden besser bebaut werden kann. Farbige haben in Europa und Amerika studiert und hier den Ruf gehört: “Freiheit und Menschenrechte!” Kurz, es war der Einfluss des weissen Mannes, der die Farbigen aufgerüttelt und in ihnen den Wunsch geweckt hat, all die Kenntnisse und Rechte zu erwerben, die der Weisse besitzt, und ebenso frei und selbständig zu werden wie dieser.”

Ähnliche Formulierungen sind auch in anderen Geschichtsbüchern zu finden. Hinzu kommt: Die “3. Welt” wird in diesen Unterrichtsmaterialien kaum thematisiert. Und wenn, dann bloss auf wenigen Seiten, und zwar unter dem Stichwort “Entdeckungen”, als ob diese Gebiete vorher nicht existiert hätten.

Wo ausnahmsweise auf frühere Zeiten Bezug genommen wird, erscheint ein Bild von Anarchie und Greuel. Selten ein Wort von ehemals “demokratisch-genossenschaftlichen” Sozialstrukturen, wie sie teilweise nachgewiesen werden. Kaum ein Wort auch davon, dass in jenen Breitengraden Hunger im heutigen strukturellen Sinne nicht vorkam. Keinerlei Würdigung von Gesellschaften mit zuweilen hoher Musseintensität, wo Väter täglich mehrere Stunden mit ihren Kindern spielen, alle Gemeinschaftsmitglieder hervorragende Musiker sind...Derartige positive Leistungen bleiben ausgeklammert oder herablassend verniedlicht. So etwa im Basler Geographiebuch für Mittelschulen, wo die guten Seiten auch erwähnt werden. Aber wie!

“Der Afrikaner ist ein offener, gutmütiger und hilfsbereiter Mensch mit einem stark entwickelten Sinn für Gemeinschaft. Er gibt sich natürlich und ist im Grunde seines Herzens fröhlich. Die Arbeit geht ihm leichter, wenn er dazu singen kann. Andererseits ist er feinfühlig und empfindet eine unbedachte Bemerkung. In seiner Handlungsweise lässt er sich mehr von Gefühlen als von nüchterner Überlegung leiten. Der Afrikaner denkt nicht an die Zukunft, sondern geniesst die Gegenwart. Deshalb ist sein Sparsinn nicht entwickelt...”(33)

Das Fernsehen strahlt zuweilen informative Filme über die “3. Welt”

Auf ihrem Marsch in den Tod liefen in Äthiopien Tausende von Menschen an Hilfsgütern vorbei, die bürokratischer Probleme wegen nicht verteilt wurden. "Schrecklich", denkt der satte TV-Zuschauer. Wie er selber von der Armut der andern profitiert, erfährt er nicht.

aus. Aber diese werden überlagert und verdrängt. Und zwar durch ein erdrückendes Angebot an amerikanischen Unterhaltungsserien wie Daktari (56 Folgen) oder Tarzan (42 Folgen). Da werden ferne Länder als Kulisse vereinnahmt. Wilde Tiere scheinen die eigentlichen Gefahren dieser exotischen Gegenden zu sein. Zudem einzelne Bösewichte. Diesen rücken jedoch weisse Superhelden schnell zu Leibe. Zum Beispiel der bärenstarke Tarzan. Er kämpft für die Schwarzen, die sich selbst nicht wehren können. Er setzt sich dafür ein, "dass die Neger im Busch bleiben. Im Busch sind sie friedlich und gut, aber Kontakt mit Technik und Zivilisation macht sie sofort bösartig".
Einheimische kommen in den meisten Unterhaltungssendungen bloss als Statisten vor, als unterwürfige Diener, als kreischend fette Haushälterin oder kriegerische Horde, die sich als hinterlistig und feige entpuppt.

Über Geschehnisse in der "3. Welt" orientiert auch die TV-Tagesschau. Die übliche Technik der Nachrichtenmischung in schnellen Bildschnitten zerfasert jedoch die Aufmerksamkeit der Zuschauer/innen. Zudem dominieren wenig aussagekräftige, protokollarische Meldungen über Regierungsempfänge, personalisierte Gewalt und Katastrophen. Je kleiner ein Land ist, desto grösser muss die Sensation sein, um Schlagzeilen und Bilder abzugeben. *Nach Hintergründen und Zusammenhängen wird kaum gefragt, nach Ursachen von Hungerkatastrophen, nach strukturell verfestigter Macht.*
Wesentliche Ereignisse und gesellschaftliche Prozesse bleiben ausgeklammert. Den oft hauptbetroffenen, breiten Bevölkerungen fehlt die Lobby. Sie interessieren bloss am Rande, lassen sich allenfals als farbenprächtige, sprachlose Opfer oder Geplagte vermarkten.(34)

Die Zeit der Schädelvermessungen liegt nicht weit hinter uns. Ein vor vierzig Jahren in Deutschland verstorbener "Sudanneger" gab Material für fünf Doktorarbeiten ab. Ein jeder Wissenschaftler interessierte sich für das Ausmass anderer Körperteile. Und das alles, um Unterschiede oder Gemeinsamkeiten in der "Anlage" herauszutüfteln. Claus Jacobi schreibt dazu (in: "Die menschliche Springflut"): "Die Verteidiger der Negerintelligenz argumentieren mit Recht, dass bisher weder Gleichheit noch Ungleichheit der Intelligenz der Rassen wissenschaftlich belegt sei. Sie folgern daraus, dass Neger als ebenso intelligent gelten müssen, wie Weisse. Und damit begehen sie einen Denkfehler. Bis zum Beweis des Gegenteils muss nicht die Gleichheit, sondern die Ungleichheit zweier Objekte angenommen werden. Das allein entspräche wissenschaftlicher Methodik — zumal, wenn die Indizien so sehr für die Ungleichheit sprechen: Es gibt keinen schwarzen Konfuzius, Kant, Einstein... Warum nicht, wenn die gleichen Intelligenz-Voraussetzungen gegeben sind? Der häufige Hinweis auf einzelne Neger-Intellektuelle ist mit Dummerjan geräuchert. Es gibt rechnende Pferde, und dennoch werden Wallache normalerweise nicht Buchhalter..."
Wohl dürfte es bei vielen neueren wissenschaftlichen Arbeiten wesentlich schwieriger sein, ähnlich plumpen Rassismus nachzuweisen. Meistens werden die eigenen Denkraster viel subtiler auf andere Gesellschaften angewendet. Dass grobschlächtige Schubladen- und Scheuklappenpolitik aber noch keineswegs der Vergangenheit angehört, zeigt Henry Kissinger in seinem vielbeachteten Essay "Domestic Strucure and Foreign Policiy": "Es gibt zwei Kategorien des Geistes — den entwickelten und den nichtentwickelten Geist. Beide unterscheiden sich voneinander dadurch, dass letzterer niemals durch die Newton'sche bzw. Kopernikanische Revolution hindurchgegangen und daher unfähig ist, die Realität zu erkennen." Diese geschichtsphilosophischen Betrachtungen des ehemaligen US-Aussenministers bilden die Grundlage für wichtige politische Schlüsse. Sie fussen auf der Annahme: "Die Crux mit den Palästinensern ist die, dass sie die Realität nicht erkennen können. Sie sind dazu ganz einfach unfähig aufgrund eines Defekts in ihrer kulturellen Vergangenheit."

Henry Kissinger bei seinem hilflosen Versuch, rassistische Palästinenserfeindlichkeit "wissenschaftlich" zu vertuschen.

Viele Leute meinen es gut mit den Armen. Sie schicken ihnen alte Kleider, spenden Geld und malen bei jeder Gelegenheit aus, wie schlecht es ihnen gehe. Hinter dieser wohlwollenden Haltung verbirgt sich jedoch häufig Überheblichkeit. *Gütiges Kopfstreicheln kann auch herablassende Verniedlichung ausdrücken.* Aufopfernde Hilfeleistungen sind zuweilen beliebtes Mittel, um sich selbst auf den Sockel zu hieven.

Früher pflegten etliche Missionare zu sagen: "Weisse haben einen Glauben, Schwarze einen Aberglauben." Heute erfahren "die armen Heiden" eine grosszügigere Behandlung. "Selbst ein Afrikaner kann nämlich ein guter Christ sein." Er muss bloss unsere Hilfe dankbar annehmen. Als ob das Elend in den Armutsländern auf einen Mangel an Glauben, Schulen und modernen Techniken zurückzuführen sei. Was Wunder, dass ein Afrikanermädchen in seinem Kindergebet den lieben Gott bittet, ihm eine weisse Haut zu schenken. So lässt unsere feine Arroganz auf der Gegenseite seltsame Wünsche gedeihen, zuweilen auch Aggressivität, Selbst- oder Fremdenhass. Dazu nochmals Julius Nyerere, der ehemalige Staatspräsident Tansanias: *"Von allen Verbrechen des Kolonialismus war keines schlimmer als der Versuch, uns glauben zu machen, dass wir keine eigenständige Kultur vorzuweisen hätten oder dass das, was wir hatten, wertlos sei."*

Wohl sind wir einseitig und unzulänglich über jene drei Viertel der Menschheit informiert, die in grosser Armut leben und von denen in den nächsten Jahrzehnten wesentliche Veränderungen ausgehen dürften, die auch uns betreffen. Umgekehrt erhalten jedoch die "Entwicklungsländer" sehr viele Informationen von und über uns. Etwa achtzig Prozent aller Auslandnachrichten in lateinamerikanischen Zeitungen stammen von den vier grossen Agenturen UPI, AP, Reuters und Agence France Press. Diese prägen das Bild der "Dritten Welt" über sich selbst wesentlich mit.(35) Und hier liegt eine besondere Tragik: die weiterhin immense Abhängigkeit von den ehemaligen Kolonialherren. Diese liefern Technologie und Information. Was in Tansania passiert, erfährt ein Kenianer via London oder New York.

Während im Bereich der Fernsehtechnologie und der Journalistenausbildung die Abhängigkeit afrikanischer TV-Stationen vom Ausland beinahe total ist, beträgt sie im Bereich Programm "nur" achtzig Prozent. So bringt der Kanal "Voice of Kenya" etwa einen Film über die Renovierung des Big Ben in London, über ein Bundesliga-Spiel oder den ARD-Spot "Der 7. Sinn", über das richtige Einfädeln auf Autobahnen. Am dominantesten sind jedoch auch hier die amerikanischen Unterhaltungsserien. Und da bekommen die Afrikaner immer wieder die Genialität weisser Superhelden vorgesetzt, was auf Seite der Schwarzen durchaus zu einem Identitätsverlust beitragen mag. Verstärkt durch die Werbung, wo oft Blondinen für irgenwelche Güter werben und so tun, als ob alles Gute vom Westen käme.

US-Agenturen und -medien erklären der Welt die Welt

Zwei Drittel der täglich anfallenden Nachrichten kommen aus New York, zwei Drittel aller Korrespondenten der internationalen Nachrichtenagenturen sind in Nordamerika oder Westeuropa stationiert. Und auf diese Gebiete konzentrieren sich die transnationalen Mediensysteme mit ihren Spot-News, die vordergründig und laut sind und gesellschaftliche Prozesse von der Berichterstattung ausschliessen, teilweise aus sogenannten Sachgründen. So berichtet ein Agentur-Nachrichten-Produzent von seinem Filmschaffen in der "3. Welt": "Da war zum Beispiel die Anweisung der Agentur, mit maximal einer 30 Meterrolle auszukommen (=2,5 Minuten). Konkret hiess das für mich, dass ich nicht nur die Publikumswirksamkeit des Themas schon vorher abschätzen, sondern die Story auch schon in Kopf und Kamera vorschneiden musste... Ich wurde pro Beitrag nach Einheitstarif bezahlt, egal ob ich die Story im Kugelregen in die Kamera holte, oder ich dazu einige Tage brauchte..."(36)

Derartige Sachzwänge führten dann dazu, Meldungen zu produzieren wie: "Präsident besucht Präsident und bekommt am Flugzeuggangway Blumenstrauss. Diese Beiträge kosteten mich nur ein paar Stunden Arbeit und ich machte sie fast im Schlaf".

Wo die Wirklichkeit nicht ausgeleuchtet werden darf, sind blinde Profis gefragt.

Voraussetzungen zur Veränderung der zur Zeit herrschenden weltweiten Ungleichheiten und Ungerechtigkeit ist die Verbreitung einer Art von Kommunikation, die soziales Bewusstsein weckt, aktive Teilnahme ermöglicht, alternative Formen des Zusammenlebens anbietet und der kulturellen Vielfalt Ausdruck verleiht." Soweit Caes Hamelink vom Lateinamerikanischen Institut für transnationale Studien in Mexiko. Als konkreter Ansatz ist in diesem Zusammenhang auf die alternative Nachrichten-Agentur Inter Press Service (IPS) hinzuweisen. Gegründet als internationale Non-Profit-Kooperative von Journalisten verfügt IPS inzwischen über ein Netz, das Lateinamerika, Afrika, Asien und Europa umfasst sowie 200 Fulltime-Journalisten (die Mehrzahl von ihnen aus der "3. Welt"). IPS richtet sein Hauptaugenmerk auf die Entwicklungsprozesse. Es wird versucht, systematische und prozessbezogene Aufmerksamkeit für Erfolge und Probleme der Länder der "3. Welt" zu wecken. Das bedeutet eine Minimalisierung protokollarischer Nachrichten und eine Hinwendung zu Nicht-Establishment-Berichten, zu Analysen und Hintergundinformationen, Selbstdarstellungen, zum Beispiel von eigenen Perspektiven. Es bleibt zu hoffen, dass IPS auch von unseren Medien berücksichtigt wird.(37) *Über mehr authentische Information könnten wir gewiss auch einiges von der Dritten Welt lernen, vielleicht unseren quasi alltäglichen Rassismus abbauen.* Wie geläufig verwenden wir beispielsweise Begriffe wie Schwarzmarkt, Schwarzarbeit, Schwarzfahren, schwarzmalen, schwarzhören oder schwarze Tage. "Schwarz" hat dabei immer eine negative Bedeutung. Das ist kein Zufall.(38)

1.5 Afrikanische Zeit

"Man spürt nicht mehr den tiefen Grund der Zeit und ihr langsames Fliessen. Die Zeit ist wie verstopft von ihrem mechanischen Ineinandergreifen. Die Strassen sind nackt. Man begegnet Dingen aus Fleisch und Gegenständen aus Metall. Freilich, man begegnet auch noch Ereignissen. In ihrer Aufeinanderfolge füllen sie die Zeit, so wie die Gegenstände die Strassen verstopfen." Mit diesen Worten berichtete der Senegalese Hamidou Kane von seinem Besuch in Paris. Das war vor 25 Jahren.(39) Inzwischen hat die Hektik in europäischen Städten weiter zugenommen. "Zeit ist Geld", pflegen wir zu sagen. Und der Urbanist Paul Virilio ergänzt: "Geschwindigkeit bedeutet Macht."(40) Je schneller, desto besser, desto grösser. Die Erschliessung der Erde ist vollendet. Die Flaggen der Vereinigten Staaten und der Sowjetunion sind bereits auf dem Mond gehisst. Jetzt folgt der Schritt ins weitere All. Das ist zweifelsohne faszinierend. Bloss: Hinter unserem Eifer verbergen sich Hoffnungen und Gelüste. Sie erinnern an die "Entdeckung" des afrikanischen Kontinentes. Längst können wir diesen in wenigen Stunden erreichen, aber kaum besser verstehen. Unsere enorme Mobilität bringt die Menschen einander wenig näher. Statt kulturelle Vielfalt zu schätzen, ebnen wir sie oft ein und empfinden als Bedrohung, was wir nicht selbst im Griffe haben. Von andern Kulturen könnten wir aber viel lernen, vielleicht sogar ein neues Zeitverständnis. Ein Tansanisches Sprichwort sagt: "Wer andere besucht, soll seine Augen öffnen, nicht den Mund."

Im Gewand "zeitloser Bräuche" prägt ein mystisches Bild von der Vergangenheit afrikanische Vorstellungen vom Lebenslauf eines Volkes. Das Zeitempfinden lässt aber Bewegung und Eigendynamik durchaus zu. Die Nachkommen erstarren nicht in den Fussstapfen der (Ur-)Ahnen. Gesellschaftsbezogenheit und Zeitlosigkeit bezeichnet der Entwicklungsforscher (und ehemalige Präsident der Nationalversammlung) Boubou-Hama aus Niger als wesentlichste Kennzeichen afrikanischen Geschichtsdenkens. Er beschreibt die Zeit als "Atem der Gemeinschaft". Die afrikanische Zeit fliesst nicht von einer bekannten Quelle zur Mündung. Vielmehr bewegt sie sich, der Ewigkeit vergleichbar, stromaufwärts und abwärts. Dazu gehört: Verstorbene bleiben für das Heute nicht verloren. Sie sind Zeitgenossen und manchmal einflussreicher als zu Lebzeiten. Die Ahnen haben in Begebenheiten Entscheidungsgewalt, die sich Jahrhunderte nach ihrem Tod ereignen. Boubou-Hama nennt sie "Minister für die Zukunft". Regelmässig erhalten sie "wohltuende Blutopfer". Es gilt, sie freundich zu stimmen. Und das veranschaulicht: Bei der "in der Schwebe sich befindenden Zeit" wirkt auch die Gegenwart auf "Vergangenes", das nie tot und stets lebendig ist.

Afrikanische Zeit meint auch jenen "Bereich, wo Menschen für das Wachstum ihrer Lebenskräfte kämpfen". Sie streben nach Wohlergehen. Das ergibt eine "bewegte Sicht". Wohl sind frühere Zeiten im Bewusstsein der Afrikaner stark präsent, aber sie hindern die Gegenwart nicht an ihrer Entfaltung.

Am Sonntag HINTER mir gehe ich zu meinen Eltern", sagte ein Afrikaner zu Andreas Bänziger ("Die Saat der Dürre", 1986) in gebrochenem Französisch. Grammatikalisch falsch? Nein, der Sonntag VOR ihm ist derjenige, den er bereits erlebt hat und deshalb VOR sich sieht. (Foto: P. Jesse)

Der Historiker Ki-Zerbo aus Burkina-Faso verwehrt sich dagegen, afrikanisches Zeitempfinden als Ausdruck einer besonderen Wesensart zu deuten. Er ordnet es vielmehr einer bestimmten Entwicklungsstufe einer jeden Bevölkerung zu. Sein Beleg: Zusehends verbreitet sich in städtischem Milieu ein "Digitaluhr-Denken", gekennzeichnet durch die Vorstellung einer mathematisch-physikalischen Zeit, die sich in immer feinere Einheiten unterteilen lässt.(41)

Selbst inmitten eilends hingeklotzter Betonsilos afrikanischer Städte, schränkt Ki-Zerbo allerdings ein, ist Zeit mehr "Sache des gemeinschaftlichen und persönlichen Erlebens" als etwa in Europa. Hievon zeugt die nach wie vor intensive Auseinandersetzung mit dem bei uns oft verdrängten Tod. Mit aufwendigem Zeremoniell wird er "begangen und gefeiert". Weit verbreitet sind auch in städtischen Agglomerationen Initiationsriten. Sie ermöglichen den Eintritt in die nächstfolgende Altersgruppe sowie den Zugang zu den Ahnen. Weniger verbreitet ist ferner die bei uns typische, krasse Trennung von Freizeit und Arbeit. Arbeit ist nicht einfach ein Mittel, um Geld zu erwerben, sondern eine wichtige Kontaktmöglichkeit.(42)

In Auflösung ist aber die “Kraft und Macht des Alters”. In mehreren afrikanischen Staaten haben “junge Dreissiger und Vierziger das Sagen”. Und in den stets grösser werdenden Städten steigt das Ansehen einer Person nicht mehr mit zunehmendem Alter. Verbreitung findet vielmehr ein neues Jugend- und Kleinfamilienideal. Die neuen Wohnverhältnisse erschweren die Altersversorgung. Traditionell solidarische Verwandtschaftsbanden verlieren an Tragfähigkeit, auch in abgelegenen, von der Abwanderung betroffenen Gebieten.

So berichtet eine 65-jährige, in Westafrika lebende Frau von ihren Schwierigkeiten, den Alltag zu bewältigen. Sie hat Mühe, Yams zu stampfen und zu kochen. Ein wenig Geld verdient sie mit Holzsammeln. Damit kauft sie Reis. Nicht immer reicht es aus, ihren Hunger zu stillen. Hier erweist sich, schreibt Fritz Morgenthaler, die vielgepriesene Hochachtung vor dem Alter als blosse Etikette.(43)

“Zeichen der Neuzeit” beeinflussen auch das afrikanische Raumempfinden. In Afrika gäbe es keine Grenzen, sagt zwar Léopold Senghor, der ehemalige Staatspräsident Senegals. Erhebliche Zwistigkeiten um Territorialansprüche stören jedoch, durch äussere Eingriffe ausgelöst und verschärft, den Traum von der Einheit.

Im Wandel ist auch die Verbundenheit mit der Scholle. Der Boden gehörte im früheren Afrika allen. Individuelles Grundeigentum gab es nicht. Heute aber sind viele Gebiete zerstückelt. Der Lehm, aus dem die Menschen entstanden seien, ist zudem vielerorts zubetoniert. Doch, wo soll in einem modernen Spital das Neugeborene unmittelbar nach seiner Niederkunft die Erde berühren, wie das bei den Dogon in Westafrika üblich ist.(44)

Spital in Westafrika (Foto: UM)

Der Guyaner Rodney zeichnet ein vielfältiges Bild des "dunklen Kontinentes". Neben einfachen, "weitgehend herrschaftsfreien" Gesellschaften existierten hochkomplexe Staatensysteme mit teilweise fundamental demokratischen Kontrollmöglichkeiten. Hunger gab es im heutigen strukturellen Sinne keinen, wohl aber Nahrungsmangel infolge von Dürreperioden.
Geringer war auch die Anzahl von Krankheiten und Kriegen. Wohl kam es immer wieder zu Streitigkeiten zwischen verschiedenen Bevölkerungsgruppen. Der vorhandene Raum bot jedoch Ausweichmöglichkeiten. Eigentliche Ausrottung ermöglichten erst die Vernichtungswaffen aus Übersee. Sie hätten die "Christianisierung und Zivilisation" beschleunigen sollen.(18)

Auf eigene Werte besannen sich zwischen den beiden Weltkriegen französisch erzogene Studenten aus Afrika und den Antillen. Sie betonten die geschichtlichen Reichtümer ihrer Heimat und die Würde des Schwarzseins. Sie wollten ihre Négritude leben und verstanden darunter herzliche Mitteilsamkeit, Spontaneität, Gemeinschaftsgeist sowie Offenheit für Symbole und kosmische Rhythmen.
Kwame Nkrumah, der erste Präsident des unabhängigen Ghanas, ging von der Existenz einer spezifisch afrikanischen Persönlichkeit sowie traditionell solidarischen Banden aus. Mit seinem Panafrikanismuskonzept strebte er mit politischen Mitteln die Einheit Afrikas an. Auf staatlicher Ebene umgesetzt bedeutete dies für Sékou Touré, den verstorbenen Präsidenten Guineas, die Wiederbelebung der Gemeinschaft mit ihrer klassenlosen sozialen Schichtung, getragen von einem Humanismus, wie ihn der amtierende Staatspräsident Kenneth Kaunda von Sambia in vielen Schriften beschreibt.(45)
Im Rückgriff auf die "Quellen des Wesentlichen" sieht auch der senegalesische Minister Cheikh Hamidou Kane ein Mittel zur Veränderung. Er beschwört die eigenständige, unausrottbar verwurzelte afrikanische Identität, ferner die demokratische Funktion des Palavers, das Wesen und die Bedeutung der Körpersprache, das Verhältnis zu Minderheiten sowie die tausendjährige Erfahrung mit autonomen, zu reaktivierenden Basisgemeinden.

Nach langer Fremdherrschaft versuchen junge afrikanische Staaten, überlagerte und teilweise idealisierte Strukturen neu zu beleben. Von diesen Erfahrungen mehr zu vernehmen, dürfte auch für uns sehr interessant sein. Aber wie kann es uns gelingen, etwas vom afrikanischen Zeitverständnis und dessen Veränderung zu spüren?
Der französische Schriftsteller Pascal Bruckner schlägt vor, die Flugtarife zu senken. Noch sei "die Chartermaschine das beste Mittel für Völkerverständigung".(46) "Afrika von innen" lautet ferner der Titel eines fast tausendseitigen Bandes.(47) Er liegt in mehrere Sprachen über-

Zeit zum Gespräch ist nie verlorene Zeit (Foto: P. Jesse)

setzt vor. Wenig bescheiden erhebt der Erfolgtsautor John Gunther darin den Anspruch, den ganzen Kontinent umfassend und tiefgründig darzustellen. Zur Bekräftigung brüstet er sich im Vorwort damit, sogar sechsmal dort gewesen zu sein. Der jeweils kurz bemessenen Zeit wegen reiste Gunther vornehmlich mit dem Flugzeug umher. Zweimal überflog er den Erdteil, "und zwar der Länge und Breite nach". Der Leistungsnachweis beträgt 65'000 Kilometer. Aber damit nicht genug. "Einmal übernachteten wir in 25 Tagen an 16 verschiedenen Orten". So konnten 105 Städte abgehakt und Informationen für Hunderte von Buchseiten zusammengetragen werden.

Mit entschiedenem "Nein!" beantwortete hingegen ein irischer Priester meine Frage, ob er seine höchst eindrücklichen Erlebnisse irgendwo publiziert habe. Seine Begründung: "Ich lebe erst dreissig Jahre in Afrika. Das ist zu kurz und zu lang. Entweder weiss ich zuviel oder zuwenig. Wenn schon, hätte ich ein Buch nach meinen ersten Afrikajahren schreiben müssen. Aber zum Glück habe ich das nicht getan. Darüber würde ich mich heute bestimmt ärgern. Inzwischen setze ich nämlich mehr Fragezeichen. Bei näherem Hinsehen schaut vieles komplizierter aus. Dann geraten eingefleischte Erklärungsmuster durcheinander. Auch die Zeitchronologie kommt ins Wanken. Darum halte ich es lieber mit den schriftlosen Gesellschaften und beschränke mich darauf, miterlebte Geschichte mündlich zu überliefern."

Bedächtiger in uns selbst zu ruhen, das hilft, Fremdartiges eher zu verstehen.

Die Worte des katholischen Priesters weisen uns auf Kulturbarrieren hin. Solche zu erkennen, ist schon viel. Fragen greifen tiefer als voreilige Interpretationen. Zunächst geht es darum, verstehen zu wollen. Nur so vermitteln Begegnungen weiterführende Anstösse. Afrikanische Filme, Literatur und Musik erfreuen sich in unseren Breitengraden zunehmender Beliebtheit. Sie drücken Andersartiges aus. Hie und da werden die Rhythmen und farbigen Bilder zwar kommerziell oder karitativ vermarktet und gedankenlos konsumiert. Sie bieten aber die Chance eines Einblickes. An uns liegt es, sie wahrzunehmen. Was das heissen könnte, soll später am Beispiel des Tourismus ausgeführt werden. Grundsätzlich sei vorab festgestellt: *Neues kennenzulernen bedeutet nicht, Gegensätze zu verwischen und Unterschiedliches zu vereinen. Die Auseinandersetzung mit Andersartigem erfordert kritisches Nachdenken über eigene kulturelle Hintergründe und Bestimmtheit.* Afrikanisches Zeitverständnis lässt sich nicht einfach lernen. Regt es uns aber an, nach unserem Platz in unserer Gesellschaft und deren Zeitgebundenheit zu fragen, könnte es uns gelingen, bedächtiger in uns selbst zu ruhen. Das wäre auch eine Voraussetzung, Fremdartiges besser aufzunehmen und verstehen zu können, mit Offenheit, ohne Anbiederung. *Zur Kulturverständigung gehören aber nicht bloss individuelle Bemühungen, sondern auch wirtschaftliche Bedingungen. Der Welthandel, der die Entwicklungsländer benachteiligt, schränkt Annäherungsmöglichkeiten auf persönlicher Ebene ein. Biertischverständigung zwischen arm und reich mag für den Augenblick der Trunkenheit schön sein. Aber sie ist trügerisch und hält solange nicht, bis Gerechtigkeit vorhanden ist. (48)*

1.6 Eine soziale Entwicklungsstrategie

Im entwicklungspolitischen Schrifttum der letzten Jahrzehnte finden sich vorwiegend Empfehlungen, welche die soziale Frage vernachlässigen. Meistens nehmen sie an, eine Produktionsförderung führe quasi automatisch zu einer Verbesserung der sozialen Verhältnisse. Und das in einer Zeit, wo, durch einseitig wirtschaftlich orientierte Entwicklungspolitik mitbedingt, soziale Konflikte krasser denn je zutage treten.(49) Ohne Reform der Grundbesitz- und Machtverhältnisse zementiert technologischer Fortschritt die gesellschaftliche Spaltung.(50) Die bisherige Entwicklungspolitik ist einem alten Vorurteil der Nationalökonomen gefolgt, "in dem sie davon ausging, dass sich egalitäre Reformen nicht mit der ökonomischen Entwicklung vertragen".(51) Ebenso illusorisch ist es, erst vereinzelte Wohlstandsinseln schaffen zu wollen, um dann breitere Bevölkerungskreise allmählich am Reichtum teilhaben zu lassen. Soziale Gerechtigkeit lässt sich nicht aufschieben. Zunächst gilt es, die existenziellen Bedürfnisse der gesamten Bevölkerung zu befriedigen. Aber was heisst das?

Erstaunlich ist, mit welcher Geschwindigkeit "das Schlagwort von der Grundbedürfnisstrategie" um sich griff.(52) Oft modifiziert es bloss bisherige Wachstumsstrategien, welche Kleinbauern lediglich in den kapitalistischen Marktmechanismus einbeziehen wollen, um diesem neue Impulse zu verleihen.(53) Demgegenüber fordern Entwicklungsländer aber vor allem einen radikalen Wandel der internationalen Arbeitsteilung. Nur so liesse sich eine konsequente Grundbedürfnisstrategie realisieren. "Das Problem heute ist nicht Knappheit", heisst es in der bereits 1974 in Mexiko verabschiedeten "Kokojol-Erklärung", "sondern wirtschaftliche und soziale Fehlverteilung."(54) Zur Befriedigung menschlicher Grundbedürfnisse nach Nahrung, Gesundheit, Kleidung, Wohnung und Bildung gehören demokratische Menschenrechte, soziale Gleichheit und kulturelle Identität. Als konkrete Schritte erwähnt die Nord-Süd-Kommission(51) eine Umverteilung von Produktionsmitteln und Einkommen, eine Agrarreform zugunsten der Kleinbauern, mehr Entwicklungsausgaben in ländlichen Gebieten, eine Förderung des Kleingewerbes sowie eine bessere Steuerverwaltung. Die Länder der Dritten Welt sollen sich "schwergewichtig jenen Produktionen zuwenden, die ihren eigenen Bedürfnissen entsprechen". Das verlangt eine "Konzentration der investierbaren Ressourcen auf die landwirtschaftliche Entwicklung und agrarbezogene Industrie", und zwar auf der Grundlage einer umfassenden Nutzung vorhandener Potentiale in den Entwicklungsländern selbst. Statt wichtige Ressourcen zu Ausverkaufspreisen ans Ausland zu verhökern, sollen sie den breiten Bevölkerungsmassnahmen zugute kommen.(55)

Damit lokale Anstrengungen fruchten, braucht es auch einschneidende Veränderungen globaler Rahmenbedingungen. Aber diese erst abwarten zu wollen, bedeutete eine widersinnige Blockierung des Entwicklungsprozesses. (Foto: P. Jesse)

Der Mensch ist in den Mittelpunkt der Entwicklung zu stellen. Ihm muss erste Priorität eingeräumt werden.(56) Ansonsten fruchten auch internationale Strukturveränderungen wenig. Alle Menschen sollen die Möglichkeit haben und nutzen, in ihrer eigenen Gemeinschaft auf ihre eigenen Kräfte zu bauen. Mobilisierung und Partizipation bedingen sich gegenseitig. Eine aktive Beteiligung der Bevölkerung erfordert aber auch Freiräume. Darauf haben Politiker wie Lenin und Mao oft hingewiesen. Die (berechtigte) Angst vor der Herausbildung und Eigendynamik kleinkapitalistischer Strukturen darf keine erstickenden Kontrollmassnahmen provozieren.

Eine Mobilisierung der Kleinbauern kann nur durch Berücksichtigung ihrer materiellen und existentiellen Interessen erreicht werden, nicht über moralische Appelle.(57) Ebenso wenig lässt sich "die schöpferische Initiative der zahllosen Einer durch einen zentralen Verwaltungsapparat ersetzen, und dünke er sich noch so modern."(5)" Ein sich seiner Dialektik bewusster Fortschritt in Richtung Emanzipation, Mündigkeit und Menschenwürde, der die Gefahr einer Entwicklung zur total verwalteten und technokratisierten Gesellschaft bannen würde, ist, wenn überhaupt, nur denkbar auf dem Wege einer (auf aufbauender und als Lernprozess verstandener) evolutionären Partizipation mit revolutionärem Ziel." Soweit Politologe Arnold Künzli, der Partizipation "im Sinne einer verantwortlichen Beteiligung der direkt Involvierten" versteht, eingeschlossen die Verfügungsgewalt über die Produktionsmittel.(58) Das Volk muss politisiert werden, es muss ihm ermöglicht werden, selbst am politischen Entscheidungsprozess teilzunehmen. "Dabei soll die Aktivierung soweit gedeihen", ergänzt der verstorbene Entwicklungsökonome Heiner Schweizer, "dass die staatliche Kontrolle durch eine spontane soziale Kontrolle abgelöst wird."(59)
Dafür zu sorgen, dass Pächter und Kleinbauern ein ausreichendes Stück Land erhalten, ist für die Selbstversorgung entscheidend. *"Das Agrarpotential ist in den meisten Entwicklungsländern unzureichend genutzt. Es könnten weit mehr Menschen als die heute lebenden auf dieser Welt gut versorgt und ernährt leben."*(60) Wichtige Impulse könnten von einer Umverteilung privaten Grossgrundbesitzes sowie einer Indexierung der Agrarerzeugnisse ausgehen. Gemeint ist eine stete Anpassung der Landwirtschaftsprodukte an industrielle Erzeugnisse. In der Praxis will es aber nicht einmal gelingen, die Rohstoffpreise zu stabilisieren. *Die reichen Länder sind nicht gewillt, auf Gewinne zu verzichten, die sie auf Kosten benachteiligter Länder der Dritten Welt realisieren.* Für Entwicklungsländer ist das ein Grund mehr, sich fortan stärker auf Binnen- und Lokalmärkte auszurichten.

Das vordringliche Anliegen, lokal vorhandene Ressourcen umfassend für eigene Zwecke zu nutzen, verlangt eine weitgehende Dezentralisierung von Wirtschaft und Verwaltung sowie eine auf spezifisch örtliche Gegebenheiten ausgerichtete Forschung, die sich kreativ am Einfachen orientiert, an dem, was mit eigenen Anstrengungen möglich ist. Kurzfristige Produktivitätsnachteile sind in Kauf zu nehmen. Auf die Dauer macht sich indes eine Entwicklung weg von Ballungszentren auch wirtschaftlich bezahlt, sofern eine sorgfältige Abstimmung auf funktionierende Basis-Einheiten und mit geringem Aufwand erstellbare Infrastruktur-Einrichtungen erfolgt.

Dezentralisierung ist nicht bloss wirtschaftlich zu verstehen. Vielmehr bezieht sich diese Forderung auf den gesamtgesellschaftlichen Bereich.

Zunächst gilt es, den eigenen Ernährungshaushalt zu garantieren. (Foto: P. Jesse)

Sie soll, wie diejenige nach Partizipation, Mobilisierung und Nutzung der vorhandenen Ressourcen eine Entwicklung von unten ermöglichen. Gemeint ist eine Entwicklung der Basis, "sowohl im Sinne der unteren Stufe eines Entwicklungsprozesses als auch im Sinne der tatsächlich gegebenen Ausgangssituation für den Entwicklungsprozess".(61) Erprobt und bewährt sind der Aufbau eines Genossenschaftswesens, Gemeinde- oder Gemeinwesenentwicklung sowie die Förderung von Trägergruppen.

Von grosser Bedeutung können hierbei einfachste Formen der Kooperation sein.(62) Wohl braucht es übergeordnete, staatliche Koordination, kontrollierbare Organe, vitale Impulse, Instrumente und Mittel zur Realisierung von zwangsläufig aufwendigen Vorhaben im Interesse der gesamten Gesellschaft. Aber diese können niemals die wichtigeren kleinen Anstrengungen ersetzen und dürfen diese auf keinen Fall gefährden.

Die erwähnten Vorschläge zielen auf eine Erstarkung der sozialen Basis und deren wirtschaftlichen Grundlage ab, auf regionalen Ausgleich, einen Abbau von Stadt-Land-Gegensätzen. Dieser Ansatz fördert eine Entwicklung mit Breitenwirkung. Die Verlagerung entwicklungspolitischer Prioritäten im Sinne einer "Selbstzuwendung der Entwicklungsländer" meint aber nicht völlige Autarkie. Alle Länder sind auf Aussenkontakte angewiesen. Der gängige Welthandel orientiert sich jedoch vornehmlich am Interesse starker Industriestaaten. So führt der "marktwirtschaftlich-liberalistische Integrationsprozess" zu einer Potenzierung der Ausgangsunterschiede. Er hemmt, wie die Orientierung des Weltwährungssystems am US-Dollar, die Entfaltung armer Länder. Immerhin versuchen sich diese dagegen gemeinsam zu wehren.

Verminderung globaler Abhängigkeit

Im Mai 1974 hielt die UNO eine Rohstoffsondersession ab und verkündete das Aktionsprogramm für eine "Neue internationale Weltwirtschaftsordnung", welches dann im Dezember desselben Jahres, gegen die Stimmen der westlichen Industrieländer (Schweden ausgenommen) durch die "Charta der wirtschaflichen Rechte und Pflichten der Staaten" ergänzt wurde. Diese sieht eine gewisse Kontrolle multinationaler Konzerne vor und räumt den Entwicklungsländern das Recht ein, ausländisches Vermögen zu verstaatlichen und eine Entschädigung nach Massgabe des nationalen Rechtes vorzunehmen.
Das integrierte Rohstoffprogramm strebt eine Exporterlösstabilisierung für Entwicklungsländer an. Die Kaufkraft dieser Länder soll gesteigert und gegen negative Folgen der Inflation in den Industriestaaten abgesichert werden.
Ein allgemeines Zollpräferenzsystem soll alle Exportprodukte der Entwicklungsländer einschliessen, und zwar zu Nullzöllen, ohne Mengenbeschränkung und ohne sonstige nichttarifäre Handelshemmnisse. Gemeint ist ein freier Zugang zu den Märkten der sogenannten Ersten und Zweiten Welt. Diese sollen keine Erzeugnisse von Entwicklungsländern mit protektionistischen Massnahmen ausschliessen.
Bezüglich der Finanzierung hätten die Industrieländer 0,78% des Bruttosozialproduktes (nach dem Nettoprinzip) für Entwicklungshilfe einzusetzen, Lieferbedingungen zu beseitigen und eine Automatik der Mittelübertragung festzulegen bzw. den Zufluss finanzieller Leistungen von jährlichen Haushaltentscheidungen unabhängig zu machen. Weiter sei ein allgemeines Moratorium für die Schulden der Entwicklungsländer zu verkünden und die Zusammenarbeit auf technologischem Gebiet zu intensivieren.

Durch Vergrösserung der Weltmarktanteile in ausgewählten Bereichen streben Entwicklungsländer mehr Eigenständigkeit an. Bei gleichzeitiger Abkoppelung in einzelnen Sektoren wollen sie den Welthandel selektiv beanspruchen. Politisch soll eine Umstrukturierung der Vereinten Nationen dieses Ziel begünstigen, so etwa durch eine Aufwertung der Generalversammlung mittels Streichung des Vetorechtes der Grossmächte. Mit der Intensivierung der Zusammenarbeit untereinander huldigen die Länder der Dritten Welt keinem neuen (kontinentalen) Isolationismus. Den stets grösser werdenden Umweltproblemen (siehe Kasten) ist beispielsweise nur mit weltweiten Absprachen beizukommen. Das ist unbestritten.

In Industrie- und Entwicklungsländern gehen erhebliche Gefahren von der Belastung der Umwelt und der Gefährdung des ökologischen Gleichgewichtes aus. Während in Industrieländern die Gefährdung durch die industrielle Produktion im Vordergrund steht, wird von vielen Entwicklungsländern das natürliche landwirtschaftliche Produktionspotential durch eine armutsbedingte zerstörerische Landnutzung eingeschränkt.(63)

Umweltbelastung: Ein globales Problem

Jede Minute fallen in den tropischen Ländern 20 Hektaren Regenwald. Wenn das so weitergeht, sind die Regenwälder in 85 Jahren vom Erdball gänzlich verschwunden.
Jährlich fallen 20'000 Quadratkilometer Kulturland dem Vormarsch der Wüsten zum Opfer. Wenn das nicht gestoppt werden kann, geht bis zum Jahre 2000 ein weiteres Drittel der gesamten Anbaufläche der Welt zugrunde.
Die Weltmeere werden vor allem in den fischreichen Küstengebieten regelrecht zu Kloaken der Zivilisation. Dadurch und durch das Überfischen beträgt der Minderertrag heute bereits 24 Prozent dessen, was bei rechtzeitigem sorgfältigem Umgang mit dem "Kapital Fisch" hätte erzielt werden können. Die Folge: Der Fischfang wird bis ins Jahr 2000 weltweit einen bedrohlichen Tiefstand erreichen.
Millionen von Menschen in der Dritten Welt leiden an Unterernährung. Diese Millionen zerstören erst noch weiter ihre eigenen Lebensgrundlagen: Holz, Ernterückstände und Dung werden verbrannt, statt dem Boden zugeführt. Ohne grundlegende Änderungen werden im Jahre 2000 weitere Hunderte von Millionen Menschen unterernährt sein.
Jährlich verschwinden allein in den Industrieländern 3000 Quadratkilometer besten Kulturlandes unter Beton...(64)

Am meisten belastet wird die Umwelt durch den gigantischen Energie- und Ressourcenverschleiss der Industrieländer. In Entwicklungsländern herumliegender Müll lässt sich aber damit nicht entschuldigen.

Ein Problem globalen Ausmasses stellt die Zunahme der Kohlendioxyd-Konzentration in der Atmosphäre dar, die in den vergangenen Jahren durch die Verbrennung fossiler Brennstoffe und die Rodung grosser Wälder — insbesondere in tropischen Regenwaldgebieten — beschleunigt wurde. Langfristig werden dadurch Weltklima und Sauerstoffhaushalt gefährdet.

Erforderlich sind daher Massnahmen, welche die Interessen aller Erdbewohner berücksichtigen. "Der Norden seinerseits darf keine selbständige Politik betreiben, die zum Raubbau an den kostbaren Ressourcen der Welt beiträgt; auch er muss neue Wege des Wachstums finden, in denen die Bedürfnisse der übrigen Welt stärker berücksichtigt werden."(51) Er hat das Selbstbestimmungsrecht der Entwicklungsländer, ihre Absage an fremde Rezepte, zu respektieren. Sie wollen nach ihren Möglichkeiten, nach ihrer Tradition, nach ihrer Vorstellung, nach ihrem Willen Lösungen suchen.(65) Die Frage ist nun, welchen Stellenwert der internationale Tourismus in der wirtschaftlichen und gesellschaftlichen Entwicklung der Länder der Dritten Welt hat oder haben könnte? Und: Welche Lehren ziehen Entwicklungsländer aus der gängigen Tourismuspraxis und was bedeutet das für die Industrieländer?

...zum Tourismus

2.1 Wer reist warum?

Susi Jung ist fünfundvierzig Jahre alt. Von Montag bis Freitag arbeitet sie, während siebenundvierzig Wochen im Jahr, im Grossraumbüro, von morgens bis abends, zusammen mit neunzehn Kolleginnen. Das leise Summen der Klimaanlage und die Neonbeleuchtung machen ihr immer noch zu schaffen. Ab und zu schluckt sie deswegen eine Kopfwehtablette. "Der Chef ist ziemlich freundlich und gesprächig", sagt sie, "ein netter Typ", zuweilen aber "arg gereizt, so nervös und kurz angebunden". Wenn etwas nicht klappt, muss er "dafür gradstehen und den Mann stellen". Kürzlich hat er sogar einer langjährigen Angestellten "den Laufpass gegeben". Warum, das weiss Susi Lang "nicht so recht". Jedenfalls ist sie froh, "überhaupt einen Job zu haben". Auch wenn er "nur sehr relativ" Erfüllung bringt. Und auf ihre wohlverdienten Ferien freut sie sich "fast täglich".

Ähnlich äussert sich Lehrling Thomas: "Das Aufstehen stinkt mir immer. Habe am Morgen von Anfang an ein Gehetz. Wir haben so viel Arbeit, und ich denke, man muss Zeit sparen, wo man nur kann. Ich muss in die Arbeit hineinliegen, damit ich vorwärtskomme. Ich will die Arbeit einfach durchhaben, dann ist sie gemacht. Ich sage es der neuen Stiftin, die ich einarbeite, schon jetzt: 'Du musst reinliegen und machen, dass du kein Häufchen bekommst auf dem Schreibtisch. Es ist einfach etwas Grässliches, wenn sich auf deinem Schreibtisch ein Häufchen ansammelt.'

Das hier ist eine vielseitige Arbeit. Wir haben immer wieder etwas anderes: Zahlungsbefehle, Rechtsvorschläge, Pfändungsabschriften, Verlustscheine. Das alles muss man bearbeiten und kontrollieren. Dann haben wir viel Registerarbeit: Eigentumsvorbehaltregister, Viehverschreibungsregister, Betreibungsregister. Aber immer bin ich im Stress. Ich möchte meine Arbeit gut machen. Das wird einfach von einem erwartet. Es geht um die Ehre. Wenn man Konflikte mit den Vorgesetzten vermeiden will, macht man die Arbeit gleich beim erstenmal recht: dann hat man seine Ruhe. Ich bin der Stillhaltetyp. Ich will mich mit den Vorgesetzten nicht verkrachen. Man geht den Konflikten einfach aus dem Weg.

Um zwölf gehe ich heim zum Mittagessen. Ich bin immer ein wenig hässig, immer gereizt. Nach dem Essen lese ich die Zeitung und hocke noch ein wenig, und dann heisst es wieder ab ins Büro.

Man schwimmt immer mit. Das ist einfach so. Wie will man es ändern? Etwas muss man einfach machen, damit man existieren kann, sonst ist man ein Nichts.

Ich arbeite bis sechs Uhr im Büro, und dann gehe ich heim, schlinge schnell etwas Kleines hinunter. Dann hocke ich aufs Töffli und fahre zum Fussballplatz. Von halb sieben bis halb neun ist Training, und

dann geht man noch einen trinken, und dann ist schon wieder halb elf. Dann gehe ich ins Bett, und dann ist schon wieder halb acht am Morgen, und ich muss arbeiten gehen.
Am Samstag schlafe ich aus. Am Nachmittag bin ich auf dem Fussballplatz, am Abend bade ich, und dann geht's in die Disco oder ins Kino. Irgendwie finde ich es schon nicht gut, dass man einfach 44 Stunden pro Woche arbeiten muss. Aber ich wüsste schon gar nicht mehr, was ich mit der Freizeit anfangen sollte.
Grosse Träume habe ich keine. Mein Kollege und ich wollen schon seit der Schulzeit einmal in den Amazonas gehen. Ich hoffe, dass ich das einmal werde machen können, zwei, drei Monate lang. Sonst sind meine Ziele einfach berufliche Ziele. Ich sehe keine andern.
Man hat auch fast keine Zeit zum Nachdenken. Man muss einfach seine Arbeit machen. Ich sage es auch dem Angestellten. Dieser will immer auf die Probleme des Schuldner eingehen, aber mich dünkt, wir haben dafür keine Zeit. Wir sind dafür nicht zuständig. Obwohl der vielleicht ein armer Cheib ist, der einem leid tun kann.
An und für sich aber gefällt mir die Arbeit. Es ist eine Befriedigung dahinter, wenn ich am Abend sagen kann: Es hat sich auf meinem Schreibtisch nichts angesammelt."(66)

Gegenalltag (Foto: P. Jesse)

Soweit Lehrling Thomas. Seine Geschichte deutet an, wie diejenige von Susi Jung auch, was für viele Menschen zutrifft. Am Montag sehnen sie das Wochenende herbei, nach den Sommer- die Winterferien. Unsere Arbeits- und Wohnsituation prägt unsere Ferienwelt.

Aber ist das die ganze Wahrheit? Nein, unser Reisebedürfnis drückt mehr als blossen Nachholbedarf aus, nämlich die Hoffnung, Neues zu entdecken. *"In Neugier und Erlebnishunger steckt mehr als nur Überdruss und Flucht aus der kapitalistischen Gesellschaft, die den Einzelnen erschöpft und seiner menschlichen Natur entfremdet."(67)* Allerdings werden unsere Reisegelüste auch künstlich geschürt und vermarktet. Reisekataloge sind Bestseller. Sie werden von alt und jung gelesen, auch von Menschen, die keine Ferien planen. Wer blättert nicht gerne in einem dieser farbenfrohen Hochglanzhefte. Sie vermitteln uns einen Hauch Freiheit. Lauter Paradiese — Sand, Sonne, Sex und Meer. "Hier auf der Insel Ihrer Träume liegt Gold vergraben. Holen Sie's. Auf Korsika, Ischia, Rhodos, Kreta, den Seychellen oder Bali. Wählen Sie. Alles für die Reise liegt bereit." Und weiter heisst es in dem unaufgefordert in meinen Briefkasten geflatterten Reisekatalog: "Seychellen — Palmenhaine, fast unberührte Strände mit feinem, weissen Sand, kristallklares Wasser, üppige Vegetation sowie eine kunterbunte Flora und Fauna warten hier auf Sie."(68)

Das anmächelige Foto unterstreicht die freundliche Einladung. Zwei Palmen stehen schräg über dem Sandstrand. Der Himmel ist dunkel-, das Wasser hellblau. Eine nur mit einem Slip bekleidete Surferin reitet auf den Wellen, alleine. Welcher Eiskasten taut beim Anblick dieses schönen Gegenalltags nicht auf?

Rund 40% unserer frei verfügbaren Zeit verbringen wir mobil, 10% in den Ferien, 30% mit Naherholung ausser Haus. Wochenend- und Tagesausflüge erfreuen sich eines grossen Aufschwunges. Hinzu kommen je zwei Wochen Winter- und Sommerurlaub. Das gehört für viele Menschen schon fast zur Gewohnheit.(69) *Oft sind wir allerdings unterwegs, ohne anzukommen.* Hektisch wechseln wir von Ort zu Ort, ohne dass die geistige Beweglichkeit mit der räumlichen Schritt hält. Das war nicht immer so und muss auch nicht so bleiben.

Erst mit der zweiten industriellen Revolution entstanden nach dem Zweiten Weltkrieg eigentliche Heerscharen mobiler "Freizeitmenschen". Die Massenproduktion bemächtigte sich des Reisens. Als Boomfaktoren sind die Wohlstandssteigerung, Verstädterung, Motorisierung und Freizeitzunahme zu erwähnen, oder anders ausgedrückt: das zunehmende Einkommen, die monotone Siedlungs- und Industrielandschaft, die Zunahme der privaten Motorisierung und die Abnahme der Arbeitszeit.(70)

Mit Zahlen konkretisiert: Das verfügbare Realeinkommen pro EinwohnerIn wuchs in der Schweiz von 1950 bis 1984 von 9100 auf 20'500 Franken, in der Bundesrepublik von 4500 auf 17'000 DM. Die Stadt-

bevölkerung nahm im gleichen Zeitraum in der Schweiz von 1,7 auf 2,7 Mio Menschen zu, in der BRD von 23,2 auf 45,2 Mio. Der Bestand an Personenwagen betrug in der Schweiz 1950 0,15 Mio, 1984 bereits 2,5 Mio. In der BRD schnellte die Zahl von 0,52 auf 24,1 Mio. Und schliesslich sank die durchschnittliche Jahresarbeitszeit in der Schweiz während den vergangenen 30 Jahren von 2'400 auf 1'990 Stunden, in der BRD von 2'350 auf 1'800 Stunden.(71)

Was nun die Reiseintensität anbetrifft, schwingen die SchweizerInnen obenauf. Übertroffen werden sie weltweit nur von den Schweden. 75% aller SchweizerInnen haben im Jahre 1984 mindestens eine Ferienreise mit wenigstens vier Übernachtungen unternommen. Die durchschnittliche Häufigkeit pro Jahr beträgt sogar 2,1. In der BRD waren es im selben Jahr "nur" 55% der Bevölkerung, und zwar mit einer Reisehäufigkeit von 1,2. Das heisst, auf 34 Millionen BundesbürgerInnen verteilen sich 42 Millionen Reisen, auf 5 Millionen reisende SchweizerInnen rund 11 Millionen Reisen.(72)
Werden die Mehrfachreisenden einbezogen, so reisten laut Bundesamt für Statistik(73) 1984 6 Millionen in der Schweiz wohnhafte Personen ins Ausland. Das sind 200'000 oder 3,5% mehr als im Vorjahr. In diesen Angaben sind Ferien-, Erholungs-, Bildungs- und Geschäftsreisende mitberücksichtigt; der reine Tages- und Ausflugsverkehr ohne Übernachtungen ist hingegen nicht enthalten. 5,3 Millionen der er-

wähnten SchweizerInnen besuchten 1984 europäische Länder (1982: 4,8 Mio), 175'000 Afrika (170'000), 205'000 Nordamerika (185'000), 105'000 Mittel- und Südamerika (95'000) 220'000 Asien (205'000) sowie 20'000 Australien und Ozeanien (15'000).
Beliebtestes Reiseziel der SchweizerInnen war 1984 Frankreich, gefolgt von Italien, Grossbritannien, Spanien und den USA. Auf den Plätzen 11 - 19 finden sich Kenia (30'000 SchweizerInnen mit 463'000 Übernachtungen), Tunesien (35'400/415'000), Indien (14'900/368'400), Cypern, Portugal, Thailand (25'400/248'000), Australien und Marokko (21'300/184'500), Israel (35'100/keine Übernachtungsangaben).
Laut der zur UNO gehörenden Welttourismusorganisation (OMT) hat im Jahre 1984 der grenzüberschreitende Tourismus erneut zugenommen. (73) Aufgrund von Schätzungen der OMT hat sich die Zahl der Auslandsreisen der Weltbevölkerung um 2% auf 300 Millionen erhöht. Unter Berücksichtigung des Inlandsreiseverkehrs waren im Berichtsjahr knapp 4 Milliarden Menschen (inkl. Mehrfachreisende) an der weltweiten Reisetätigkeit beteiligt. Afrika verzeichnete 1984 7,5 Millionen Touristenankünfte (1983: 7 Mio), Amerika 53 Mio (52,3 Mio), Ostasien/Pazifik 26,5 Mio (25,1 Mio), Südliches Asien 2,6 Mio (2,5 Mio), Europa 204 Mio (200,7 Mio) und der Mittlere Orient 6,4 Mio (6,3 Mio). Die grenzüberschreitenden Ankünfte der Entwicklungsländer haben während den vergangenen 25 Jahren von 6 auf gut 30 Millionen zugenommen. Anders ausgedrückt: "Weltweit gesehen unternimmt etwa ein Viertel der Gesamtbevölkerung eine oder mehrere Reisen von mindestens 5 Tagen Dauer. Die Freizeitreisen machen mehr als 90% des Gesamttourismus aus, der Rest entfällt auf Geschäftsreisen. 70% aller internationalen Reisen führen gegenwärtig in den europäischen Raum, 20% nach Amerika (Nordamerika, Lateinamerika, Karibik), die übrig bleibenden 10% teilt sich 'der Rest der Welt', für die Entwicklungsländer fallen nur einige wenige Prozente ab."(74)

Anstieg des internationalen Tourismus

Jahr	Touristenankünfte	Umsatz im internationalen Tourismus
1961	72 Mio.	6,8 Mrd. US $
1967	139 Mio.	13,4 Mrd. US $
1973	215 Mio.	27,6 Mrd. US $
1977	245 Mio.	65,0 Mrd. US $
1978	265 Mio.	65,0 Mrd. US $
1981	284 Mio.	97,7 Mrd. US $
1984	312 Mio.	100,0 Mrd. US $
1985	325 Mio.	105,0 Mrd. US $ (75)

Anzahl der Touristenankünfte	1970	1974	1980	1984
Singapur	317'000	652'000	1'645'000	2'990'000
Marokko	746'000	1'200'000	1979 1'542'000	1985 1'500'000
Ägypten	358'000	680'000	1'253'000	1'550'000
Sri Lanka	31'000	76'000	292'000	317'000
Tunesien	410'000	764'000	1'700'000	1981 2'151'000
Nepal	45'000	92'000	163'000	176'000
Indien	300'000	465'000	800'000	852'000
Mexiko	2'250'000	3'360'000	4'560'000	4'700'000
Türkei	—	—	1982 1'400'000	1985 2'500'000
Thailand	629'000	1975 1'180'000	1'858'000	2'300'000
Kenia	266'000	330'000	1981 352'000	376'000

(76)

Für die nähere Zukunft, sagt der Starnberger Studienkreis (77) zumindest für die Bundesdeutschen einen erheblichen Anstieg der Reiseabsichten voraus. So sei auch die Urlaubsreise als Lebenswert vom 5. auf den 3. Platz vorgerückt, hinter dem Wohnen und Essen, vor der Kleidung und dem Auto. Mit dem Tourismus im Jahre 2010 befasst sich eine bereits Ende der Siebzigerjahre vorgelegte Delphi-Studie.(78) 57 Experten wurden über die zukünftige Entwicklung des Tourismus befragt. Die Hälfte prognostizierte eine Verdoppelung des touristischen Volumens von 1980 bis irgendwann zwischen 1995 und 2010.
Prognosen von Hermann Kahn sagen weltweit sogar ein noch steileres Wachstum voraus, abgestützt auf einen sich abzeichnenden Werte- und Bedürfniswandel.(79) Für die internationalen Reisen rechnen aber auch die Weltorganisation für Tourismus sowie die European Travel Commission mit jährlichen Wachstumsraten von 5%, zumindest bis 1990. Und für die letzte Dekade des 20. Jahrhunderts prophezeit Peter Keller vom Tourismuskomitee der OECD einen noch grösseren Anstieg.(69)

Bestätigung erfährt dieser Trend durch eine 1984 in der BRD durchgeführte Umfrage. Auf die Frage "Was würden Sie in Ihrer Freizeit gern mehr oder zusätzlich tun, wenn Sie durch Arbeitszeitverkürzungen mehr Zeit für sich hätten?" erhielt die Vorgabe "Wegfahren, verreisen" am meisten Nennungen, gefolgt von "Bücher lesen" und "Sport treiben".(80) Auf die Reisemotive angesprochen, gaben im selben Jahr ebenfalls in der BRD die meisten Befragten mit ähnlich hoher Häufigkeit Antworten, die sich mit "Entspannen, Erholung, Besinnung, Gesundheit", "Naturerleben, Umweltbewusstsein, Wetter" und "Abwechslung, Erlebnis, Geselligkeit" zusammenfassen lassen. Wesentlich seltener wurden "Bewegung, Sport", "Eindrücke, Entdeckung, Bil-

Aus dem Alltag herauskommen, Tapetenwechsel

dung" und "Selbständigkeit, Selbstbestimmung, Hobbies" erwähnt. Die konkrete Frage lautete: "Worauf kam es Ihnen bei Ihrer (Haupt-) Urlaubsreise 1984 eigentlich besonders an?" Sieht mensch von den etwas pauschal gebildeten Kategorien ab, gibt es durchaus eine mit grossem Abstand am häufigsten gegebene Antwort. Sie heisst: "Aus dem Alltag herauskommen, Tapetenwechsel".(81) Und das dürfte, meint Experte Jost Krippendorf (69), auch für SchweizerInnen zutreffen. Von den angegebenen Bedürfnissen her steht bei der Familie Schweizer der Posten "Reisen und Tourismus" schon längst an erster Stelle, und zwar bereits seit 1963. 1930 war es noch das Essen, 1949 die Bekleidung, 1954 das Wohnen und jetzt eben das Reisen.(82) Fragt sich nun: Wie können wir dieses Bedürfnis befriedigen, ohne andere in Mitleidenschaft zu ziehen?

Ende der Sechzigerjahre würdigte der Ökonom Nettekoven den Tourismus noch als "eine der elegantesten Formen der Entwicklungshilfe, können doch die Mitglieder der Industrienationen aktiv und persönlich während ihrer Ferienzeit durch ihr eigenes Vergnügen, durch die Übertragung ihres Wohlstandes monetäre und soziale Hilfe zur Entwicklung leisten. Entwicklungshilfe durch Fremdenverkehr hat somit einen einzigartigen Charakter: Sie ist die einzige Form der Entwicklungshilfe, bei der den Entwicklungshelfenden die "Zinsen" sofort und unübertragbar in Form von Erholung durch Vergnügen vergütet werden. Diese doppelte Funktion verleiht dieser Form der Entwicklungshilfe ab-

seits aller wirtschaftlichen Überlegungen einen hohen Sozialcharakter; da auch die entwicklungshelfenden Partner durch ihre touristischen Aktionen unmittelbar von ihrer Entwicklungshilfe profitieren, ist der internationale Fremdenverkehr als sozialste Form der mondialen Nivellierung zu bezeichnen". (83)
Anders tönt es siebzehn Jahre später aus dem Mund der Soziologieprofessorin Haunani-Kay Trask von Hawai: *"Wir brauchen keinen Tourismus, wir wollen euch nicht. Wenn ihr das nicht spürt, wenn ihr keinen Verantwortungssinn habt — wundert euch nicht, wenn ihr eines Tages in kleinen Stücken in die Luft fliegt."*(84)

Afrikanische Gäste in der Schweiz — eine Seltenheit. "Ich reise, du reist, er reist, wir reisen, ihr reist, sie reisen, nur die nicht, die wir bereisen." (Foto: P. Jesse)

2.2 Devisen, Arbeitsplätze...

Der Tourismus verhelfe den Gastregionen zu dringend benötigten Devisen und Arbeitsplätzen. Zudem leiste er einen bedeutsamen Beitrag zur internationalen Völkerverständigung. So lauten die Argumente, die vorwiegend für eine Tourismusförderung angeführt werden, jedoch zunehmend ins Schussfeld fundierter Kritik geraten.
Gewiss, der Tourismus bringt den Gastregionen zunächst mal Geld. Aber wieviel und wem? Und: Ist das Entgelt angemessen, wiegt es die vielen, von Einheimischen erbrachten Leistungen ebenso auf, wie die erhebliche Belastung der Umwelt, den Verschleiss knapper, teilweise nicht wieder herstellbarer Ressourcen?

Machen wir die Rechnung mit einem in der Schweiz gebuchten Westafrika-Arrangement.(85) Als Kunde musste ich 2950 Franken bezahlen. Davon abgezogen wurden 600 Franken für Buchung, Kommission und Reinvestition, 150 Franken für den Inlandflug von Basel nach Genf und 1500 Franken für den Überflug nach Westafrika mit einer afrikanischen Luftfahrgesellschaft,die auf Gedeih und Verderb von der Al Italia und der Air France abhängig ist. 700 Franken begleiteten mich also quasi auf meiner Reise nach Afrika. Der grosse Rest blieb bereits in Europa hängen. Und der kleine fand ebenfalls in unsere Breitengrade zurück. Die Hotels, in denen wir abstiegen, gehören einem deutschen Unternehmer. Und so erhielten wir viele aus Europa importierte Köstlichkeiten vorgesetzt. Als besondere Exklusivität etwa zum Dessert Erdbeeren aus der Schweiz oder Äpfel aus Südafrika. Und das in einem Land mit reicher Vegetation.
Bleibt nachzutragen: Zwei Übernachtungen erfolgten in einem "echt afrikanischen Hotel, einfach, aber zweckdienlich eingerichtet, abseits des grossen Touristenstromes gelegen". Und da erhielten wir zum Frühstück Nestlé-Büchsenkaffee, Marmelade aus Ungarn und Käse aus Frankreich. Holländische Hühnchen mit Pommes-Frites gab's zum Nachtessen, dazu Ketchup aus England, teilweise aus afrikanischen Tomaten hergestellt....
Was ich damit belegen will: Selbst von dem ohnehin bescheidenen "Mitreisegeld" fliesst ein beachtlicher Teil wieder in reiche Industrienationen zurück. Auch von den durchschnittlich 400 Franken, welche meine Mitreisenden an Ort ausgaben, entfiel gut die Hälfte auf deutsches und englisches Bier sowie Spirituosen aus Frankreich. Und dabei handelt es sich um keinen Einzelfall.
Wer morgens im Hotel Tropicana in Lomé (Togo) sein Frühstück zusammenstellt, hat die Auswahl zwischen "Nescafé", "Nesquick" und Tee. Togo ist selbst ein bedeutender Produzent von Kakao und Kaffee, kann jedoch weder das eine noch das andere Produkt im Land selbst

verarbeiten. Aus Frankreich kommt der Würfelzucker, obwohl es im Lande grosse Zuckerrohranbaugebiete gibt. Auch Marmelade und Käse werden aus dem ehemaligen "Mutterland" eingeführt.(86) Und in Puerto Rico werden sogar zwei Drittel der in Touristenhotels verspiesenen Nahrungsmittel eingeflogen. Das einheimische Angebot sei qualitativ einfach zu schwach, so lautet die Begründung.

Gewiss: "Die Ermittlung der Deviseneinnahmen und -Verluste aus dem grenzüberschreitenden Fremdenverkehr gehört zu den schwierigsten Aufgaben der Zahlungsbilanzstatistik."(89) "Wie gross der Deviseneffekt wirklich ist, können wir nur annähernd sagen."(90) Präzise Angaben über Nettoeffekte sind kaum erfahrbar. Vielerorts blühen Grau- und Schwarzmärkte. Und wer weiss schon, wieviel Geld dort umgesetzt wird. Von daher erstaunt es kaum, dass über ein und dieselbe Gegend zuweilen recht unterschiedliche Angaben vorliegen.
Verwunderlich ist hingegen, wie auch offizielle UNO-Statistiken Faktoren ausser acht lassen, die erhebliche Devisenrückflüsse auf Schweizer Banken mit sich bringen. Die häufig verwendete Formel von Harry G. Clement(91) geht beispielsweise von den touristischen Bruttodeviseneinnahmen der nationalen Notenbank aus. Und hievon zieht er die

Eine Banane wurde nicht serviert...
"Als Watzel seine Butter aus der Verpackung wickelte, las er darauf, dass die Butter aus Dänemark kam. Dann öffnete er die in Plastic gegossene Marmelade, die sich als englisches Produkt erwies. Das Käsedreieck, in Stanniol gewickelt, war aus Frankreich importiert. Der Kaffee kam vielleicht aus Kenia oder Brasilien. Das Getreide, aus dem die Brötchen gebacken waren, wuchs auch nicht auf den Kanarischen Inseln.
...Fest stand, dass keine einzige Zutat seines Frühstückes ein kanarisches Produkt war. Eine Banane wurde nicht serviert... Während Watzel das Frühstück verzehrte, stellte er sich die Kette der Charterflugzeuge vor, die pausenlos auf den Kanarischen Inseln landeten. Aus den Bäuchen der Flugzeuge strömten die Touristen mit den begehrten Devisen in den Portemonnaies. Auf der anderen Seite sah Watzel die Kette der Handelsschiffe, mit denen all das gebracht wurde, was für den Aufenthalt der Touristen notwendig war: Stahl, Zement, Generatoren, Klimatechnik, Vorhänge, Geschirr und nicht zuletzt Lebensmittel, Coca Cola und deutsches Bier. Wenn die Touristen den Heimflug antraten, waren die von ihnen ausgegebenen Devisen längst wieder in ihre Länder zurückgeflossen. Die Handelsbilanz blieb unausgeglichen, von Entwicklungshilfe durch Tourismus keine Spur. Als Exportkaufmann war Watzel der Kreislauf des Kapitals geläufig, doch erst seit er als Inspektor herumreiste, sah er die Auswirkungen genauer."(87)

Anteil der Ausgaben, der in Europa bleibt oder nach Europa zurückfliesst.

	Anteil der Ferienausgaben (Gesamtausgaben = 100%)	Davon bleiben in oder fliessen nach Europa zurück	Davon bleiben in Kenya
1	Buchungskosten und Anteil Reisebüro: 20%	100%	0%
2	Flugkosten: 40%	90%	10%
3	Hotel, Essen, Getränke: 24%	25%	75%
4	Exkursion, Safari: 8%	90%	10%
5	Souvenirs, Einkäufe: 8%	28%	72% (88)

Transportkosten für den Hotelbau und die Hoteleinrichtungen ab, den Rücktransfer von Zinsen und Gewinnen, 20 Prozent Kommissionsgelder für Reiseunternehmen(92), die oft sehr aufwendigen Werbeauslagen im Ausland sowie die Kosten für importierte Luxusgüter. Wichtige Faktoren werden bei dieser Formel nicht berücksichtigt. Aber betrachten wir zunächst die bereits erwähnten.
Was die Importe für die Hotels anbetrifft, veranschaulicht das folgende Beispiel: In Togo wurden für sämtliche Stühle und Tische des Hotels "Tropicana" Leichtmetallrohre aus Europa eingeführt. Das salzhaltige Meerwasser und die hohe Luftfeuchtigkeit liessen diese jedoch innert kurzer Zeit rosten. Also wurden die Stühle durch italienische Korbflechtsessel ersetzt. Warum nicht durch afrikanische?(93) Beim Bau des Hotels wurden importierte Maschinen und Kräne verwendet. Selbst die Baumaterialien wurden von den ausschliesslich französischen und belgischen Firmen eingeführt. Für die Inneneinrichtung mit afrikanischen Motiven wurde ein Architekt aus Paris eingeflogen. Einheimische Schreinereien und Installationsbetriebe erhielten keine Aufträge.(86) Ähnliches ist von Tunesiens Hotellerie bekannt. Während den Siebzigerjahren wurden die Hälfte der Rohbaumaterialien und Einrichtungsgegenstände eingeflogen. Mehrheitlich hätten aber gut an Ort vorhandene oder produzierbare verwendet werden können.

Zum Rücktransfer von Gewinnen — da gilt als offenes Geheimnis, dass diese oft versteckt den Weg zum Investor zurückfinden, zum Beispiel über eine zu hohe Veranschlagung von Importgütern. Und bei den Werbeauslagen in Europa und Nordamerika verschätzen sich schlecht beratene Entwicklungsländer leicht. 1983 gab Zimbabwe beispielsweise hierzulande mehr Werbegelder aus als der gewiss attraktive

Internationale Hotels werden grossenteils von ausländischen Firmen mit importierten Materialien erstellt. (Foto: U. Mäder)

Staat durch die 2300 Touristen aus der Schweiz eingenommen hatte. Trotzdem reisten im folgenden Jahr ebenfalls nur 2300 SchweizerInnen nach Zimbabwe. Frappant ist jeweils auch, mit welch gigantischem Aufwand sich Zimbabwe und andere Länder der Dritten Welt anlässlich der jährlich in Berlin stattfindenden, weltweit grössten Tourismusbörse anpreisen. Ermöglicht werden diese Beteiligungen vornehmlich durch Entwicklungshilfegelder. Sie kommen europäischen Firmen zugute, welche mit Standplanung und -Ausgestaltung beauftragt werden, erforderliche Übersetzungsarbeiten leisten, Diners und Soirées organisieren.

Aber nun zu den Faktoren, die bei der erwähnten Formel Clements fehlen. Am meisten ins Gewicht fallen die Auslagen für den Strassenbau, die Elektrizitäts- und Wasseranschlüsse sowie Flugplatzerweiterungen. Diese Aufwendungen werden von den Steuerzahlern berappt, von unseren Gastgebern. Sie subventionieren, spöttelt der im Senegal arbeitende Entwicklungsexperte Bugnicourt, die Ferien der Superreichen. Zwischen 1969 und 1974 gab Kenia beispielsweise 100 Millionen Franken für Infrastrukturleistungen aus. Davon entfielen 55 Millionen Franken auf die Erweiterung der Flughäfen in Mombasa und Nairobi. 30 Millionen Franken wurden für die Verbesserung der Routen in den

Tierreservaten verwendet, 15 Millionen für den Ausbau der Wasser- und Elektrizitätsversorgung von Hotels sowie für die Anfertigung von Plänen über neu zu erschliessende Feriengebiete.(94)
85 Millionen kenianische Schillinge (= 10 Mio SFr.) gab die Regierung ferner zwischen 1979 und 1983 vom Budget für Fremdenverkehr für weitere Infrastrukturen in den touristifizierten Naturpärken aus, ohne dabei die Versorgung der ländlichen Bevölkerung zu verbessern. Das provozierte Unruhe. Auch kam es in den Wildschutzgebieten der Masai Mara sowie des Samara Game Reserves zu Landnutzungskonflikten, "da wegen der vielen Besucher die Nutzflächen für die traditionelle Weidewirtschaft der Halbnomaden verkleinert und dadurch übernutzt werden, was eine ernsthafte Bedrohung für die bisherige Lebensweise der einheimischen Bevölkerung darstellt".(95) Ebenfalls verärgert sind viele Einheimische im Nachbarland Tansania. So führen aufwendig gebaute Wasser- und Elektrizitätsleitungen für neue Hotels ausserhalb Dar es Salaams durch mehrere Dörfer, die aber diese Einrichtungen nicht benützen dürfen.(96)

Ein weiterer, vernachlässigter Faktor, der für Devisenrückflüsse sorgt: Ausländische Kader verkaufen in Entwicklungsländern ihr Wissen gegen harte Währung. In allen afrikanischen Ländern verdienen weniger als zehn Prozent der Tourismusangestellten mehr als die Hälfte der gesamten Lohnsumme. Um hohen Forderungen europäischer Experten nachzukommen, nehmen arme Länder viel Geld auf, bei Schweizer Banken und Entwicklungsorganisationen, so etwa bei der Weltbanktochter IDA. Tunesien gewährte sie 1972 ein Darlehen von 24 Millionen US-Dollar. Hinzu kamen weitere 40 Millionen US-Dollar von der Kreditanstalt für Wiederaufbau.(97) Ein Teil dieser Gelder fliesst direkt auf amerikanische und europäische Konten, als Lohnsummen für erfahrene Kader, die sich gegenseitig Aufträge zuschanzen. Der damit verbundene Luxuscharakter des Tourismus verstärkt auch die Nachfrage von Einheimischen nach entsprechenden Gütern, die wiederum mit Devisen bezahlt und eingeführt werden müssen.
Oft sind Einheimische allerdings gar nicht in der Lage, ihre so geschürten Bedürfnisse mit legal erstandenen Mitteln zu befriedigen. Folge ist eine Zunahme von Kriminalität, die indirekt ebenfalls den Devisenhaushalt belastet und sei es nur durch die erhöhte Einfuhr von Waffen und die durch US-Spezialisten intensivierte Ausbildung von Sicherheitskräften. Von 1960 bis 1985 stiegen beispielsweise auf Hawaii die Touristenübernachtungen von 300'000 auf über 4 Millionen, verbunden mit einer erheblichen Zunahme der Kriminalität.Dass sich die Gewaltakte zunehmend gezielt gegen Touristen richten, geht aus Pressemeldungen hervor.(98) Auch verwies die Soziologieprofessorin und Hawaiianerin Haunani-Kay Trask anlässlich ihres Europaaufenthaltes im März 1986 in aller Eindeutigkeit auf diesen Sachverhalt, den sie teilwei-

Touristen wecken in armen Gebieten Bedürfnisse, welche Einheimische mit legalen Mitteln kaum befriedigen können. Folge davon ist eine Zunahme von Kriminalität. (Foto: H. Stamm)

se sogar begrüsst, "weil viele Touristen offenbar nur so zur Einsicht gezwungen werden können".(84) Ähnliches gelte für die wenigen Einheimischen, die auf Kosten der breiten Bevölkerungsmassen vom Tourismus profitieren, indem sie Land zur Verfügung stellen, auf das Kleinbauern dringend angewiesen wären, oder ebenfalls in die Hotellerie investieren, statt direkt produktivere Wirtschaftszweige zu fördern, die sich an den unmittelbaren Bedürfnissen der Ansässigen orientieren.

Beeinträchtigt wird der Devisenhaushalt auch durch den touristisch mitbedingten Anstieg der Sozialkosten. In Nepal hat mit dem Tourismus nicht bloss die Anzahl der Drogenabhängigen stark zugenommen.(99) Träger leiden nach durchschnittlich sechs Arbeitssaisons an Rückenschäden,(100) manchmal sogar an (tödlichen) Erfrierungen.(101) Das schwächt das Arbeitspotential für die Devisenerwirtschaftung und erhöht die Importe für Gesundheitseinrichtungen.
Vermehrt wollen auch Menschen aus der Dritten Welt zu uns reisen. In beschränktem Ausmass tun sie das sogar bereits. Das ist erfreulich, diese Durchbrechung des eingefleischten Einbahntourismus. Bloss hat die Sache zwei kleine Haken. Zum einen nimmt damit die ohnehin zu

Die Hoffnung, in touristischen Zentren einen Job zu finden, erweist sich oft als Illusion. (Foto: UM)

grosse touristische Umweltbelastung zu. Aber das ist "unser Bier", die wir viel in die Ferne schweifen. Statt unsere touristischen Privilegien zu verteidigen, müssen wir uns da wohl etwas einfallen lassen und am ehesten bereit sein, unsere Reiseflügel zu stutzen. Zum andern geben aber die wenigen Menschen aus Afrika, Asien oder Lateinamerika auf ihren USA- oder Europatrips insgesamt mehr Geld aus, als ihre Länder durch den Tourismus verdienen. Dieser Sachverhalt war bislang von einzelnen Studien über Guatemala oder Brasilien(102) bekannt. Inzwischen ist er erhärtet: "Der Tourismus ist für Entwicklungsländer ein Defizit", so lautet das Fazit einer Presseerklärung (1984) des Hamburger Institutes für Wirtschaftsforschung.(103) Auftraggeber der Dokumentation und vorgängigen Recherche war der Messe-Kongress der Berliner Tourismusbörse. Beide Institutionen stehen nicht im leisesten Verdacht, ihr Heu auf einer linken Bühne zu lagern.
Die Untersuchung bestätigt, was der Schweizer Arbeitskreis Tourismus und Entwicklung seit geraumer Zeit vertritt. Sie folgert sogar, "dass selbst Entwicklungsländer, die traditionell bei den Fernreisenden hoch in der Gunst stehen, am Tourismus nichts verdienen". Für das Jahr 1982 weist sie ein touristisch bedingtes Defizit von 1,14 Milliarden US-Dollar aus. Und warum? Als einen der Gründe erwähnt Autor Karl Wolfgang Menck: "Die Erlöse für Übernachtungen und Bewirtung von Ausländern werden nämlich aufgezehrt durch die Devisenausgaben für Geschäfts-, Bildungs- und Gesundheitsreisen sowie Familienbesuche der eigenen Bürger im Ausland." Die grossen Probleme des Ferntourismus liegen also nicht bloss im sozio-kulturellen Bereich. Sie lassen sich nicht auf Prostitution und Bettelei reduzieren. Vielmehr berühren sie das wirtschaftliche Fundament. Die Kasse der Bereisten stimmt nicht. Und wie verhält es sich mit dem vielgepriesenen positiven Arbeitsplatzeffekt?

Kein Zweifel, der Tourismus schafft Arbeitsplätze. Aber wieviele? — das ist die heikle Frage. Hinzu kommen zwei weitere: Werden durch den Tourismus auch bestehende Arbeitsplätze gefährdet? Und was liesse sich mit dem happigen Kapitaleinsatz sonst noch machen, den die Schaffung eines touristischen Arbeitsplatzes erfordert?

Direkt touristisch bedingte Arbeitsplätze sind in der Hotellerie zu finden. Sie haben sogar einen grossen Vorteil: Rationalisierungen sind hier nur beschränkt möglich. Die Bettanzüge müssen von Menschenhand gewechselt, Suppen und Saucen von KöchInnen angerührt werden. KellnerInnen servieren die vielleicht bald via Tischtastatur bestellten Köstlichkeiten. Sie räumen den Tisch ab, das Küchenpersonal spült das Geschirr, das Putzpersonal putzt. Auch das Baugewerbe floriert, das Kunsthandwerk, die Folklore und Souvenirindustrie, LiebesdienerInnen sorgen für das sexuelle Wohl bedürftiger Touristen, die selbst Sonderleistungen anbietenden oder bettelnden Kindern zu Einkommen verhelfen.
82'000 Arbeitsplätze habe der Tourismus in der Karibik in Hotels geschaffen, 188'000 weitere in Restaurants sowie im Handel und Transportwesen.(109) In Tunesien hätten vor dem 1986er-Einbruch 60'000 Menschen ein Teilauskommen im Tourismusgeschäft gefunden,(105) in Malaysia (1978) 35'000 und in Singapur 70'000.(106) Die Schätzungen touristischer Arbeitsbeschaffung reichen von 1,2 bis 4,5 Angestellten pro Hotelbett. Die grossen Unterschiede sind auf Berechnungsschwierigkeiten, verschiedene Voraussetzungen und Tourismusarten zurückzuführen. Eine Bungalowsiedlung ist weniger arbeitsintensiv als ein Luxushotel. Trotzdem kann eine einfache, halbwegs in die Umgebung integrierte Unterkunft längerfristig einen stabileren Arbeitsplatzeffekt zeitigen als eine Prunkloge. Luxusinseln ziehen besonders junge Menschen an. Oftmals verlassen diese ihre Arbeit auf dem Feld. Sie hoffen, in touristischen Agglomerationen einen einträglichen Job zu finden. Aber diese Hoffnung erweist sich in den meisten Fällen als Illusion.

Die touristische Erschliessung konzentriert sich in Entwicklungsländern auf einzelne Schwerpunkte, In Peru auf Lima sowie die beiden "musts" Iquitos-Amazonas oder Cuzco-Machu Picchu, in Puerto Rico auf San Juan. Hier finden sich zahlreiche Attraktivitäten und Übernachtungsmöglichkeiten. Hier sammeln sich Touristen und ehemalige Landarbeiter. Wie wenige von den Letzteren dank der Anwesenheit ausländischer Gäste zum Tellerwäscher oder Kellner avancieren oder sich gar als Casanova durchschlagen, ist unbekannt. Einschlägige Untersuchungen sind rar. Bezüglich Kenia weist eine Recherche aus: Nur 25% der erwerbstätigen Bevölkerung, die vom Land in touristische Zentren ziehen, finden dort eine regelmässige Beschäftigung. Die übrigen müssen, zusammen mit Familienangehörigen in Slums lebend, nach Brosamen suchen, die vom Tische der Reichen fallen.(107) Zusehends entstehen auch Hotels abseits ausgetrampelter Pfade. Sie werden inmitten entlegener Landschaftspracht errichtet, dort, wo die Umwelt noch intakt ist. So zeigt der Tunesier Ridha Behi in seinem ausgezeichneten Film "Sonne der Hyänen"(108), wie ein nordafrikanisches Fischerdorf, neben dem ein modernes Touristenzentrum gebaut wird, nach und nach seine Eigenständigkeit verliert und immer tiefer in die Abhängigkeit der Fremden und ihrer einheimischen Statthalter gerät. Das traditionelle Dorf wird dabei keinesweg mit einer falschen Romantik geschildert. Der Alltag der Fischer ist hart und oft gefährlich, der Lebensstand bescheiden. Eine Geburt führt zum Tod der Mutter. Auch gibt es bereits ärmere und reichere Menschen, solche, die mehr oder weniger abhängig sind. Aber sie alle haben noch Zeit füreinander. Das Dorf — "el douar" — lebt im Einklang mit seiner natürlichen Umgebung. Das ändert sich, nachdem deutsche Tourismuspromotoren, von einheimischen Behördenvertretern eifrig hofiert, den Strand neben dem Dorf in Besitz nehmen. Das soziale Gefüge zerbricht. Aus Fischern, die das ganze Jahr ihr Auskommen hatten, werden konjunkturabhängige Bauabeiter und später — wenn sie Glück haben — Hotelangestellte der untersten Kategorie. Frauen und Mädchen sind gezwungen, den Schleier abzulegen und sich im Kunsthandwerksbetrieb des Hotels blosszustellen. Der Schmied verkauft in seinem Laden Sardinen in Büchsen. Dieser Vorgang ist vielerorts anzutreffen. Was nützen also touristische Arbeitsplätze, wenn dafür andere zerstört werden, die sich mehr an den Bedürfnissen der Einheimischen orientieren, oder wenn andere Arbeitsplätze nicht geschaffen werden, weil das erforderliche Geld in den Tourismus fliesst? "Mit Blick auf gesamtgesellschaftliche Fortschritte erscheint es problematisch", schreibt Silke May in ihrer Dissertation über die Kapverden, "dass der Tourismus grundsätzlich nur solche Arbeitsplätze schafft, die keine produktiven Werte erzeugen und dass der Tourismus mit anderen Wirtschaftssektoren um produktive Ressourcen wie Wasser, Boden und Kapital konkurriert."(109)

Ein Arbeitsplatz im Tourismus ist kapitalintensiv. In der Hotellerie erfordert er Investitionen bis zu 50'000 Franken. Die im gesamten Tourismusbereich geringeren Durchschnittskosten entsprechen in der Regel denen der verarbeitenden Industrie.(110) In Sri Lanka sind sie mit 10'000 Franken fast doppelt so hoch wie in der verarbeitenden Industrie.(95) Mit dem selben Kapitaleinsatz könnten in der Landwirtschaft etwa 50 Arbeitsplätze geschaffen werden. Dazu ein Beispiel aus Westafrika. Zwischen 1980 und 1985 war in Togo für 1 Milliarde F-CFA (=5 Mio SFr.) der Bau von 500 neuen Brunnen projektiert. Pro Brunnen macht das 2 Millionen F-CFA (10'000 SFr.) Für die gleiche Zeitspanne

Unser Erholungsraum ist für Einheimische Lebensraum. (Foto: H. Stamm)

sah der Fünfjahresplan Fremdenverkehrsinvestitionen von 16,5 Mrd. F-CFA vor. Mit diesem Betrag liessen sich 8255 weitere Brunnen bauen und eine direkte und spürbare Verbesserung der Lebensverhältnisse der Bevölkerung auf dem Land erwirken.(93)

Ausser dem Kapital ist im Tourismus auch "Know How" (Wissen) gefragt. Die wenigen qualifizierten Arbeitsplätze für Fachpersonal im Hotel-, Agentur- und Transportwesen (2-6% der gesamten Stellen in der Tourismusbranche) werden fast ausschliesslich an Fachkräfte aus der sogenannt ersten Welt vergeben.(111) In Gambia beträgt der Anteil der im Tourismus beschäftigten Nichtafrikaner rund 25%, in der Elfenbeinküste 10%. In der übrigen Industrie sind die Quoten viel niedriger.(112) Unter dem industriellen Sektor liegt hingegen das Lohnniveau der ungelernten Arbeiter und einheimischen Fachkräfte der Tourismusbranche. In Kenia beträgt die Differenz etwa 20%.(113) Wegen niedrigen Preisen für Landwirtschaftsprodukte, schlechten Vermarktungsbedingungen und Landknappheit — teilweise ist sie durch Grossgrundbesitz verursacht — sind touristische Arbeitsplätze jedoch sehr gefragt. Als privilegiert gilt, wer hier sein Auskommen findet. Auch wegen den Kontaktmöglichkeiten, dem "Schnuppern an der grossen Welt der Reichen". In Bali bewarben sich in einem neuerbauten Grosshotel 10'000 Menschen auf 200 offene Stellen, darunter zahlreiche

Akademiker.(114) Ihrer Sprachkenntnisse wegen werden diese auch bevorzugt, ohwohl sie in anderen Wirtschaftsbereichen von grösserem Nutzen wären. Ein intellektueller Hotelangestellter ist beispielsweise der Philippino Elmar Labog. Als engagierter Gewerkschaftler nahm er im März 1986 an einer Tagung in Bad Boll teil.(84) Dort berichtete er vom ewigen Zwiespalt der Kellner, die übrigens für Kost und Logis oft erhebliche Lohneinbussen hinnehmen müssen: *"Einerseits sollte ich für meine Familienangehörigen aufkommen, andererseits möchte ich mir auch einen Recorder und Drinks leisten."* In Nepal kommt es vor, dass sich Träger beim abenteuerlichen Lagerfeuer für 25 Rupien ebenfalls eine Dose Bier gönnen und damit den ganzen Tagesverdienst aufbrauchen. Dazu Soziologe Werner Ruf: "Die in den Ferien gezeigte Schein- und Konsumwelt der Europäer wird zum erstrebten Lebensinhalt."(115) Es ist aber nicht nur der Konsum von Luxusgütern, der einen Teil des im Tourismus verdienten Geldes wieder aufsaugt. Überall, wo der Tourismus Fuss fasst, steigen auch die Preise. Meistens übertreffen die Lebenskosten die Lohnerhöhungen. "Aber noch schneller als die Löhne stiegen die Preise", schreibt Gerhard Armanski, "und mit steigendem Einkommen nahm der Abstand zwischen arm und reich nicht ab, sondern zu."(116) Dass "der Touristenchauffeur das Vielfache eines Ministers, das Zimmermädchen mehr als die Ärztin" verdient, wie eine Schweizer Zeitung berichtet, trifft nur in Ausnahmefällen zu.(117) Um sich und ihre Familien schlicht ernähren zu können, arbeiten beispielsweise in Togo Chauffeure bis zu vierzehn Stunden im Tag. 92% der Einnahmen gehen für die Wagenmiete, -Wartung, das Benzin und die Lizenz drauf.(93)

Abhängig sind die touristischen Arbeitsplätze zudem von saisonalen Schwankungen. In Gambia können nur 24% der Angestellten ihren Arbeitsplatz über das ganze Jahr hinweg behalten, die anderen werden nur für wenige Monate beschäftigt. Da diese Arbeitskräfte zu einer kontinuierlichen Tätigkeit in weiteren Wirtschaftsbereichen nicht mehr in der Lage sind, fördert der Tourismus in verschiedenen Gebieten saisonale Unterbeschäftigung.(118) Allerdings gibt es auch Regionen, so etwa in Nepal, wo Erwerbsmöglichkeiten während der Touristensaison mit Flauten in der Landwirtschaft zusammenfallen. Bloss, diese ideale Ergänzung ist längst nicht überall nachzuweisen.

Dank dem Tourismus arbeitet auf Rhodos und den Balearen während der Hauptsaison bereits die Mehrheit der Erwerbstätigen im Dienstleistungssektor. Fast täglich werden dann frische Fische aus Argentinien eingeflogen. Auf Gedeih und Verderb sind diese Inselgruppen vom Ausland abhängig.(119) Weniger touristische Arbeitsplätze könnte aber mehr Eigenständigkeit bedeuten. Das gilt für alle Gebiete, wo touristische Monokulturen entstanden sind. Die Anzahl geschaffener Arbeitsplätze besagt wenig über deren entwicklungspolitischen Sinn.

Vom "sorglosen Leben der Superreichen" angelockt, ziehen viele Jugendliche vom Land an den "Goldstrand". (Foto: H. Stamm)

Entscheidender ist die Integration in eine möglichst aufgefächerte Wirtschaft und damit die Abstimmung auf lokal verankerte Erwerbszweige.

2.3 Kultur und Gesellschaft

"Und was von den sozialwissenschaftlichen Tourismusforschern schon seit Jahren gefordert wird, hat erst in allerneuester Zeit in die praktische fremdenverkehrspolitische Diskussion Eingang gefunden, nämlich die Auseinandersetzung mit den soziokulturellen Auswirkungen des Tourismus, wozu insbesondere auch das Befassen mit den gesellschaftlichen Folgen für die empfangende Bevölkerung gehört." Soweit Ökonomieprofessor Jost Krippendorf. Sein Fazit: "Bei allen Vorbehalten gegenüber Verallgemeinerungen und bei aller Notwendigkeit einer differenzierten länderweisen Betrachtung sind der Grundtendenz nach die disbezüglichen Auswirkungen doch überwiegend als negativ einzustufen."(120)

Der Tourismus führt Menschen zusammen, auch solche mit verschiedener Hautfarbe. Das könnte positiv sein. Oft hält aber die geistige mit der räumlichen Beweglichkeit nicht Schritt. Sie fällt sogar weit hinter diese zurück. Trotzdem, Völkerverständigung ist ein in diesem Zusammenhang vielgepriesenes Wort. Es meint: Die Völker kommen einander näher, lernen sich kennen, vielleicht sogar ein wenig verstehen. Und dazu trage der internationale Sport bei, mehr noch der Tourismus. Als Botschafter der Verständigung mindere er mit seinen friedlichen Scharen interessierter Menschen die weltweite Kriegsgefahr. Schön wär's. Bloss, so einfach ist die Sache leider nicht.

Ob und inwiefern der internationale Tourismus zur Völkerverständigung beitrage, wird meistens einseitig als Konsumentenproblem diskutiert. Die Kernfragen lauten jeweils: Welchen persönlichen Gewinn hat der Tourist von seiner Reise? Denkt er danach anders über fremde Sitten und Bräuche? Zeigt er nach seinen Ferien mehr Verständnis für andere Völker? Falls ja, scheint Völkerverständigung erreicht zu sein. Was aber passiert auf der Gegenseite? Wie verändern sich die Einstellungen der Bereisten?

Der Soldat nennt's Beute, der Tourist Souvenir

"Mir kommt da eben ein Gedanke, der etwas ungeheuerlich ist", sagt die Romanfigur Watzel, "ich denke gerade an den Krieg. Fremde Länder habe ich ja zuerst als Soldat kennengelernt, und es gibt da zwischen Soldaten und Touristen einige Parallelen. Beide prahlen, beide sind stolz darauf, weit herumgekommen zu sein, beide trachten danach, möglichst viel Beweisstücke, wie weit sie gekommen sind, zu sammeln, nach Hause mitzubringen. Der Soldat nennt's Beute, der Tourist Souvenir. Und beide sind schliesslich meistens arme Schlukker, die ausziehen, um auf fremder Erde für kurze Zeit wie ein König zu hausen."(121)

Was geht in einem Bauern vor, wenn er beim Wasserschleppen sieht, wie sich Touristen im Swimmingpool tummeln und das kühle Nass verspritzen, das ihm oft fehlt? Was denken Einheimische, die nur mit Krawatte und gegen hohes Eintrittsgeld Lokalitäten besuchen dürfen, wo Touristen in Shorts und mit offenem Hemd ein- und ausgehen? Was denken unsere GastgeberInnen, wenn ihnen der Zugang zum Badestrand, wo sie bislang noch fischten, untersagt bleibt? — Im Senegal mussten beispielsweise Fischer ihre Trocknungsanlagen aufwendig und weit verlegen, weil Touristen eines in der Nähe errichteten Clubs ob der ungewohnten Gerüche die Nase rümpften. Aber wehe, wenn einem der ungebetenen Gäste eine Kamera abhanden kommt. Dann werden verdächtigte Einheimische drakonisch bestraft. In Marokko wurde ein des Diebstahls bezichtigter Hotelangestellter derart maltraitiert, dass er sogar einen Arm brach. Nach der fristlosen Entlassung kam das vermisste Portemonnaie auf dem Hintersitz eines Taxis zum Vorschein. Der Chauffeur überreichte es dem verdutzten Portier. Das erzählte mir je-

Vielen Touristen sind gute Aufnahmen wichtiger als Begegnungen (Foto: H. Stamm)

denfalls eine glaubwürdige Reiseleiterin. Und eine Kollegin berichtete, wie 1980 in Guatemala Eltern für mehrere Jahre von ihren Kindern getrennt wurden, weil sie kostenlos beherbergte Rucksacktouristen um einen Pullover und weitere Kleidungsstücke erleichert hatten. Nun, auch ich habe in Afrika schon aggressiv reagiert, als sich ein sonst so netter Gastgeber mehrere meiner Utensilien aneignete. Immerhin hatte ich nach Schulabschluss ein halbes Jahr für die langersehnte Motorradreise gearbeitet und gespart. Zudem glaubte ich, ach so solidarisch mit den Armen zu fühlen. Dass selbst "einfache" Touristen in armen Gebieten einen ungeheuerlichen Reichtum verkörpern, der kaum stillbare Bedürfnisse weckt, soziale Spannungen schürt, wohl bewundert, nicht aber angetastet werden darf, das war mit damals kaum bewusst.

"Die Nachahmung des touristischen Verhaltens stammt vielleicht aus dem Vorurteil", schreibt der im Senegal arbeitende Entwicklungsexperte Bugnicourt, "dass ausländisches Benehmen eben überlegen sei." Und das sei wohl eine der gefährlichsten Wirkungen des Tourismus. Er bedeute Untätigkeit, "dolce far niente", sorgloses Geldausgeben ohne sichtbare Verbindung mit einer Arbeit, modische Ausrüstung, attraktive Kleidung, Luxus. "Davon träumen die Armen der Dritten Welt, das entmutigt sie, die tägliche Mühe auf sich zu nehmen, den Boden zu beackern. Der Zeitvertreib der Touristen ist Anti-Entwicklungspropaganda, wenn man unter Entwicklung die schwierige und ausdauernde Bemühung der Bevölkerung versteht, ihr Schicksal selbst zu verbessern.(122)

Reisende bekommen in Papua Neuguinea hie und da zu hören: "Euch würde das nicht passieren". Gemeint ist beispielsweise eine Überschwemmung, just nachdem die Kaffepflanzen erstmals nach fünf Jahren Früchte tragen. Hinter dieser fatalistischen Haltung verbergen sich Gefühle der Unterwürfigkeit, gefördert durch die scheinbare Überlegenheit technisch versierter Europäer und reichlich geldbesäckelter Touristen. Diese werden sogar ab und zu um Ratschläge gebeten, wie sich dieses oder jenes Missgeschick abwenden liesse.

Wohl handelt es sich dabei zuweilen um Höflichkeitsformen, die verlangen, selbst ungebetene Gäste ernst zu nehmen und tolerant zu behandeln. Sich eigenem Rollenverständnis gemäss gerecht zu verhalten, kann daher auch Identität stärken. Bloss, krass auftretende Desorientierung zeugt davon, wie einseitiger Kulturkontakt das Selbstvertrauen Ortsverwurzelter oftmals eher anknackst als fördert. Allerdings können Depressionen auch umschlagen. Dass schmerzhafte Lernprozesse wichtige spätere Korrekturen einzuleiten vermögen, ist jedoch noch kein gutes Argument, um den häufig auftretenden Kulturzusammenprall zu verharmlosen.

Wo in armen Gebieten der Tourismus Fuss fasst, haben Väter Mühe, ihre Söhne für ein Handwerk zu begeistern. (Foto: H. Stamm)

An einer Versammlung des Arbeitskreises Tourismus und Entwicklung (im April 86) diskutierten wir, wie sich Einheimische über die realen Lebensbedingungen der meist gar nicht so reichen Touristen aufklären liessen. Der anwesende Referent des Starnberger Studienkreises, Armin Vielhaber, erwähnte dabei das vielseitig begrüsste Vorhaben, einen Film über den gewöhnlichen Alltag europäischer Touristen zu drehen und in Entwicklungsländern zu zeigen. Spontan gefällt mir diese Idee. Nur frage ich mich: Ist es wirklich unsere Aufgabe, in armen Breitengraden Verständnis für reiche Touristen zu wecken? Gibt es nicht Wichtigeres zu tun? Sind nicht alle diese Anstrengungen nutzlos, solange die Entwicklungsländer im wirtschaftlichen Fundament andauernd durch dominante Industrienationen benachteiligt werden und solange auch im Tourismus die grossen Gewinne in westlichen "Entsenderländern" realisiert werden? Und, wenn wir schon, an den eigentlich strukturellen Problemen vorbei, behutsam den soziokulturellen Überbau reformieren wollen, müssten wir da nicht wenigstens vordringlich darauf abzielen, uns Touristen zu anderem, verantwortungsbewussterem Verhalten zu bewegen?

"Statt Völkerverständigung fördert der Tourismus Rassismus." Soziologieprofessor Werner Ruf begründet dieses harte Urteil mit Untersuchungen, die er in Tunesien durchführte.(115) Auch psychologische Studien über den Einstellungswandel von Ferntouristen belegen, dass oft wenig vermittelte und verarbeitete Reiseerlebnisse bei Touristen bereits bestehende Vorurteile verhärten.(122) Methodisch sind zwar solche Messungen ein heikles, leicht manipulierbares Unterfangen. Die Tatsache aber, dass Wissenschaftler, die dem Tourismus gegenüber äusserst positiv gesinnt sind, zu ähnlichen Resultaten kommen, untermauert Rufs Theorie.(123)
Nun mögen etliche LeserInnen eifrig nicken und sich dabei denken, bei den primitiven Massentouristen ist das halt so. Die liegen ja bloss am Strand und scheuen sich, hinter die Kulissen zu sehen. Bildungsbeflissene Alternativreisende bemühen sich hingegen, mit den Einheimischen ins Gespräch zu kommen, ihre Häuser zu besichtigen, ihre Spezialitäten zu kosten. Und bei denen findet dann echte Völkerverständigung statt?
Mit den Bereisten zu reden, ist wohl löblich, jedoch kein Garant, sich besser zu verstehen. Friedensforscher Ropers weist am Beispiel von Studienreisen auf diese Schwierigkeit hin.(124) Ich selber habe eine Bildungsreise nach Kamerun teilnehmend beobachtet. Wir besichtigten ein Entwicklungsprojekt nach dem andern, fotografierten viel, sprachen wenig, jedenfalls kaum über Gesehenes und Erlebtes. Trotzdem, nach Abhaken sämtlicher Projekte, in denen wir uns durchschnittlich etwa eine Stunde aufgehalten hatten, erklärten sich alle meine Mitreisenden spotan bereit, diese alle konkret zu benoten. Mir ging

es dabei weniger darum zu sehen, welches Entwicklungsprojekt am besten wegkam. Vielmehr interessierte mich, was sich Bildungsreisende nach sehr oberflächlichem Einblick an Urteil zutrauen oder eben anmassen. Und die Erfahrung zeigt: Im Eilverfahren gestillte Neugierde kann auch blenden. Wer von einem Gespräch nur wenige Wortfetzen aufschnappt, läuft Gefahr, sich einen falschen Reim zu bilden. Zu kurze Blicke erhellen wenig. Manchmal verklären sie das Bild. Besonders, wenn der schnell Hinschauende sich voreilig als Experte wähnt und denkt: "Ich hab's ja mit eigenen Augen gesehen!" Aber was? Wohl das, was er sehen wollte.

Das muss jedoch nicht so sein. *Mit guter Reisevorbereitung und Reiseleitung lässt sich einiges verbessern. Wer sich bemüht, eigene Scheuklappen zu lockern und auf neue Gesichtspunkte zu stossen, kann von einer Reise gewiss profitieren, vielleicht auch das eine oder andere Missverständnis aufdecken.* Wichtig ist, vorhandene Grenzen der Erkenntnis zu akzeptieren. Dazu gehört die Einsicht, dass sich für die Bereisten auch dann wenig ändert, wenn wir sie sympathisch finden. Nicht böse Absicht der Touristen, schlicht unsere naive Unkenntnis, zeitigt zuweilen verheerende Folgen. Zum Beispiel unser Interesse an Kunsthandel und Folklore.

Ob es sich um Berberschmuck handelt, um Helmbüsche oder Bambaras, Dolche aus Ruanda oder amharische Bibeln auf Pergament — dahinter steht, wie Bougnicourt beschreibt, oft derselbe Vorgang: Wer

Klick — Elefanten, Löwen, Massai.

Die Herstellung von Kunstgegenständen und Souvenirs kann das lokale Handwerk ankurbeln. Teilweise werden sie aber industriell hergestellt, normiert, serialisiert, importiert. (Fotos: H. Stamm / P. Jesse)

in den internationalen Hotels solche Gegenstände anbietet, ist meistens nur das letzte Glied einer langen Kette von Zwischenhändlern, die sich in der Tiefe des Landesinnern verzweigt und — oft verschuldet — Landbewohner veranlasst, traditionelle Schätze herzugeben, die vielleicht seit Generationen benutzt, aber keineswegs für den Handel angefertigt wurden. Das Geld verlockt dazu, sich von den Kunstgegenständen zu trennen. So kam es zur Plünderung archäologischer Funde, zur Entwürdigung von Denkmälern in Ägypten, auf Bali, in Indien und Mittelamerika.(122) Der Tourismus stachelt zum Missbrauch nationaler Kunstwerke an, zum Ausverkauf alten Schmuckes, von Decken und Masken. Einheimische stellen sich auf die Nachfrage ein, die sich seit der ersten Begeisterung über die aus der Dritten Welt eingeführten Gegenstände in den Heimatländern der Touristen entwickelt hat. Vermarktet werden aber nicht bloss traditionelle Kunstwerke, auch viele Souvenirs. Davon profitieren einheimische Handwerker, teilweise. Zunehmend werden jedoch diese Güter industriell fabriziert, nicht nur in der Elfenbeinküste. Sie werden sogar aus Hongkong, Japan oder Europa importiert. So kaufen Schweizer Touristen in Kenia gerne schöne Postkarten und Marken mit Giraffen- und Elefantensujets, die in La Chaux-de-Fonds hergestellt wurden, von einer Firma, welche nicht nur “echt afrikanische”, sondern auch “echt polynesische” Produkte liefert, letztere einfach nach Tahiti.

Abgesehen von Kunstwerken tastet der Tourismus Religion und wesentliche Glaubenswerte afrikanischer, asiatischer, ozeanischer Völker an, für die es oft unnatürlich ist, Ästhetik, Symbol und Ritual voneinander zu trennen. Zeremonien werden entweiht, wenn sie auf Band aufgenommen, fotografiert, gefilmt, in ihrem Ablauf unterbrochen oder auf Verlangen wiederholt werden, ohne Rücksicht auf den Zeitpunkt und die Umstände, die zur Überlieferung gehören.(122)
Trotzdem, als "echt afrikanisch" preisen Reiseprospekte auch all diese organisierten Tänze an. Bilder von Frauen mit nacktem Oberkörper demonstrieren die Natürlichkeit. Und so hält sich die Auffassung: "Seit die Touristen kommen, lebt die traditionelle Folklore wieder auf", als Scheinwelt nämlich, eigens für unbedarfte Touristen produziert. Dass sich nach der folkloristischen Vorführung manche "Schönheit aus dem wilden Busch" flugs wieder in eine Studentin verwandelt, wollen etliche Touristen gar nicht zur Kenntnis nehmen. Auf Mayers Ranch in Kenya lassen sie sich Tänze vorführen, besuchen ein extra für Touristen unterhaltenes Massaidorf, kaufen Schmuck, Souvenirs. Alles ist echter als echt, vom deutschen Ehepaar gut organisiert. Ihm gehört das Land. Die Massai erhalten Geld, teilweise Kost, ihr Logis organisieren sie selbst. Als Angestellte des deutschen Ehepaares müssen sie aber streng darauf achten, afrikanisch zu leben.(125) So trägt der Tourismus dazu bei, alte Sitten und Gebräuche zu erhalten, sofern sie sich verkaufen lassen. Und da liegt der grosse Zwiespalt. Einerseits wurden traditionelle (Sozial-)Strukturen brüskiert, modernisiert, andererseits krampfhaft erhalten, und zwar nicht nach sozialen, von den Betroffenen bestimmten Kriterien, sondern solchen, die nach bestmöglicher Vermarktung trachten.
"Solche Vermischungen von Scheinwelt und Wirklichkeit", schreibt der Ökonom Lothar Nettekoven, "werden oft von den einheimischen Tourismusmanagern nach solchen Kategorien errichtet, von denen sie annehmen, dass sie von den Ausländern als 'typisch' für die besuchte Gesellschaft akzeptiert werden. Durch solche autoheterostereotype Verfälschung wird die touristische Scheinwelt noch weiter von der Realität entfernt. Die Besichtigung dieser Scheinwelt ist bei touristischen Reisen die häufigste Form vorurteilsbestätigender Information."(126)

Gewiss, wenn Touristen in kurzen Hosen einen Tempel besuchen und Gebetsfahnen anfassen, tun sie das meistens aus Unkenntnis. Sie wollen dabei niemanden verletzen. Zuweilen kommt es aber vor, dass unpässlich gekleidete Touristen das Gefühl haben, Gutes zu leisten und im Sinne einer kaum hinterfragten Verwestlichung, Einheimische von alten Zwängen und "Zöpfen" zu befreien. So wird das eigene Verhalten immer wieder als Entwicklungshilfe kaschiert. Selbst Sextouristen, die Kinder missbrauchen, geben vor, lediglich an verankerte Sitten anzuknüpfen und Minderjährigen zu Einkommen zu verhelfen.(127)

Exotik als Kulisse propagierter Moderne (Foto: T. Krempke)

Die Publizistin Regula Renschler argumentiert hingegen: "Prostitution im Sinn von freikäuflichem Sex hatte in den feudalen Systemen Südostasiens wenig Bedeutung. Es gab zwar Freudenmädchen und Bordelle, doch sie hatten einen denkbar schlechten Ruf. Die reichen Männer der herrschenden Schichten hatten ihre eigenen Nebenfrauen, die leibeigenen Bauern konnten sich solche nicht leisten, und eine Mittelschicht gab es nicht. Prostitution als wichtige soziale Erscheinung kam erst auf, als in Südostasien im 20. Jht. Militärstützpunkte ausländischer Truppen errichtet wurden und südostasiatische Länder im Korea- und Indochinakrieg den amerikanischen Soldaten auf Urlaub als Erholungs- und Vergnügungsstätten dienten. So lässt sich z.B. auf den Philippinen nachweisen, dass die Einrichtung des US-Flottenstützpunkts in Olongapo im Jahre 1904 eine eigentliche Unterhaltungs- und Prostitutionsindustrie zur Folge hatte."(128)

Einen neuen Aufschwung erlebte die Prostitution später mit dem Vietnamkrieg. Beliebt waren da die Erholungsstützpunkte in Bangkok und Manila. Nach Beendigung der langjährigen Tragödie sprangen nach kurzer Flaute Touristen in die von Soldaten geschlagene und hinterlassene Bresche. Aus der Not unzähliger Frauen machen sie, durch Reiseveranstalter animiert, eine Tugend.

“Thailand hat seine Liebenswürdigkeit bewahrt”, preist uns ein Reiseprospekt an. “Alles ist voll Exotik, die Anmut der Frauen, der Duft der Lotusblumen. Freundliche Menschen lächeln dem Fremden entgegen. Bangkok kennt heute bald jedes Kind. Und mancher Mann hat so seine Erfahrung mit dem unwiderstehlichenCharme seiner EinwohnerInnen. Wer zum ersten Mal nach Bangkok kommt, wird sehr schnell die Faszination dieser charakteristisch fernöstlichen Stadt selbst entdecken. Jeder wird sich in den ersten Tagen mit Begeisterung ein paar der uns so fremden Zeugen der buddhistischen Weltanschauung ansehen: Tempel, Pagoden, Buddha-Statuen. Die Nächte sind ausgefüllt mit Thai-Tänzen, Thai-Essen, Thai, Thai, Thai...
Aber die Zeit vergeht zu schnell. Schon sehnt man sich nach Sonne, Strand und Erholung. Und davon gibt's genug. Das ganze Jahr. In Pattaya, am Golf von Siam. Der Abschied kommt bestimmt, je schöner, je schneller. Und sehr bald erkennt man, einmal ist nicht genug. Deshalb lohnt es sich wiederzukehren, ein wenig mehr von Thailand kennenzulernen.”(129) “Ihr Traum geht in Erfüllung!”, prophezeit ein anderer Reiseprospekt. “Inmitten exotisch schöner und ansprechender Mädchen entspannen Sie sich unter Palmen und tiefblauem Himmel, umgeben von stimulierendem Meeresrauschen, im herrlichen Sande am Strand von Pattaya. Schlank, braun, zart und hingebend erotisch lieben sie den weisshäutigen Mann. Sie sind Liebeskünstlerinnen in natürlicher Wesensart, wie wir Europäer dies nicht kennen.”(130)

Dass diese Reiseprospekte nicht einfach lügen, bekräftigt ein erfahrener Mann: “Die Frauen sind, glaube ich, nicht so wie in Deutschland. Die gibt's nur einmal auf der Welt, glaube ich. Ich war jetzt schon in Afrika und überall und habe nie erlebt, was ich dort erlebt habe. Die Thailänderinnen, jedenfalls ist das meine Erfahrung, in der ersten

“Worüber man (nicht) spricht

“Was Sie auch über das Nachtleben von Bangkok gehört haben: Es stimmt. In der Hauptstadt warten Lohndirnen in Divisionsstärke auf den Einfall heisshungriger Fremder. Sogar Liebe kommt vor. Manch ein Tourist kehrte schon mit einer nagelneuen Thaibraut aus dem Urlaub zurück...
Sie beginnt meist in einem der berühmten Massagesalons von Bangkok. Es soll davon über 100 geben... Es kostet 10 Dollar... Wenn Sie beim Engagieren einer Braut auf Zeit auch noch wirtschaftlich vorgehen möchten, sollten sie ein Abonnement nehmen — dann bleibt die Dame drei, fünf, acht Tage bei Ihnen, macht alle Ausflüge mit, führt Sie in echte Thai-Lokale und hilft beim Einkaufen... Fatal wäre der Schluss, dass lockere Sitten die allgemeine Regel in Thailand seien. Tatsächlich gelten sehr strenge moralische Prinzipien...”(131)

"Sex is good for you"
"Sinnvoll ist es, mit einem Mädchen ein Agreement für die ganze Zeit des Aufenthalts zu vereinbaren. Dadurch hat man die Möglichkeit, den Kontakt nicht nur auf das Sexuelle zu beschränken, sondern eine einheimische Frau näher kennenzulernen und durch sie mit Land und Leuten vertraut zu werden. Bei der Anmut vor allem fernöstlicher Frauen kann es vorkommen, dass man sich ein wenig verliebt — oder sogar, dass man trotz des Geldes auch gern gemocht wird. Verlässt man die Gegend, bekommt die Geliebte auf Zeit ein grosszügiges Abschiedsgeschenk, und man sagt ihr mit einem starken Ziehen in der Magengegend in der Landessprache leise 'Servus'.
Der Kontakt zu Freudenmädchen, wenn man sie lieb behandelt, kann emotional sehr aufbauend sein.
Amerikanische Soldaten und Neckermann-Touristen haben in Sachen Sex leider einiges verdorben. Nichts gegen Neckermann-Reisende. Aber jemand, der mit seiner Frau im Bett nicht mehr klarkommt und extra nach Thailand fliegt, um sich mal richtig auszuficken, wird kaum Interesse für die individuelle Persönlichkeit der Mädchen aufbringen. Genauso wie Männer nicht zu einer brauchbaren Beziehung fähig sind, die sich nur bei einer Prostituierten zu sagen getrauen, was und wie sie's wollen. Schon um das dadurch entstandene Bild der Westeuropäer wieder zu korrigieren, schadet es nicht, wenn die Mädchen auch mal Männer kennenlernen, die auch zu Hause mit Ihren Frauen offen umgehen."(132).

"Ich habe mir eine Frau gekauft"

"Die eine bemüht sich pausenlos um dich, die andere widerspricht doch nur; die Thai-Frau macht nur, was du willst, sie fühlt im voraus, was du im nächsten Moment von ihr erwartest und sie tut es, ohne dass man es ihr erst sagen muss. Eine europäische Frau hingegen, da musst du reden und reden und dir anhören, was sie redet. Und am Ende musst du machen, was sie will." Dazu die engagierten Schriftstellerinnen Benard und Schlaffer: "Eine Europäerin zufriedenzustellen, das klingt nach harter Arbeit; bei einer Asiatin macht man sich entweder als Käufer keine Gedanken über die Ansprüche der Gegenseite, oder man glaubt fest an die animalische Natur und die automatische Mit-Befriedigung der Orientalin. Oder an ihre selbstlose Lust am Glück des Mannes."(133)

Nacht schmiegen die sich so an, als wenn sie schon zehn Jahre mit dir verheiratet wär'n, und als wenn du sie schon ewig kennst. Und in Togo, die haben zwar alles mitgemacht und so, aber ich find', dass das nicht so gut ist wie in Thailand."(134)
Ferner bestätigt die grösste Tageszeitung der Schweiz in einer ganzseitigen Beilage "Bangkok für Männer": "Wenn sie so richtig in Stimmung kommen, sollten sie an Sex denken." Und: "Wenn Sie Ihrem Mädchen gefallen, wird es Sie eine ganz Nacht lang mit allen Raffinessen verwöhnen. Für umgerechnet 40 bis 80 Franken." Namentlich empfiehlt "Blick" das "renommierte Grace".(135) Berühmtheit erlangte dieses Hotel bereits durch die Verfrachtung überschüssiger Liebesdienerinnen auf europäische Striche.

Angeboten werden "anschmiegsame Asiatinnen" auch von hiesigen Heiratsvermittlungsinstituten, die zuweilen mit Reiseunternehmen zusammenarbeiten. So heisst es in einem der Prospekte: "Filipinas bevorzugen jedoch als Partner im allgemeinen eher Männer, die etwas älter und reifer sind als sie selbst. Nur selten heiraten sie Gleichaltrige oder gar Jüngere, 10 - 15 Jahre ältere Ehemänner sind eher die Regel als die Ausnahme. Und auch an 20 Jahren Altersunterschied stossen sich viele nicht... Man findet also nichts dabei, wenn ein rüstiger Sechziger ein Mädchen heiratet. Nicht zutreffend ist dagegen die häufig vertretene Ansicht, dass asiatische Frauen schneller altern. Das Gegenteil ist der Fall — wenn sie nicht gerade auf den Reisfeldern arbeiten müssen."(136)
Welch perfekter Service: Die feilgebotenen Frauen sind auch bildlich festgehalten. Details werden während der Testreise nach Manila vereinbart. Oft ist die Eheschliessung aber bloss Vorwand, um diese Frauen in Europa als Animierdamen und Prostituierte arbeiten zu lassen. Und was sie dabei erwartet, darüber informieren mehrere erschütternde Dokumente.(137)

Sprachlos

Auf perverse Weise wirbt Baedekers Allianz-Taschenbuch-Reiseführer Bangkok für ein Sonderangebot in der thailändischen Hauptstadt. Unter der Rubrik "Nachtleben, Zimmerbesuche" heisst es: "Taubstumme junge Mädchen sind äusserst beliebt und können Rekordzahlen an Kunden aufweisen, da zum einen das Problem der sprachlichen Verständigung entfällt, und sie zum anderen im Wunschlesen 'konkurrenzlos' sind." (133)

Das Elend und die Nachfrage von Touristen treibt auch immer mehr Kinder ins Sexgeschäft. Oft sind sie sogar für ein Trinkgeld erhältlich. Der Handel blüht wie noch nie, so etwa in Manila. Hier lebt Dana. Sie ist 14 Jahre jung und geht bereits regelmässig auf den Strich, um sexhungrigen Touristen ihre Dienste anzubieten. Für fünf Franken ist mann dabei. Danas Bruder Ronnie ist zwar erst elfjährig, aber als Strichjunge bereits gefragt. So tummeln sich vor einschlägigen Touristenlokalen Mädchen und Knaben zwischen 8 und 15. Wer leer ausgeht, tröstet sich mit "Rugby" und inhaliert aus einem Plastiksack ein Leim-Äther-Gemisch. Die Reicheren steigen vom Schnüffeln auf Tabletten und Heroin um, legen so ihre Touristenpesos an.(138)
Presseberichte weisen seit Jahren auf diese Tragödie hin. Trotzdem verschlimmert sich die Lage der Kinder. Und ein Schweizer Geschäftsführer eines Mädchenbordells in Manila brüstet sich sogar damit, und das im Jahre 1986, wie er für "junge Gritten", die noch im Schutzalter

sind, einfach eine falsche Lizenz organisiert. Pro Tag verdient ein Mädchen Fr. 4.80 fix. Hinzu kommen Fr. 1.08 pro Drink, der ihr spendiert wird. Wenn eine geschlechtskrank ist, "kann sie weiterarbeiten, aber nur angezogen. Sie kann Drinks machen, hat aber keinen Lohn, bis sie wieder gesund ist". Und wenn der Umsatz nicht stimmt, wird sie — "gerade heute abend schmeisse ich sechs" — fristlos entlassen. Nachschub ist bei der sozialen Misere genügend vorhanden.(139)
Die Konkurrenz sorgt auch dafür, dass einzelne Prostituierte, wenn überhaupt, nur während relativ kurzer Zeit, einigermassen gut verdienen. Dass mit den Ersparnissen Familienangehörige unterstützt werden, trifft in einigen Fällen zu. Das Gros der Einkünfte geht jedoch für Drinks, Kleidung und höhere persönliche Ansprüche drauf, die sich kurzfristig befriedigen lassen. Den Sprung zum eigenen Salon schaffen die meisten ebenso wenig wie den freiwilligen Ausstieg aus dem Geschäft. Erst gehen die Frauen mit zunehmendem Alter die Salärstufen runter, bieten sich für immer weniger Geld an, bis sie zuletzt, krank und drogenabhängig, sozial verelenden. Denn die wichtigste Altersversicherung, die Beziehung zum Hinterland, zur Familie, haben diese Frauen mit ihrer oft illegalen Tätigkeit aufs Spiel gesetzt. Ein hoher Preis, nicht für die von der Misere profitierenden Touristen, wohl aber für die betroffenen Frauen. Und so betrachtet bringt der Sextourismus einem Entwicklungsland auch wirtschaftlich nichts. Im Gegenteil. Er belastet den Sozial- und Gesundheitshaushalt in unerträglichem Ausmass. Profite machen lediglich die Bordellbesitzer und Zuhälter. Mittelfristig verdienen selbst attraktive Girls nicht an diesem Geschäft. Wenige, aufgebauschte Ausnahmen bestätigen in diesem Fall bloss die Regel.(140)

Manila im Kampf gegen Sex-Tourismus

Sex-Touristen auf den Philippinen drohen im wahrsten Sinne des Wortes lustlose Zeiten. Die Regierung in Manila unter Präsidentin Corazon Aquino ist fest entschlossen, dem Geschäft mit "Hospitality Girls", "Street Walkers" und "Go-Go-Girls" im Reich der 7100 Inseln einen Riegel vorzuschieben. Die Devise lautet "S.T.O.P. — Stop Trafficking of Philipinas". Frei übersetzt: "Sex-Tourismus, nein danke!", ein Slogan, unter dem sich schon in den letzten Tagen der Marcos-Ära vor allem kirchliche Kreise zusammenfanden. Der nach dem politischen Umsturz im Februar 86 neuernannte Bürgermeister von Manila, Mel Lopez, sagt rundheraus: "Solange wir an der Regierung sind, werden wir so etwas wie Sex-Tourismus nicht mehr tolerieren. Wir werden derartige Entwicklungen — wo immer wir sie treffen — bekämpfen." Doch Mel Lopez kämpft auf einem schwierigen Platz. Denn gerade in seiner Stadt blüht das Geschäft mit der käuflichen Lust wie in keinem anderen Teil des Ländes."(141)

Dass Frauen in anderen Bereichen, als Hausfrau oder Fliessbandarbeiterin bei einem multinationalen Konzern, möglicherweise ähnlich ausgebeutet werden, ist ein schwaches Argument für den Prostitutionstourismus. Gesellschaftliche und individuelle Emanzipation verlangt den Abbau einseitiger Beziehungen auf allen Ebenen. Kurzfristig mag zwar ein Versuch von Frauen, sich zu organisieren und des mit Prostitution verdienten Geldes zu bemächtigen, ihre momentane Lage verbessern. Auf die Dauer gilt es jedoch, alternative Arbeitsplätze zu schaffen, die sich direkt an den Interessen der Einheimischen orientieren, materielle und soziale Sicherheit gewähren und so die Voraussetzung für ein befriedigendes Leben bilden.

Parlamentarische Aktionen gegen Sextourismus

"Welche Beachtung schenkt die *Bundesregierung* Katalogausschreibungen und Anzeigen von Reiseunternehmen, in denen offen oder versteckt mit Gelegenheit zur Prostitution mit Frauen und Mädchen in den Zielländern geworben wird?" Das wollten der Abgeordnete Verheyen sowie die Fraktion der Grünen am 15.3.1984 von der Bundesregierung erfahren. Kurioserweise beauftragte diese ausgerechnet den Deutschen Reisebüroverband mit der Klärung der Fragen. So heisst es in der Beantwortung: "Der Deutsche Reisebüro-Verband hat die Kataloge ausgewertet, ob offen oder versteckt mit Gelegenheit zur Prostitution geworben wird; er hat dabei keine derartigen Anhaltspunkte festgestellt.[1]"

Ausdrücklich gutgeheissen hat der *Schweizer Bundesrat* am 26.2.1986 ein Postulat der Nationalrätinnen der Progressiven Organisationen, Barbara Gurtner und Anita Fetz. Der Bundesrat wird darin gebeten, Massnahmen und rechtliche Grundlagen auszuarbeiten, um

1. gegen Touristikunternehmen vorzugehen, die mehr oder weniger offen mit Prostitution in Entwicklungsländern werben, sie ermöglichen oder vermitteln;
2. gegen Heiratsvermittlungsinstitute vorzugehen, die unter Ausnützung von Notlagen der Frauen in der 3. Welt, Ehen vermitteln, bei denen die Frauen aufgrund ihrer Herkunft, Sprache, Kultur und Bildungsstand in Abhängigkeit von Männern geraten und entsprechend leicht ausgenutzt werden können;
3. die "Einfuhr" von ausländischen Mädchen und Frauen aus Entwicklungsländern für Vergnügungslokale und Bordellbetriebe in der Schweiz zu stoppen;
4. im Rahmen eines Pilotversuches eine Informationskampagne über die Zusammenhänge von Sextourismus, Prostitution, Heiratsvermittlung und sozialer Not in einem von diesen Problemen stark betroffenen Land Südostasiens, Afrika oder Lateinamerika durchzuführen. Die Ergebnisse sollen veröffentlicht werden und als Grundlage dienen für weitere diesbezügliche Projekte.

2.4 Bedrohte Umwelt

"Die Massen der Städter haben", schreibt der Walliser Schriftsteller Maurice Chappaz, "ein ehrliches Bedürfnis, mit der unverdorbenen Natur zu puffen, zu knutschen und zu lutschen; aber es sind ihrer zu viele, sie erschlagen alles, was vegetal und animal ist, ihre unausgesetzten Umarmungen schänden ein Land."(142) Und: *"Weil sie ihre eigene Umwelt verpfuscht haben"*, ergänzt der im Senegal lebende Entwicklungsexperte Bugnicourt, *"beginnen die Angehörigen der Konsumgesellschaften mit Ungestüm, diejenige der anderen zu konsumieren."*(122)

Im Frühjahr 1982 wurden in mehreren Küstenregionen von Venezuela millionenweise Fische gefunden, tote, verseuchte. Zwecks touristischer Erschliessung wurde in diesen Gebieten dem Wasser ein dioxinhaltiges Entlaubungsmittel beigemischt. Dieses Gift zeigte bereits in Vietnam als Agent Orange seine tragische Wirkung, ebenso in Seveso. In Venezuela sollte es bloss lästige Algen abtöten. Doch die Massnahme schoss weit über das Ziel hinaus. Nebst vielen Pflanzen und Fischen wurden auch Pelikane und andere Tiere betroffen. Die Regierung von Caracas verhängte unverzüglich eine glücklicherweise nicht ganz eingehaltene Nachrichtensperre. Trotz einer sofortigen Massenimpfung mussten Teile der Bevölkerung evakuiert werden.(143)
Der ehemalige US-Präsident Carter gab den Auftrag, die "voraussichtlichen Veränderungen der Bevölkerung, der natürlichen Ressourcen und der Umwelt auf der Erde bis zum Ende dieses Jahrhunderts" zu untersuchen. Das Ergebnis erschien in den USA im Juli 1980 unter dem Titel: "The Global 2000 — Report to the President". Als Autoren der Studie zeichnen das Council on Environmental Quality, das Aussen- und Innenministerium, zahlreiche Behörden, darunter der Geheimdienst CIA, sowie über 150 Fachleute von internationalen Organisationen (z.B. der Weltbank) und privaten Institutionen und Stiftungen (u.a. Rockefeller, ITT, General Motors, Exxon). Die verkündeten Prognosen "untertreiben eher und sind vorsichtig formuliert", in der Tat aber bereits erschreckend genug.(144)
Die Studie geht davon aus, dass in den nächsten Jahren weltweit keine einschneidenen Massnahmen zum Schutze der natürlichen Ressourcen durchgesetzt werden. Entsprechend sind die absehbaren Folgen: Jenes Viertel der Menschheit, das in den Industrieländern lebt, wird auch im Jahre 2000 mehr als drei Viertel der mineralischen Rohstoffe verbrauchen. Die Erdölproduktion erreicht alsbald ihren Höhepunkt. Brennholz, das Öl armer Leute, ist knapper denn je. Nahezu fünfzig Prozent des Bedarfs fehlen bereits. In Westafrika geben Familien bis zu 30 Prozent ihres Einkommens für Brennholz aus. Insgesamt benötigen Entwicklungsländer 90 Prozent des Holzes zum Kochen und Heizen. Das

zuweilen vorgeschlagene und praktizierte Abweichen auf pflanzliche Abfälle und Kuhdung fürs Kochen und Heizen bleibt indes auch nicht ohne Folgen auf die Umwelt, werden doch damit dem Boden langfristig wertvolle Düngemittel vorenthalten.
Alleine durch das unkontrollierte Abholzen werden sich die Wüstengebiete um zwanzig Prozent vergrössern. Die Abholzung führt auch zu einer Destabilisierung der Wasserzufuhr. Regionale Wasserknappheit, wie es sie heute schon genug gibt, nimmt zu. Einerseits wegen der erwarteten Nachfragesteigerung um fünfzig Prozent, andererseits weil Verunreinigungen immer mehr Wasser verseuchen. Weltweit ist auch eine immense Zunahme der Luftverschmutzung festzustellen. Vielerorts liegen die Messwerte von Staubteilen, Kohlenmonoxyd, Stickstoff- und Schwefeldioxyd weit über dem von der Weltgesundheitsorganisation als vertretbar erachteten Niveau.(145)

Tropische Inselparadiese, wie sie etwa Daniel Defoe in seinem 1719 entstandenen Werk "Robinson Crusoe" beschrieben hat, gehören heute der Vergangenheit an. Die meisten sind von Menschen ruiniert worden und der Tourismus ist dabei, ihnen den Rest zu geben. So heisst es in einer Studie der UNESCO (Erziehungs-, Wissenschafts- und Kulturorganisation der UNO), die sich wie ein Nachruf auf unwiederbringliche Naturschönheiten liest, auf eine vielerorts florierende Agrarproduktion, die durch die Kolonisation zerstört wurde. Eine der nunmehr heimtückischsten Bedrohungen des Ökosystems kommt vom modernen Massentourismus. "Ironischerweise", schreibt der Verfasser des

Eines der letzten Paradiese — alsbald touristifiziert? (Foto: UM)

Zivilisationsmüll als Entwicklungshilfe — "die brauchen doch solche Dosen" (Foto: G. Quedens)

Reports, "werden gerade die speziellen Eigenheiten, die den Fremdenverkehr anziehen — Schönheit der Landschaft, Ruhe, ungewöhnliche Pflanzen- und Tierwelt, 'exotische Kulturen' — durch die Entwicklung und Modernisierung zerstört, die man im Interesse der Touristen für notwendig hält." Bei der Kolonisierung wurden in den besetzten Gebieten Monokulturen errichtet und die Produktion auf den Export hin orientiert, was die Selbstversorgungsmöglichkeiten erheblich beeinträchtigte. Während sich beispielsweise der Hunger in der Sahel-Zone ausbreitete, stieg in Mali der Export von Baumwolle um 400 Prozent. Weiter wurden im grössten Dürrejahr 15 Millionen Kilogramm Gemüse aus dem Sahel exportiert, vor allem nach Europa.

Dem weltweit einseitigen Ressourcenverbrauch zum Trotz: Viele EuropäerInnen meinen, die "verheerende Wegwerfmentalität der Exoten" gefährde die Umwelt am meisten. So berichten "sensibilisierte" Touristen, wie der "schwarze Boy" die Cola-Büchse "einfach zum Fenster hinausschmiss und dazu noch frech grinste". Aber, "dem habe ich alle Schand gesagt", brüstet sich ein erfahrener "Weltenbummler", "auch dem eingeborenen Chauffeur, der während unserem kurzen Fotohalt den Motor laufen liess".

Die grösste Bedrohung erfährt die Natur durch den immensen Ressourcenverschleiss in hochindustrialisierten Gesellschaften. Daran gibt's nichts zu deuteln. Allerdings ist das kein Grund, die selben Fehler anderswo zu wiederholen. Wer will es jedoch der tunesischen Regierung verargen, wenn sie die Hotels nicht mit den von Entwicklungsorganisationen empfohlenen umweltschützerischen Massnahmen belasten will, die in unseren Breitengraden ebensowenig realisiert sind. Schliesslich rührt der überwiegende Anteil der erheblichen Verschmutzung des Mittelmeeres von den europäischen Anrainern.(147)

Am Mittelmeer verbringen jährlich etwa 100 Millionen Touristen ihre Ferien. Was das für die Erhohlungsqualität bedeutet, soll hier nicht diskutiert werden. Jedenfalls ist das Gewässer auf dem besten Wege, eine Kloake zu werden. Es entspricht zwar nur knapp einem Prozent der gesamten Meeresfläche der Erde, enthält aber 50 Prozent des auf Weltmeeren treibenden Öl- und Teerschmutzes. Acht Zehntel der Abwässer aus den Küstenregionen (insgesamt 430 Milliarden Tonnen pro Jahr) fliessen ungereinigt ins Meer. Und so enthalten Mittelmeerthunfische etwa dreimal soviel Quecksilber wie Thunfische aus dem Atlantik.(148)

"Bei den Touristen werden sogar die Kühe fett" (Foto: H. Stamm)

Einseitiger Energieverbrauch:
Die Industrieländer verbrauchen vier Fünftel der Reichtümer der Erde. Ein beachtlicher Anteil davon kommt, umweltbelastend importiert, aufwendig verpackt und unterbezahlt, aus armen Ländern. 6% der Weltbevölkerung in den USA beanspruchen mehr als einen Viertel des Weltenergieverbrauches oder 2,3mal soviel wie alle Entwicklungsländer (incl. Ölländer) zusammen. Ein Amerikaner verbraucht durchschnittlich gleichviel Energie wie 2 Europäer, 53 Inder, 168 Tansanier oder 900 Nepali.(146)

Die intensive touristische Nutzung des "mare nostrum" trägt ihren Teil zur drastisch ansteigenden Verschmutzung bei. Das konkrete Ausmass lässt sich allerdings nur ungenau bestimmen. Gewiss zählen die Grossindustrien und Städte, deren Abwässer bloss mechanisch gereinigt werden, zu den Hauptverursachern. Präzise Quoten und Volumina herauszutüfteln, ist aber unmöglich. Tatsache bleibt, im Zeichen des anhaltenden Reisebooms nimmt vorderhand, trotz Kläranlagen und Katalisatoren, die Belastung der Umwelt durch den Tourismus zu.

Wer in die Ferne schweift, ist selten mit dem Esel oder Ruderboot unterwegs. Meistens geht's nicht ohne Flugzeug. Bei einer Mitteleuropa-Südamerika-Rundreise benötigt beispielsweise eine DC-10 für knappe 30'000 Kilometer über 300'000 Liter Treibstoff. Bei einer Auslastung von 150 Passagieren ergibt das einen Verbrauch von immerhin 2000 Litern pro Person.
In Afrika, Asien und Lateinamerika übernachten jährlich über 30 Millionen Ferntouristen, und zwar vornehmlich in besseren, energieträchtigen Hotels. Das mit israelischem Kapital finanzierte Luxushotel "Elfenbein" in Abidjan ist kein Einzelfall. Mit seinen zwei Schwimmbädern und einem Eisstadion (mit Curlingbahn) verbraucht es gigantische Elektrizitätsmengen, 16,5 Millionen Kw im Jahr.(149)

Mit der einseitigen Aufblähung des Tourismus ist oftmals ein gefährlicher Rückgang der Landwirtschaft und Fischerei verbunden. Das müsste nicht sein. In der Tat spielt aber die Konkurrenz meistens zugunsten des Dienstleistungssektors, der von der Kapitalverwertung her für die Investoren interessanter ist, als die eigentlich produktivere, unmittlbarer an den Bedürfnissen der Ortsansässigen orientierte Landwirtschaft und angepasste Industrie. Die Vernachlässigung der Landwirtschaft bedeutet wiederum zunehmende Verödung kultivierbarer Flächen und umweltbelastende Aussenorientierung durch Intensivierung der Importe. Ein Teufelskreis.(150)
Es liegt also nicht einfach am konkreten Energieverbrauch der einzelnen Reisenden, dass der Tourismus die Umwelt erheblich belastet.

Hotel Elfenbein – Abidjan
750 Zimmer, 2 Schwimmbäder, ein Eisstadion (mit Curlingbahn), künstliche Kanäle mit Motorcanoes, Shopping Center, Kinos, Bars, Night Club. Dieses Hotel ist das grösste in Afrika.

Kapital:	aus Israel (Mafit Gruppe, Genf) und Elfenbeinküste
Lizenzgeber:	Intercontinental Kette
Personal:	830 feste Angestellte; 30 Europäer auf den wichtigsten Posten
Energie:	grösster Energieverbraucher der Elfenbeinküste, 16,5 Millionen KWh im Jahr. (Die Strompreise wurden 1977 im Land erhöht. Die Regierung übernimmt seither die dadurch zusätzlich entstandenen Kosten für Hotel, wie auch andere anfallende Defizite).
Wasser:	600 Liter werden pro Tag und pro Zimmer verbraucht.
Geschäftsaktivitäten:	212'325 Übernachtungen; 696'288 Essen. (149)

Eher gewichtiger noch sind die indirekten Wirkungen durch die strukturelle Benachteiligung der Landwirtschaft.
Zunehmender Beliebtheit erfreuen sich Trekkingtouren, so etwa in den Gebirgen Nepals. Dabei wird viel Energie verschwendet. *Laut Berechnungen des Journalisten Klaus Gerosa verbraucht in Nepal ein einzelner Trekkingtourist pro Tag ebensoviel Holz, wie zwei ansässige Familien zusammen, nämlich 20 Kubikdezimeter.* Die Anzahl der TrekkerInnen ist seit 1978 auf über 10'000 im Jahr angestiegen. Bei einer durchschnittlichen Aufenthaltsdauer von zehn Tagen ergibt das einen jährlichen Verbrauch von 2000 Kubikmetern Holz. In den höheren Lagen des nepalesichen Mittelgebirges können auf ca. 2100 Metern Höhe einem Hektar Wald etwa 5-6 Kubikmeter entnommen werden, ohne ihn zu schädigen. Die Gesamtmasse des Waldes beträgt rund 350 Kubikmeter pro Hektare. In höheren Gefilden, und dort bewegen sich die Trekkingtouristen mehrheitlich, verringert sich der Baumbestand beängstigend. Legt mensch bloss die Hälfte der von Gerosa genannten Zahlen zugrunde, heisst das immer noch, dass Trekkingtouristen in einem Jahr den Zuwachs von 730 Hektaren Wald oder den Baumbestand von 11,5 Hektaren verbrennen.(153) Diese Zahlen beziehen sich allerdings auf intakten Wald und der ist in Nepal kaum mehr zu finden. Von daher dürften sich die Schäden weit drastischer auswirken, als hier ausgemalt. Auch, weil immer mehr Touristen Nepal besuchen.(154)
Pitambar Sherma von der Tribhuvan University in Kathmandu bestätigt: “Eine Trekkingruppe mit 15 Touristen und 10 Sherpa-Guides verbraucht pro Tag ca. 160 kg Holz. Pro Kopf wären das im Durchschnitt 6,4 kg. Ein Träger verbraucht dagegen nur 1,5 kg.” Immerhin, diese

"Achtung ein Dieb. Einer dieser unzivilisierten Bauern. Will unser köstliches Wasser stehlen."

Den Bauern fehlt das Wasser der Touristen

Zu direkten Kollisionen zwischen dem Tourismus und der Landwirtschaft kommt es auch beim Wasserverbrauch, und zwar nicht nur in grösseren touristischen Zentren. So lockt beispielsweise die Wüste immer mehr gelangweiligte Strandtouristen an, einen Kamel- oder Bustrip zu wagen. Beliebte Ziele sind in Tunesien die Oasen Tozeur, Nefta oder Douz. Meistens werden sie mit klimatisierten Geländewagen erreicht. Für Annehmlichkeit sorgt nach den Strapazen die luxuriöse Ausstattung der Hotels. Fliessend Kalt- und Warmwasser sind eine Selbstverständlichkeit. Den Nomaden und Oasenbauern steht hingegen je länger desto weniger Wasser zur Verfügung. "Meine Dattelpalmen sollten alle zwei Wochen bewässert werden", klagt Ben Amar Bel Gasses aus Douz, "aber das Wasser reicht nur noch alle sechs Wochen dazu." Der Brunnen, den er vor Jahren mit seinen Nachbarn angelegt hat, reicht längst nicht mehr.(151)

Seit in den Hotels "Saharien" und "Marhala" EuropäerInnen ein und ausgehen, sinkt der Grundwasserspiegel ständig. Für die Touristen ist das kein Problem. Die starken Pumpen sorgen für Nachschub, für durchschnittlich 600 Liter Wasser pro Person und Tag. Aber die natürlichen Quellen versiegen und die einfachen Ziehbrunnen reichen nicht tief genug, wie Untersuchungen des Mainzer Geographen Schürmann nachweisen.(152)

Allein in Tozeur ist der tägliche Wasserverbrauch durch Touristen zwischen 1983 und 1985 von rund 500'000 Litern auf 1'200'000 Liter angestiegen. Das würde zur Versorgung von nahezu 50 Hektaren Oasenland mit 12'000 Dattelpalmen genügen. In der Tat verdorrt aber die landwirtschaftlich nutzbare Vegetation, derweil die Ziergrünanlagen der Hotels spriessen.

Junge Bäume zu pflanzen ist gut. Noch wichtiger wäre, ihre Lebensbedingungen zu verbessern.

Zahlen haben einige “Freunde Nepal's” aufgeschreckt. Zwischen 1979 und 1981 initierte der damalige Vorsitzende des Deutschen Alpenvereines, Reinhard Sander, ein sogenanntes Ökotrekking. TrekkerInnen halfen, schreibt Ludmilla Tüting, “neben ihren Wanderungen und Bergbesteigungen beim Aufforsten”. Ferner wurde mit Bundesmitteln im Everest-Gebiet ein Kerosin-Depot errichtet. So können nun Trekkinggruppen, statt Brennholz zu verschwenden, sich mit Brennstoff versorgen und die Umweltbelastung ein wenig vermindern.

Egal wie wir in die Ferne schweifen, unsere Reisen belasten die Umwelt. Aber auch in unseren Breitengraden frisst der Tourismus viel Natur. In der Schweiz wurden am Crap Sogn Gion — es könnte auch anderswo sein — sechzig Hektaren Skipiste untersucht. Das Ergebnis: Neunzig Prozent der planierten Fläche ist langfristig zerstört. Der Boden enthält sechsmal weniger Stickstoff, viermal weniger Phosphor und zweimal wengiger Kalium als gewöhnliche Böden. Und: Durch das zerstörte Wurzelwerk ist das Wasserhaltevermögen minimal. Die während Jahrzehnten gewachsene Humusschicht wird dünner und trocknet aus.(155)
“*Friedliche Zerstörung*” nennt Hans Weiss, Geschäftsführer der Schweizerischen Stiftung für Landschaftsschutz, diesen Prozess: Mit Trax, Gander und Sprengstoff bringt der Mensch, wie der berühmte Elefant im Porzellanladen, ein hochkompliziertes natürliches Gefüge durcheinander. Und die ökologischen Folgen sind noch keineswegs abzusehen.(156)
Forciert wird die touristische Umweltbelastung auch durch die Zersiedlung der Landschaft und den Energieverbrauch technischer Einrichtungen und Freizeitanlagen. Hinzu kommt die Luftverschmutzung durch Autoabgase. Das mit öffentlichen Verkehrsmitteln gut erreichbare Langlaufzentrum Rothenturm im Kanton Schwyz wird beispielsweise von neunzig Prozent der Gäste mit dem Privatauto aufgesucht.(157)

Die Gefahr der Selbstzerstörung des Tourismus ist kein leeres Schlagwort, sondern ein ganz realer, wenn auch schrittweise und oft unmerklich sich vollziehender Prozess.(158)

Ein mittlerer Skilift benötigt pro Jahr etwa 50'000 kWh, eine durchschnittliche Bergbahn 500'000 kWh, also hundertmal mehr als ein Haushalt. Alle diese touristischen Transport-Anlagen (ohne Eisenbahnen, Hallenbäder, künstliche Curlingflächen...) absorbieren fast soviel Energie wie eine knappe Million Menschen für den privaten Bedarf.(159) Der Aufschwung des Wintertourismus trägt so nicht unwesentlich zum stets ansteigenden Energieverbrauch bei. Und flächenmässig beanspruchen allein die Skipisten 24'000 Hektaren Land. Das entspricht immerhin der Grösse des Kantons Zug. Und was besonders zu denken gibt: Pro Sekunde wird in der Schweiz ein weiterer Quadratmeter Land verbaut, und noch ist als Bauzone doppelt soviel Land ausgeschieden, wie bereits verbaut.(160)

"Wo Millionen reisen", fasst Alexander Mitscherlich zusammen, *entstehen Massenprobleme."* Und: "Das geht immer auf Kosten der Landschaft — gerade dessen also was gesucht wird. Planungen werden, wie Fachleute gewichtig versichern, erst rentabel, wenn 20'000 bis 30'000 Ferienbesucher in einem stadtähnlichen Areal Unterkunft finden können. Erst dort lohnt sich das Delikatessengeschäft, die Restaurants, die Arztpraxis — all das, worauf man in den Ferien nicht verzichten will. Und so verfolgt man hinter jeder Kurve, die der Bus nimmt, hinter jedem Vorgebirge, über das er klimmt, einen neuen Entwicklungsabschnitt der Fremdenindustrie, die vom quasi handwerklichen Klein- oder Heimbetrieb, von der Familienpension, dem Landhotel auf Gross- und Massenindustrie umstellt. Von Wachstum kann nicht geredet werden, nur von raschem Zugriff. Die Bodenpreise steigen. Wer früh zugreift, hat sein Schäfchen im Trockenen. Staat, Finanzmakler, Bodenspekulanten, rasch entwerfende Architekten, Lieferanten billigsten Meublements, jeder hastet, seine Chance wahrzunehmen... Längst sind die Seevögel, die einst hier heimisch waren, durch Baulärm und Masseninvasion vertrieben. Dafür meint man schon, die Pleitegeier von den Dächern äugen zu sehen."(161) Wo immer der Tourismus Fuss fasst, die Prozesse ähneln sich. So weiss Ahmed Zahir, Direktor des maledivischen Tourismusdepartementes in Male, um die erheblichen Umweltprobleme. Vielleicht müssen sogar bald mehrere Inseln geschlossen werden, weil die Zunahme des Mülls die Vernichtungsmöglichkeiten bei weitem übertrifft. Trotzdem scheint es zur Zeit kaum realisierbar, zu einfacheren, umweltfreundlicheren Tourismusformen zu finden. "Wissen Sie", sagt Ahmed Zahir, "wir müssen mit der Zeit gehen." Ohne Anpassung an den hohen internationalen Standard, fürchtet er, würden die Malediven ganz aus dem Markt ausscheren. Und so bleibt halt alles beim Alten. Die Umwelt hat keine Lobby. Sie zu schützen, bringt kurzfristig keinen Profit.(162)

2.5 Politik und Macht

Vielerorts beschneidet unser Erholungsraum den Lebensraum von unfreiwillig Bereisten. Einheimische werden zu Fremden im eigenen Land. Auch weil der Tourismus just jene politischen Strukturen verstärkt, welche den Luxus von wenigen Privilegierten über das Wohl der breiten Bevölkerung stellen.

Als "Land der Sonne und wilden Tiere" preisen Reisekataloge das landschaftlich wunderschöne Südafrika. Probleme der Apartheid werden geflissentlich übergangen, oder sogar in gesonderten Stellungnahmen beschönigt.

"Nachdem sich die Meldungen über die Unruhen zu häufen begannen", schreibt Bruno Bay, Direktor der auf Südafrika spezialisierten Rotunda Tours AG, "wollte ich mich selbst davon überzeugen, dass die Sicherheit der Reisenden tatsächlich gewährt ist. Ich habe deshalb alle Orte besucht und mich persönlich davon überzeugt, dass der Tourist von allem nichts sieht und spürt."(163)

Ferner vertritt Bay die Ansicht, der Ausnahmezustand wirke sich nur positiv für Südafrika aus. Da zahlreiche "Subjekte" verhaftet worden seien, zähle das Land nach wie vor zu den sichersten Reiseländern: "Alle Touristen, die aus Südafrika zurückkehren, sind restlos zufrieden und haben von den Unruhen überhaupt nichts bemerkt, da sie weitab von den Touristenrouten stattfinden." Das bestätigt auch Walter Dammann, Direktor der Satour für die Schweiz und Österreich: "Die Unruhen in Südafrika sind sehr lokalisiert und beschränken sich auf Aussengebiete, die der Tourist nie sieht — er kann sich gefahrlos frei bewegen."

Nach Marcel Faeh von Kuoni AG gibt es zwar "immer wieder Leute, die sich durch übertriebene Zeitungsberichte beeinflussen lassen". Aber noch vertrauen viele Reisefreudige dem Katalog. Und darin heisst es, Südafrika biete "die Ruhe, welche die meisten Urlauber suchen".

Aber was ist das für eine Ruhe, mitten in der Unruhe? Warum verschweigen Reisekataloge die unmenschliche Politik der Rassentrennung? Mir scheint, wer die Reisenden nur einseitig über die Sonnenseiten informiert, verkauft sie für dumm. Touristen sollten beispielsweise erfahren, dass die Erschliessung des beliebten Krüger-Nationalparkes erhebliche Zwangsumsiedlungen von Afrikanern erforderte. Vermutlich würden sie dann nicht so pauschal urteilen, wie ein im März 1986 zurückgekehrter Schweizer: "Die Schwarzen sind mehrheitlich dumm, da ist nichts anzufangen."

"Gängige Reisen nach Südafrika tragen dazu bei, rassistische Vorurteile zu bestärken." Soweit das Fazit einer Umfrage der Ethnologin Marianne Gujer bei Schweizer Südafrika-Touristen.(164)

13'200 SchweizerInnen reisten 1984 nach Südafrika. Pro Kopf der Bevölkerung weist kein anderes europäisches Land eine grössere Reiseintensität nach Südafrika auf. Und in absoluten Zahlen wird die Schweiz nur von der Bundesrepublik sowie Grossbritannien übertroffen. Bei ihrem Besuch in Südafrika werden den Gästen vornehmlich Naturschönheiten und die Wohlstandswelt der weissen Minderheit vorgeführt. Die missliche Situation der schwarzen Mehrheit im Apartheid-Staat — Rechtslosigkeit, Diskriminierung, Verfolgung — lernen sie nicht kennen. So kommen Touristen oft mit sehr einseitig gefärbten Bildern von Südafrika nach Hause. Vorherrschend ist der Eindruck von hohem Lebensstandard, Kultiviertheit, Sauberkeit. In den Worten eines der befragten Touristen: "In Südafrika ist alles so perfekt wie in der Schweiz." — "50% der Schreckensmeldungen in den Medien sind erlogen", sagt ein anderer. Und die Mehrheit der Befragten hält die Konflikte für hochgespielt.
"Ehrlicher", "zuverlässiger", "intelligenter" und "geschäftstüchtiger" als die Schwarzen seien die Weissen in Südafrika. Das meinen erstaunlich viele der Befragten. Mit Schwarzen hatten sie allerdings kaum Kontakt.
Die üblichen Südafrikatouren verhärten aber nicht bloss Vorurteile der Reisenden. Nach Einschätzung eines Untersuchungsausschusses des Commonwealth-Bundes unterstützen sie zur Zeit generell das unmenschliche System der Rassentrennung. Die Kommission empfiehlt daher sämtlichen Migliedstaaten, den Luftverkehr mit Südafrika abzubrechen und auf jegliche Tourismuswerbung nach Südafrika zu verzichten. Sie bezeichnet Sanktionen als "einzige Möglichkeit, das grösste Blutbad seit dem zweiten Weltkrieg abzuwenden". "Internationaler Druck ist das letzte Mittel für eine vielleicht noch friedliche Lösung", begründet auch Friedensnobelpreisträger Desmond Tutu seinen Aufruf nach weltweiten Wirtschaftssanktionen.(165)
"In Südafrika ist es 5 vor 12", heisst es in einem offenen Brief des Arbeitskreises Tourismus und Entwicklung vom 12. Sept. 1986. "Ein Zeichen der Swissair könnte helfen, die weisse Minderheit zu einem andern Verhalten zu bewegen. Wir bitten sie daher, sehr geehrter Herr Direktionspräsident Staubli, eine Einstellung der Flüge nach Südafrika in die Wege zu leiten."

"Mir kommt das hier alles so bekannt vor", sagte mir Ende August 1986 die in Südafrika lehrende Soziologin Valerie Moeller an einem internationalen Workshop in Jerusalem. Sie spielte damit auf Parallelen zwischen der Unterdrückung von Schwarzen und Arabern an. Zuvor besuchten wir im Israel-Museum eine Ausstellung. Zahlreiche Fotos zeigten, wie israelische Soldaten arabische Jugendliche durchsuchen, bedrohen, schlagen. Ob diese Bilder selbstkritisch gemeint sind und zum Nachdenken anregen sollen? "Das mag vielleicht die Absicht der-

"Weisser Strand für Weisse" — Touristen in Südafrika (Foto: U. Schweizer)

jenigen sein, die sie aufgenommen haben", erklärte unser Begleiter Jack Habib, Direktor des Brookdale Institutes. "Hier sollen sie aber demonstrieren, dass die Israelis Herr der Lage sind und die Sache im Griff haben."

"Unser Ziel ist es, Israel zu verkaufen", erläuterten alle Reiseleiter der drei Ausflüge, die ich im Herbst 86 mit Egged Tours von Jerusalem aus unternommen hatte. "Die Touristen sollten als Freunde Israels in ihre Heimat zurückkehren und helfen, den arabischen Terroristen den Boden unter den Füssen zu entziehen", präzisierte einer der Guides. Und weiter: "Weil alle Araber potentielle Terroristen sind", gelte es, "sie unter totaler Kontrolle zu halten." Über das "Wie?" gehen die Meinungen weit auseinander. Die einen wollen "mittelfristig ganz Israel von den Arabern säubern". Andere möchten sie "integrieren," beziehungsweise weiterhin als billige Arbeitskräfte benutzen. Diejenigen Israelis, die hingegen wie Vertreter der "Peace Now"-Bewegung für Gleichberechtigung eintreten, werden kriminalisiert und ebenfalls massiv diskriminiert. Und zur Verklärung der ganzen Situation wird der Tourismus gezielt eingesetzt.

Stolz führen speziell ausgebildete israelische Begleiter Touristen in den seit 1967 besetzten Gebieten herum. Im Gaza-Streifen leben 500'000

Schweiz-Israel: Subventionierter Reiseboom

Anlässlich von Landenteignungen und Häuserzerstörungen richteten israelische Soldaten 1982 weitere Massaker unter palästinensischer Zivilbevölkerung an. "Aus elementarster Anstandspflicht gegenüber den Unterdrückten" rief danach die Schweizerisch-Arabische Gesellschaft zu einem Tourismus-Boykott gegenüber Israel auf. Seither stieg die Anzahl der Israelbesucher aus der Schweiz von 30'000 auf 40'000 im Jahre 1985.(167) Insgesamt nahmen die Touristen in Israel 1984/85 um 40'000 auf 1,4 Millionen zu. Wegen befürchteten Anschlägen reisten 1986 zwar weniger US-Bürger nach Israel, dafür 7000 mehr SchweizerInnen als im Vorjahr. Das ergibt eine 65%ige Steigerung innert sechs Jahren. Billigtrips sollen weitere Kunden ins "Heilige Land" locken. Für nur 950 Franken bot Denner-Reisen im Herbst 1986 eine 8-tägige Israelrundreise mit Halbpension und Übernachtungen in Erstklasshotels an. Schweizer Reisebüros schliessen solche Touren wohl mit Gewinn ab, kaum aber die Israelis. Um ihre ideologische Mission erfüllen zu können, sind sie offenbar gerne gewillt, bei diesen Arrangements draufzulegen. Hauptsache, die Freunde Israels nehmen zu. Tourismus als Waffe — eine Kritik, die nichts mit Judenfeindlichkeit zu tun hat.(168)

Araber, in der Westbank 1 Million. Im Vordergrund der Besichtigungen stehen biblische Stätten sowie neue israelische Siedlungen. Mit Steuerfreiheit und anderen Vergünstigungen lockt die Regierung "mutige israelische Juden" an, sich hier niederzulassen. Touristen erhalten die schwer bewaffneten Settlements als "Zellen des Friedens" präsentiert. Mit dem Wasser, das sie teilweise arabischen Dörfern entziehen, entstehen rundum grüne Plantagen. Das ist beeindruckend. "Die Israelis pflanzen den Tee, die Araber trinken ihn." Die Bemerkung unseres Reiseleiters stösst auf Zustimmung. Ebenfalls "die Absicht der Israelis, das Land zu behalten". Verschwiegen bleibt, dass der Plan vorsieht, wie Betroffene berichten, "die Araber langsam abzuschieben, indem man ihnen das Leben so schwer wie möglich macht".(166)

Laut Naim Tarazi, palästinensischer Beauftragter des Nahöstlichen Kirchenrates und Geschäftsführer des Reisebüros Universal Tours in Ostjerusalem(169), werden in Israel und den besetzten Gebieten Araber systematisch aus der Tourismusstruktur hinaus manövriert. Tarazi beschreibt: "Seit 1967 wurden nicht einmal 10 Palästinensern eine Bewilligung als Reiseleiter erteilt. In den neunzehn Jahren wurde nur gerade 2 palästinensischen Reisebüros eine Geschäftslizenz erteilt und lediglich 2 Dreistern-Hotels unter palästinensischer Verwaltung konnten eröffnet werden. Obwohl das Tourismusministerium sich nie gegen die Abgabe von Lizenzen an arabische Reiseleiter ausgesprochen hatte, stellt es ihnen doch viele Hindernisse in den Weg. Die Instruktionskur-

Islamische Stätte von israelischen Hotels umklotzt. (Foto: UM)

se für Reiseleiter werden in Hebräisch gehalten. Als ein palästinensischer Teilnehmer einmal vorschlug, auch einen arabischen Kurs zu organisieren, meinte das Tourismusministerium, dass dafür kein Bedarf bestehe. Der palästinensische Reiseagent fragte nach, ob das Ministerium einen arabischen Kurs durchführen würde, wenn er genug Interessenten dafür fände. Von offizieller Seite wurde eingewilligt, und eine Liste von 26 interessierten Personen wurde vorgelegt. Nachdem eine Einschreibegebühr erhoben wurde, warteten sie auf die Zustimmung zum Kurs. Doch das Tourismusministerium teilte ihnen mit, dass der Kurs auf Arabisch nicht durchgeführt werden könne, weil es an einer entsprechenden Lehrkraft fehle. Der initiative Palästinenser beharrte jedoch darauf, und schliesslich kam es zu einem Kompromiss. Der Kurs sollte in Englisch durchgeführt werden. Doch die ständige Verschlechterung der wirtschaftlichen Lage und ein Bildungssystem, das geprägt ist von der Besetzungspolitik, ermöglicht weit weniger Arabern als Israelis, entsprechende Schulen zu besuchen. Theologische Institutionen haben schon Vorschläge gemacht, an den beiden arabischen Universitäten in der Westbank Bin Zeitor und Bethlehem Kurse für Tourismusfachleute einzuführen. Doch auch das wurde abgelehnt.

Arabischen Reiseführern ist es nicht erlaubt, über politische Themen zu diskutieren. Die Israelis sagen, es sei nicht die Aufgabe der Reiseunternehmen, über politische Themen zu informieren. Israelische Reiseführer unterliegen aber nicht diesen Bestimmungen. Schon mehrmals wurde ein arabischer Reiseleiter aufgrund einer Klage eines Israelis, wonach er “diesen Araber” gehört habe, wie er über Politk diskutiere, in eine israelische Militärkaserne zitiert.

Warum sind die arabisch verwalteten Hotels nur zu 30% besetzt, die jüdischen hingegen zu 65%? Es gibt dafür eine Erklärung: Der israelische Staat subventioniert die Tourismusindustrie in beträchtlichem Masse. Hunderte, Tausende von Pfarrern kommen Jahr für Jahr in unser Land mit Verbilligungen bis zu 50%. Wir wissen, dass diese Gäste, wenn auch indirekt, gefragt werden, wann sie zurückkehren und ihre eigene Gruppe mitbringen. Natürlich kommen sie mit der israelischen Fluggesellschaft El Al und wurden in jüdischen Hotels untergebracht. Ich kenne einen Pfarrer, der im Laufe der Jahre über 800 Berufskollegen und Laien für nur 500 US-$ pro Person nach Israel brachte. In diesem Preis waren Flug, Rundreise in Israel und zehn Tage Unterkunft in einem Luxus-Hotel inbegriffen!"(170)
Soweit der Palästinenser Naim Tarazi. Dass sich unter den skizzierten Bedingungen insbesondere eine Radikalisierung in den besetzten Gebieten abzeichnet, wie eine im September 1986 veröffentlichte, repräsentative Umfrage auf der Westbank und im Gaza-Streifen ergibt, erstaunt nicht.(171) 92% der dort lebenden Palästinenser unterstützen vorbehaltlos die PLO. 60% sprechen sich für eine Fortsetzung des bewaffneten Kampfes gegen Israel aus. Und das nehmen die israelischen Besatzer wiederum als Anlass, "die Zügel zu straffen". Für Jack Habib, den Direktor des Brookdale Institutes in Jerusalem, ist es "irgendwie selbstverständlich, dass Israel keinem der Araber traut". Ihnen Teile des lebenswichtigen Tourismus zu überlassen, würde Selbstmord bedeuten: "Stellen Sie sich vor", erläuterte mir Habib, "die Türkei führt Krieg gegen die Schweiz. Und alle in der Schweiz lebenden Türken helfen Ihrem Mutterland. Dazu behaupten sie, die Schweiz sei ihr rechtmässig angestammtes Land. Würden Sie da die Türken weiterhin so gutmütig behandeln und ihnen Arbeit,Brot und Freiheiten geben?"
Nun, dieser Vergleich hinkt. Die Schweiz hält keine Gebiete der Türkei besetzt. Etliche Türken suchen aber in der Schweiz Schutz. Im Land, das die Flüchtlingsströme mitverursacht.

Auf der Suche nach touristischem Neuland wurde zu Beginn der Achtzigerjahre die Türkei entdeckt. Zum einen wegen der vielen, noch wenig erschlossenen Gebieten mit Tourismuseignung. Zum andern, weil die Diktatur viel tut, um ausländische Investoren anzuheuern. Angezogen werden Sie vor allem durch erhebliche Subventionen des türkischen Staates, durch die Aufhebung sämtlicher Ein- und Ausfuhrbeschränkungen, durch den freien Transfer der Gewinne sowie "den durch die Regierung mehr oder weniger öffentlich garantierten Arbeitsfrieden". "Nach allgemeiner Einschätzung ist das Klima für ausländische Investitionen in der Türkei seit Jahren nicht mehr so gut gewesen wie gerade jetzt", heisst es in einer Presseerklärung nach einem offiziellen Besuch des Schweizer Delegierten des Bundesrates für Handelsverträge im November 1985.(172)

Kredite für Profite

Für 1986 bewilligte der türkische Staat Tourismusprojekte im Werte von 420 Mio. US-Dollar. Damit sollen die im Vorjahr von rund 2 Millionen Touristen eingenommenen 400 Mio. US-Dollar voll in die Tourismusbranche reinvestiert werden. Wie dabei die Zusammenarbeit mit internationalen Organisationen funktioniert, geht aus einem Weltbank-Projektbeschrieb von Ende August 1986 hervor: "An der türkischen Südküste werden zwei Freizeitzentren entstehen, an deren Finanzierung sich die Internationale Finanzkorporation (IFC) beteiligt. Trägerin ist die Silkar Turizm Yatirim ve Isletmeleri A.S. Die Verwaltung liegt in Händen des Club Robinson, Frankfurt. Das Projekt unterstützt die Politik der Türkei für die Förderung des Fremdenverkehrs. Es dürfte jährlich Nettodevisenerlöse von ca. 5,4 Mio. $ abwerfen. Die Gesamtkosten belaufen sich auf 25,3 Mio $. In Kemer entsteht ein Feriendorf mit 332 Räumen und in Side mit 412 Räumen. Die Silkar Turizm gehört zur türkischen Silkargruppe, deren Geschäftstätigkeit sich u.a. auf die Herstellung landwirtschaflichen Maschinen und Geräte und den Lkw-Transport erstreckt. Die Kapitalausstattung kommt zu 90% von der Silkargruppe im Gegenwert von 9,2 Mio $, zu 5% vom Club Robinson und zu 5% von der DEG. Die IFC ist die führende internationale Stelle, die das Wirtschaftswachstum der Entwicklungsländer durch Investitionen in deren privatem Unternehmenssektor fördert. Sie stellt 5,7 Mio. $ für das Projekt zur Verfügung. Weitere Finanzierungen für das Projekt kommen von der staatlichen Fremdenverkehrsbank Turizm Bankasi mit 3 Mio. $, der DEG mit 2,6 Mio. $ und der Touristik Union International GmbH, einem Touristik-Unternehmen mit weltweitem Geschäftsbereich, das 50% des Aktienkapitals des Club Robinson besitzt, mit 940'000 $. Die Finanzierung wird abgerundet durch den Cash flow und einen Zuschuss der türkischen Regierung."(173)

Nach einer Marktstudie der Steigenberger Consulting vom August 1986 hat in der Türkei der Boom erst angefangen. Die Hauptgründe für eine verstärkte Türkei-Orientierung erwähnen die 77 in der Schweiz, Bundesrepublik und Österreich befragten Reiseunternehmen erstens die Notwendigkeit eines "neuen Reisezieles generell", ferner "das kulturelle Potential, die Ursprünglichkeit sowie die geringen Nebenkosten". Ausgebaut soll vor allem der Badetourismus werden.(174) Von der Schweiz aus hat sich die Anzahl der Türkeireisenden von 1982 bis 1983 von 20'000 auf 36'000 erhöht, und zwar bei gleichzeitiger Verdoppelung der Logiernächte.(175)

Die Erfolgsmeldungen über das "türkische Wirtschaftswunder" jagen sich. Die Zufriedenheit rührt vor allem von den hohen Gewinnen, welche ausländische Investoren einstecken. Ihre Marge betrug 1985 laut der Istanbuler Handelskammer 117%. Für die türkische Bevölkerung kommen solche Meldungen allerdings wie aus einer andern Welt: Im selben Jahr stieg die Arbeitslosigkeit um weitere 5%. Als noch brennenderes Problem als die Massenarbeitslosigkeit beurteilen nach einer Umfrage der Handelskammer die Türken die galoppierende Inflation. 1984 und 1985 lag die Teuerungsrate über je 50%. Dazu Metin Toker, Kommentator der liberalen Zeitung "Milliyet": "Wer in der Türkei lebt, kann nicht umhin, sich gelegentlich zu wundern, wieso die ganze Welt so glücklich ist mit den Özalnomics."(172)

Abseits der Badestrände

Folter ist in der Türkei weit verbreitet und systematisch. Jeder, der im Lande aus politischen Gründen in Haft genommen wird, ist in grosser Gefahr, gefoltert zu werden; in Polizeiwachen, Verhör- und Haftzentren der Sicherheitskräfte und in Gefängnissen werden nur sehr wenige Häftlinge nicht irgendeiner Form von Misshandlung unterworfen. Diese Schlussfolgerungen von Amnesty International gründen sich auf Tausende von Berichten darüber, was Gefangenen unter allen türkischen Regierungen seit den frühen 70er Jahren widerfahren ist.

Nach dem Militärputsch vom September 1980 wurden Tausende Personen von den Sicherheitskräften in Gewahrsam genommen. Nach einer Meldung der türkischen Zeitung Milliyet vom 21. September 1984 waren seit dem Putsch 178'565 Personen für erste Ermittlungen von den Sicherheitskräften in Gewahrsam genommen worden. Nach ersten tödlich verlaufenen Folterungen gestand Oberst Raci Tetik, Kommandant des Mamak-Militärgefängnisses: "Ich hatte angeordnet, dass nach Beendigung der Einlieferungsformalitäten alle Häftlinge, mit Ausnahme der Alten, Frauen, Kinder, Lahmen und Kranken, ein- oder zweimal mit dem Knüppel unterhalb der Taille auf das Gesäss und auf die Handflächen geschlagen werden." Ein ehemaliger politischer Gefangener berichtet: "Ich löste die Augenbinde und schaute mich um. Der Anblick war schreckenerregend. Die Leute standen im Korridor Schlange und warteten, bis sie zur Folter an die Reihe kamen. Zehn Personen wurden nackt und mit verbundenen Augen den Korridor hinauf und hinunter geführt und dabei geschlagen, um sie zum Absingen reaktionärer Märsche zu zwingen. Andere, die nicht mehr stehen konnten, waren an heisse Heizungsrohre gebunden...

Ein alter Mann von etwa 50 Jahren, den man ausgezogen hatte, musste die Brotrationen verteilen. Der gleiche Mann musste mit ansehen, wie seine Kinder gefoltert wurden, und umgekehrt. Diejenigen, die auf dem Boden lagen, wurden von den vorbeigehenden Folterern getreten und gestossen. Die Folter hörte nie auf... Selbst wenn sie dich nicht mehr körperlich folterten, versetzten die Schreie der anderen dich in psychisches Leiden. Nach einer Weile konnte ich heraushören, auf welche Art gefoltert wurde — anhand der Schreie."(176)

Den Generälen zuliebe
Die Chefredaktion der Merian-Hefte in Hamburg wirft dem Bonner Wirtschaftsministerium "besonders dreiste und subtile Form der versuchten Zensur" bezüglich der neusten Heft-Ausgabe über die Türkei vor. Der stellvertretende Chefredaktor Emanuel Eckhardt zitiert ein Schreiben der Deutschen Botschaft in Ankara an das Ministerium. Es fordert die Regierung "in einer Art vorbeugender Unterwürfigkeit" auf, Türkei-Reisende vor der Mitnahme dieses Heftes zu warnen. Mehrere Beiträge könnten den "Tatbestand der Beleidigung des Türkentums" erfüllen. Gemeint sind ein Kommentar des Orientalisten und Korrespondenten der Frankfurter Allgemeinen Zeitung, Arnold Trottinger, über "Die Generäle und die Demokratie" sowie ein Artikel des Korrespondenten der Frankfurter-Rundschau in Athen, Gerd Höhler, mit dem Titel "Griechen und Türken — Bilanz einer Tragödie". Nach dieser Intervention bat das Ministerium die Merian-Direktion, beim erwähnten Heft "Missverständnisse auf ihre Vermeidbarkeit zu prüfen". So soll, was zurückhaltend umschrieben, ganz weggelassen und durch "Hofjournalistisches" ersetzt werden.(177)

Politische Verfolgung und wirtschaftliche Ausweglosigkeit zwingen viele Türken zur Flucht. Investitionen fliessen kaum in Bereiche, die sich an den Interessen der Ansässigen orientieren. Der Tourismus garantiert eine höhere, unmittelbarere Kapitalverwertung. Und die Schweiz mischelt mit. Exportfreudigen Unternehmen gewährt der Bund teilweise Risikogarantien. Wenn aber vom Tod bedrohte Türken bei uns Zuflucht suchen, dann wollen unsere Behörden keine Risiken eingehen. Als geldbringende Touristen und billige Saisonniers sind ihnen Türken willkommen, nicht aber als Flüchtlinge.

Wirtschaftsförderung wie in der Türkei verleitet andere, noch ärmere Länder dazu, ebenfalls günstige Investitionsbedingungen zu gewähren. So unterbieten sich Staaten der Dritten Welt gegenseitig. Sie ergehen sich dabei in einer völlig kontraproduktiven Konkurrenz. Geschürt wird diese durch Versprechen mächtiger "Partner", welche aus dieser Misere grossen Nutzen ziehen. Diese verfügen über das technische "Know How" und Bankenbeziehungen. Sie organisieren die touristische Planung und profitieren von der Kreditpolitik internationaler Organisationen. Die Weltbank gewährt zum Beispiel Gelder für teilweise sinnvolle Projekte, gekoppelt an ein integriertes Programm, welches auch einen Anteil Tourismusförderung vorsieht. So kommt es, dass Entwicklungsländer zuweilen lauter ja zum Tourismus sagen, als sie eigentlich wollen. Für sie ist es manchmal die einfachste Möglichkeit, Gelder auch für andere Bereiche zu erhalten, die ihren Interessen mehr entsprechen.

Haben Tourismusmultis einmal Fuss gefasst, folgen bald weitere Forderungen. Und zwar mit guten Realisierungschancen, besonders in Gebieten, wo, wie auf Rhodos und den Balearen, schon 60-90% der Erwerbstätigen im Dienstleistungssektor arbeiten. Tunesien bekam diese mit Hilfe der Weltbank installierte Abhängigkeit 1972 zu spüren. Monopolist Neckermann verlangte höhere Kommissionsabgaben. Die tunesischen Verantwortlichen weigerten sich aber, diese zu akzeptieren. Und so verfrachtete Neckermann im folgenden Jahr 50'000 Touristen weniger nach Tunesien. Vorhandene Kapazitäten standen leer. Das nordafrikanische Land geriet in Zugzwang. Schon die nächste Saison spurte es und erfüllte die Auflagen des Reisemultis. Was blieb ihm anderes übrig.
Auch Länder mit sozialistischer Ausrichtung verweisen auf ähnliche Erfahrungen. So wurden in Madagaskar ebenfalls zu Beginn der Siebzigerjahre, nachdem das Frankreich und USA hörige Tsiranaregime gestürzt worden war und die neue Regierung mit anderen Inseln des indischen Ozeans eine gemeinsame Tourismuspolitik betreiben wollte, kurzerhand viele Tourismusprojekte nach Südafrika ausgelagert. Zudem erhielt das eigenwillige Land nunmehr auch für andere Entwicklungsvorhaben weniger Kredite. So befinden sich Staaten der Dritten Welt am Gängelband internationaler Organisationen. Nach Beendigung der offiziellen Kolonisation versuchen diese den politischen und wirtschaftlichen Einfluss der Industrieländer zu erhalten.

Wie sehr der Tourismus in ein Welthandelssystem eingebettet ist, das Entwicklungsländern grosse Nachteile bringt, zeigt Werner Ruf: Die permanente Abwertung ihrer Währungen setzt die verschärfte Konkurrenz ihrer Produkte auf stets niederem Niveau fort. Der Versuch, aus der Verschuldung resultierende Verpflichtungen zu erfüllen, kann dazu führen, dass die Devisenkosten für die Einfuhr von Rohstoffen und Halbfertigungsprodukten höher liegen als die aus dem Export der Endprodukte erzielten Deviseneinnahmen.
Um die totale Zahlungsunfähigkeit und Isolation zu vermeiden, bieten "Entwicklungsländer" die Produkte Betten und Landschaft oft unter den realen Kosten an. So wird "unter dem Druck der Gläubiger, das Loch von heute zu schliessen, für morgen ein Abgrund aufgerissen". Arme Länder sehen sich gezwungen, die Ferien der Reichen zu subventionieren.(178)

Dass sich bei den Hotelketten, Reiseveranstaltern und Fluggesellschaften eine weitere Monopolisierung abzeichnet, schwächt das Verhandlungsgewicht der Staaten der Dritten Welt. Sie müssen mit Unternehmen geschäften, deren Umsatz zuweilen ihr Brutto-Sozialprodukt übersteigt. 58 Entwicklungsländer weisen ein Bruttosozialprodukt von weniger als 1 Milliarde US-Dollar auf.

(Foto: H. Stamm)

Riesige Hotelkomplexe bestreiten heute bereits mehr als 80% des gesamten internationalen Reiseverkehrs. Und 18 der 25 grössten und investitionsfreudigsten Hotels haben ihren Sitz in den USA. Die meisten grossen Hotels in Entwicklungsländern gehören diesen Hotelgiganten. Allein die hinter diesen Gesellschaften stehenden Banken, Versicherungen und Verkehrsbetriebe sind heute in der Lage, die hohen Investitionssummen für derartige Bauten aufzubringen. Für ein Luxushotel werden die Kosten pro Zimmer mit 100'000 bis 300'000 Franken beziffert, je nach Land und Standort.(86)

Zur Konzentration der Reisebüros: Seit dem Zusammenschluss von Karstadt, NUR und g-u-t gibt es in der BRD praktisch nur noch zwei grosse, den Markt beherrschende Unternehmen, nämlich die eben genannte Gruppe sowie den Marktführer TUI, dem Scharnow, Touropa, Transeuropa, Hummel, Airtours und Dr. Tigges angehören. Auch der grösste schweizerische Konzern, Kuoni AG, vermochte zu Beginn der Achzigerjahre die Milliarden-Umsatzgrenze zu sprengen. Die Aktienmehrheit von Kuoni liegt bei der Swissair. Sie gehört zu den grössten Luftfahrtgesellschaften der Welt und engagiert sich auch bei andern Reiseunternehmen (Popularis) und Transportgesllschaften (Jacky Maeder).(179) 1980 gründete die Swissair ferner mit dem Nahrungsmittelkonzern Nestlé eine eigene Hotel-AG mit mehreren Projekten in Entwicklungsländern, wo Schweizer Investoren bislang eher zurückhaltend waren.(180)
Kuoni bringt die Swissair-Rückendeckung erhebliche Marktvorteile. Kleinere Unternehmen befinden sich in einer schwächeren Konkurrenzposition. Selbst die renommiertesten von ihnen, Hotelplan und Danzas, kommen mit Airtour Suisse oder Imholz, Wagon-Lits, Popularis oder Interhome zusammen nicht auf den Umsatz von Kuoni.(181). Schwierigkeiten bereitet diese Konzentration besonders den

Entwicklungsländern. Die Kooperation mit Reisemultis ist zwar organisatorisch am einfachsten, verstärkt aber einseitige Abhängigkeit. Auch behindert sie eigene Anstrengungen. So buchen immer mehr Reisende aus der Dritten Welt ihr Europa-Arrangement bei der Niederlassung eines europäischen Unternehmens.

Im *Gerangel um Marktanteile im Flugverkehr* sind die Entwicklungsländer ebenfalls in schwachen Positionen. Wohl sind diese Länder bedeutend stärker auf den Luftverkehr angewiesen. Teils wegen den grossen Distanzen, teils wegen fehlenden alternativen Möglichkeiten. Der Anteil der zwanzig grössten Gesellschaften der "Dritten Welt" beträgt aber nur 15% des internationalen Flugaufkommens. 75% fallen auf die Gesellschaften von 25 westlichen Industrieländern und von 7 Ländern Osteuropas. In einer im Oktober 1981 veröffentlichten Studie fordert deshalb die UNCTAD eine Umstrukturierung des internationalen Flugwesens. Eine solche könnte sowohl im Interesse der benachteiligten "Entwicklungsländer" ausfallen, als auch der Kunden in Industrieländern.

Unzufriedene Kunden erhalten Unterstützung von der UNCTAD. Diese legt den Finger auf einige wunde Punkte im internationalen Flugverkehr. Aber ob diese Kritik zu den erwünschten Veränderungen führen wird? Die Macht der europäischen Grossgesellschaften lässt jedenfalls nicht viel Hoffnung zu. Denn nebst den Preisabsprachen und sonstigen Marktmanipulationen, etwa unter den Mitgliedern des Iata-Kartells zeichnet sich ein neues Mittel der Marktbeherrschung ab: die Kontrolle des Reisegeschäftes mit zentralisierten Computern.(182)

Fluglinien beginnen damit, einen zentralen Computer aufzustellen, an den Reisebüros, Hotels und andere Stellen Bildschirmstationen anschliessen können. Der Vorzug solcher Systeme ist eine sekundenschnelle Buchung von Flügen, Hotelzimmern usw. Der Nachteil, dass der Computer von der Fluglinie, welche ihn kontrolliert, manipuliert und ausgehorcht werden kann. Die Manipulation kann darin bestehen, dass bei weitem nicht das ganze erhältliche Angebot an Flügen und Hotels auf dem Bildschirm zur Buchung abgerufen werden kann. Es werden zuerst einmal die Dienste der Fluggesellschaft selbst und dann in zweiter Linie noch jene befreundeter Unternehmen angeboten. Die weiteren Angebote verschwinden in der Kategorie "ferner fliegen". Die Bespitzelung und gar ein Einbruch ins Geschäftsgeheimnis der angeschlossenen Reisebüros kann darin bestehen, dass die Buchungen über den Zentralcomputer ausgewertet werden. So lässt sich beispielsweise feststellen, welches Reisebüro "fremd geht", das heisst, nicht bei der Fluggesellschaft, welche das System aufstellte und den Bildschirm (meist nicht gratis) zur Verfügung stellte. Selbstverständlich mischen in diesem ausgeklügelten System vor allem die grossen Gesellschaften mit. Geld und Organisation bedeuten Macht.

2.6 Fallbeispiel: Dauerschauer im Südseeparadis?

Polynesien stellt für Frankreich das wohl wichtigste Überseeterritorium in Ozeanien dar. Mit 4 Mio. km^{2}Ausdehnung entspricht dieses Südseegebiet etwa der Grösse Europas. Auf insgesamt 5 Inselgruppen (Gesellschafts-, Tuamotu-, Austral-, Gambier- und Marquesas Inseln) wohnen knapp 150'000 Menschen, verteilt auf eine Landfläche von 4200 km^2. Auf dem mit Abstand bedeutensten Archipel, den Gesellschaftsinseln, leben nicht nur die meisten Einwohner; ihre Hauptinsel, Tahiti, deren Bevölkerung rapid auf 100'000 anwuchs, ist das eigentliche Zentrum der fünf Inselgruppen, die jedoch geographisch-klimatisch und auch historisch-kulturell als je verschiedene Einheiten bestehen. Jetzt soll der Tourismus vermehrt angekurbelt werden — zum Schaden der Einheimischen.(183)
Auf dem international zugänglichen Flughafen von Papeete, der Hauptstadt von Tahiti, landen immer mehr Touristen. *Nachdem auf den Inselgruppen die Bodenschätze weitgehend abgebaut — und bislang landwirtschaftlich genutzte Böden zerstört wurden, setzen nun die Franzosen grosse Hoffnungen auf den Ausbau der touristischen Infrastruktur.* Viele Einheimische nehmen hingegen Anstoss am "touristischen Ausverkauf" der Inselwelt. Sie stören sich insbesondere an der Dominanz dieses Wirtschaftszweiges durch ausländische Gesellschaften, wozu sie auch die französischen zählen. So ist von Ansässigen sinngemäss verschiedentlich zu hören, was ein einheimischer Pfarrer besonders einprägsam ausdrückte: "Erzählt in Europa, dass es hier immer regnen würde, damit die Touristen nicht mehr kommen."
Wer heute auf den Gesellschaftsinseln frische Fische oder Früchte kaufen will, hat Mühe, ein entsprechendes Angebot zu finden. Das mag sehr erstaunen, sind doch der Wasserreichtum und das Vegetationspotential offensichtlich. Wachsen denn der Bevölkerung Gemüse und Früchte nicht geradezu in den Mund hinein?
Nun, das war einmal. Inzwischen ist aber die Landwirtschaft derart zerrüttet, dass viele (mehr oder weniger wichtige) Nahrungsmittel importiert werden "müssen". Fische! Diese werden in den tierhaltigen Gewässern Französisch-Polynesiens von grossen japanischen und koreanischen Gesellschaften gefangen, über Samoa und Fiji in die USA exportiert, teilweise verarbeitet und in Büchsen wieder nach Französisch-Polynesien eingeführt. Warum?

Tahiti wurde bereits 1842 französisches Protektorat und 1880 Kolonie, der (als Etablissements français de l'Océanie) die übrigen Inseln bis zum Beginn des 20. Jahrhunderts angegliedert wurden. Wie für die meisten Inseln in Ozeanien hatte auch für Französisch-Polynesien der

Kontakt mit der europäischen "Zivilisation" einen verheerenden Bevölkerungsrückgang zur Folge. Auf Moorea wurden beispielsweise die Ansässigen binnen weniger Jahre durch kriegerische Unterjochung und Krankheitsimport dezimiert. Wohl betrieb und betreibt das "Mutterland" Frankreich, das auf den Gesellschaftsinseln übrigens auch während mehrerer Jahre die Stationierung von US-Truppen zuliess, seine Kolonialpolitik aus militärisch-strategischen Erwägungen. Davon zeugt die Errichtung eines grossen Militärflughafens auf Hao (500 km nordwestlich von Mururoa). Ebenso das aufwendig gebaute Zentrum für Atomversuche auf den Atollen Mururoa und Fangataufa (1200 km von Tahiti entfernt).
Darüber hinaus versucht(e) Frankreich aber, auch anderswie von seinem ergatterten Südseereich zu profitieren. So wurde in der Landwirtschaft die frühere Subsistenzproduktion umgekrempelt und auf den Export ausgerichtet. Die Kolonialmacht liess Ananas-, Kokos- und vor allem Baumwollplantagen anlegen. Weiter förderte sie die Produktion des eingeführten Vanilles. Eingeführt wurden auch Tausende von Chinesen. Vorerst zur Arbeit auf den Baumwollplantagen. Später bemächtigten sich die von den Autochthonen beargwöhnten Einwanderer schier des gesamten Handels.
In den Lagunen der Tuamotu- und Gesellschaftsinseln bauten die Franzosen lange Zeit zwischen 150 und 500 Tonnen Perlmutt pro Jahr ab und verfrachteten nahezu die ganze Beute nach Europa. Versiegt sind inzwischen auch die reichlichen Phosphatvorkommen auf Makatea (Tuamotu-Inseln). Teilweise vorhanden ist auf den heruntergewirtschafteten Inseln allerdings noch die landschaftliche Idylle. Und auf diese Ressource bauen nun die Hoffnungen von französischen und amerikanischen Gesellschaften, zusätzlichen Gewinn aus der ehemals eigenständigen, inzwischen aber ruinierten und völlig abhängigen Inselwelt zu pressen. Auf dass diese dann gänzlich abgeschrieben und grosszügig in die Freiheit und Unabhängigkeit entlassen wird?

Der völlig unnötige Rückgang der Agrarproduktion soll also durch den Auf- und Ausbau des Tourismus wettgemacht werden. So lautet die Konzeption der französischen Regierung für die Inselkolonie. Und wie sieht die praktische Umsetzung aus?
Beachtliche Bettenkapazitäten wurden errichtet, der Flughafen von Papeete ausgebaut, dem auch als Drehscheibe des Pazifik-Verkehrs grössere Bedeutung zukommt. Die Touristenankünfte nehmen stark zu. Sie verdreifachten sich innerhalb der vergangenen zehn Jahre auf 120'000 Besucher/innen.
Gut verdoppelt hat sich im selben Zeitraum die Bevölkerung von Papeete (60'000). Die neuentstandenen Hotels ziehen viele junge Leute an. Aber nur wenige von ihnen finden regelmässige Einkünfte. In trostlosen Baracken hausen die Zuzüger am Rande der Hauptstadt, die

Auf Moorea gekaufte, in der Schweiz (Engadin Press AG) gedruckte Postkarte

Reiseprospekte als "tropische Villensiedlung" anpreisen.
Wohl residiert der Gouverneur in einem glänzenden Palast, dessen fünf Dächer in Form eines V die fünf Archipele von Französisch-Polynesien repräsentieren. Auch sind in älteren Quartieren Häuser im alten Kolonialstil anzutreffen. So etwa das Bürgermeisteramt mit seinen Balkongalerien und Säulen aus Holz. Ansonsten ist aber das von Slums umgebene Papeete von moderen, teilweise eilends errichteten Hotels sowie trostlosen Siedlungen durchsetzt.
Am stärksten vertreten ist auf den Gesellschaftsinseln der Club Méditerranée. Gefolgt von der amerikanischen Kette Bora-Bora. In amerikanischem Besitz sind zudem u.a. das ehemals schweizerische Hotel Oa-Oa sowie Teile der Souvenirsindustrie. Schweizerische Investitionen sind aber weiterhin in mehreren Hotels auf den Gesellschaftsinseln zu Hause, sowohl auf Tahiti als auch Moorea. Zudem werden sämtliche Postkarten, die Gauguin-Gemälde-Kopien ausgenommen, in der Schweiz(184) hergestellt. Vertreten sind auf Französisch-Polynesien auch japanische Touristikunternehmen. Überhaupt ist der überwiegende Anteil des gesamten Tourismusbereiches fest in ausländischen (und französischen) Händen.

Stark angekurbelt wird der Tourismus auf Französisch-Polynesien von der Air-France-Tochter UTA. Diese Luftfahrtgesellschaft unterhält vier günstige Anschlüsse von Los Angeles nach Papeete und vereinbarte mit ausgewählten Reiseveranstaltern Sonderprogramme. Nach Ansicht von UTA-Verkaufschef Karl Otto Zeiss war es möglich, "mit einem verkaufbaren Tarif und ein wenig Engagement, tatsächlich eine neue Kundenschicht interessieren zu können: Personen, deren Traumziel Tahiti ist, die aber nicht allzuviel Geld zur Verfügung haben." Günstig wirke sich fortan vermutlich auch das Entgegenkommen des nationalen Tourismus-Büros Odt aus, "bereitwillig günstige Unterkünfte bei Eingeborenen" zu vermitteln. Weiter lobt Zeiss die Hoteliers. Die seien imstande, für 20 - 30 deutsche Touristen "eine Menge auf die Beine zu stellen". Allerdings, gibt der UTA-Verkaufschef zu bedenken, "ist der Tahitianer in bezug auf den Tourismus nicht ganz unproblematisch". Komme ein Gast nämlich nicht, so freue sich der Einheimische sogar darüber. Bliebe ihm damit doch eine Reihe Arbeit erspart. Und was noch?

Den grossen Nutzen und Gewinn vom Tourismus auf Französisch-Polynesien teilen wenige (ausländische) Gesellschaften unter sich auf. Was aber haben die vielen Einheimischen davon?

Mit der touristischen Erschliessung nahmen auf Tahiti Kriminalität und Prostitution erheblich zu. Das wird von niemandem bestritten. Im Gegenteil, Reiseveranstalter und teilweise auch Reisejournalisten machen aus dieser Not sogar eine Tugend. So lautet die farbig und fettgedruckte Überschrift auf der Titelseite der Illustrierten "Neue Revue": "Insel in der Südsee — ein Paradies für Männer".(185) Und weiter der Ingress in grossen Lettern: "Sie sind exotisch-schön und voller Zärtlichkeit — die Mädchen von den Südsee-Inseln. Und den Männern bereiten sie in der Liebe den Himmel auf Erden." Auch ein Bericht in der Neuen Zürcher Zeitung(186) schwärmt von der weichen Schönheit dieser Frauen, "die, lässt man sich bei ihrem Anblick von der unverkennbaren Neigung zur Körperfülle nicht ablenken, verständlich macht, weshalb Tahiti der Wunschtraum europäischer Romanzen geworden ist". (Einschränkend heisst es dann weiter: "Die Füsse allerdings sind von erschreckender Hässlichkeit; dies soll nicht vom Barfussgehen stammen, sondern ein Rassenzeichen sein." Und: "Nicht anders als die Männer haben auch die reinrassigen Frauen... zu kurze Beine." — Trotzdem sei der Charme der Tahitianerinnen einmalig. Und das "in krassem Gegensatz zu Fiji". Das bestätigt auch ein "anmächeliger" Artikel in der Berliner Zeitschrift "Fremdenverkehrswirtschaft International"(187), der in diesem Zusammenhang auf die sich abzeichnende Fernost-Müdigkeit anspielt und die Vorzüge von Tahiti gegenüber Bangkok anpreist.) Und so sind käufliche Frauen nicht nur in dunklen Strassen und Bars anzutreffen, sondern auch bei Tageslicht, Arm in Arm mit bedürftigen Touristen.

"Typisch Tahiti" — Druck der in Polynesien gekauften Postkarte: Engadin Press AG, Samedan (Schweiz)

Gemietet werden von den Touristen auch viele Autos und Motorräder. Die dadurch erhöhte Verkehrsdichte ist besonders auf kleineren Inseln stark spürbar. So führt beispielsweise auf Moorea und Bora-Bora die Hauptstrasse je dicht am Ufer entlang um die Insel herum, und zwar direkt vor den Häusern der Einheimischen durch. Diese Hauptstrassen waren vor der touristischen Erschliessung kaum befahren. Sie dienten den öffentlichen Verkehrsmitteln als wichtige Verbindungsstrecke und den Kindern als Spielplatz. Heute aber flitzen und brausen viele Touristen auf schweren Motorrädern zum Zeitvertreib auf den "Rennstrekken" umher. Dadurch werden die Ansässigen gefährdet, lärmmässig erheblich belastet und auf die schmalen Plätzchen hinter den Häusern verdrängt.

Verdrängt werden die Einheimischen aber auch von den vielen Hotels, Diskotheken und Restaurants, die sie häufig im wahrsten Sinne des Wortes direkt vor die Nase hingestellt bekommen. Inmitten von Wohnquartieren dröhnt aus Discos Musik, zuweilen bis 02.00 Uhr früh, für Touristen, die anderntags ausschlafen können. Unmittelbar neben sowie auf bisherigen Fischerei- entstehen Touristikanlagen. So etwa auf Bora-Bora Hunderte von Luxus-Bungalows des Club Méditeranée, des Hotels Marara, eines amerikanischen Yacht-Clubs sowie von anderen Ferienzentren. Da angeln Einheimische neben Touristen, die baden oder mit Motorbooten die wenigen Fische verscheuchen, welche die grossen ausländischen Gesellschaften den Insulanern grosszügig überlassen.

Selbstverständlich versperren die zahlreichen Hotels auf den eher kleinen Inseln den Einheimischen zunehmend auch den Ausblick auf das beliebte Meer, zu welchem ihnen sogar in immer mehr Orten der Zugang verwehrt wird. Dafür flimmern in erstaunlich vielen Häusern bereits Fernsehapparate mit vorwiegend importierten Programmen. Das ermöglicht den Einheimischen den Blick in die Ferne, quasi als Ersatz für die verbaute Aussicht. Für abgerissene Bauten haben die Polynesier von den Europäern ebenfalls einen Ersatz erhalten. Davon zeugen die vielen Kirchen. In schier jeder Bucht fällt der Blick zuerst auf einen Kirchturm. Da jagen sich verschiedene Missionsgesellschaften und Sekten gegenseitig mit irgendwelchen Prestigebauten. Das "christliche" Gerangel ist in vollem Gange.

Die Insulaner haben die französische Staatsbürgerschaft. Sie sind mit einem Abgeordneten in Paris vertreten. Da können sie ihre Vorstellungen und Wünsche einbringen, mitreden. Und mitbestimmen, zusammen mit den Frankreich-Franzosen?
Längst haben sämtliche politischen Parteien auf den Gesellschaftsinseln die Forderung nach Unabhängigkeit in ihrem Programm. Allein es fehlt die Kraft, die Loslösung durchzusetzen. Als zu gross erwies sich bislang die "Übermacht" Frankreichs mit seinen militärisch-strategischen Interessen.
"Paris" fädelte auch den touristischen Ausverkauf der Inseln ein. Das empfinden viele Einheimische. Sie wurden nicht gefragt, haben aber grosse Kostenanteile zu tragen. Materiell und durch die offensichtliche Verschlechterung der Lebensqualität. Durch Übernutzung der Umwelt, Lärmbelästigung und noch mehr Abhängigkeit vom Ausland. Dies wirkt sich besonders einschneidend aus, geht doch mit der touristischen Erschliessung ein weiterer Rückgang der Landwirtschaft (und Selbstversorgungsmöglichkeit) einher, zugunsten des ohnehin schon zu sehr aufgeblähten Dienstleistungssektors.
So wird zum Beispiel viel Wasser touristisch absorbiert. Wohl fallen etwa auf den Gesellschaftsinseln reichlich Niederschläge. Und doch gibt es öfters Wasserknappheiten. Und zwar vorwiegend für die Kleinbauern, nicht aber für die Hotels mit ihren Pump- und Speicheranlagen. Zugunsten von Swimming-Pools und Touristen statt für das einheimische Gewerbe. Was Wunder, dass da Einheimische ein Dauerschauer-Image von Tahiti zu verbreiten versuchen. Weniger Tourismus bedeutet nämlich für sie mehr Wasser, Umwelt und Leben – oder zumindest eine Vergrösserung der Chancen, diese wichtigen Ressourcen und Werte für sich selbst verfügbar zu machen.

– von der Freizeit zur Freiheit

3.1 Naive Alternativen

Auf Initiative der Publizistin Regula Renschler gründeten im November 1977 entwicklungspolitische Organisationen und Hilfswerke den schweizerischen Arbeitskreis Tourismus und Entwicklung. Als Sekretär dieser Vereinigung wurde ich damit beauftragt, Auswirkungen des Tourismus auf Entwicklungsländer (und Schweizer Berggebiete) zu untersuchen, die Öffentlichkeit darüber zu informieren und qualifizierende, emanzipatorische Massnahmen im Interesse der Bereisten in die Wege zu leiten. Auf Grund bereits bekannter Kritiken an massentouristischen Erscheinungen peilten wir zunächst eine Stärkung alternativer Tourismusformen an. Bald stellten wir allerdings fest, dass viele Arten sogenannt alternativen Reisens für Gastgeber und Umwelt ebenfalls sehr problematisch sind. Erste Zweifel an unserem Vorhaben stellten sich nach einer teilnehmenden Beobachtung einer "alternativen Studienreise" ein. Um heikle Punkte zu veranschaulichen, will ich zuerst von dieser Reise berichten. Erläuterungen zu Textausschnitten von Regula Renschler sollen danach die Kritik an naiven Alternativen vertiefen.

Während der Wintersaison 1978/79 bot das schweizerische Reiseunternehmen Hotelplan zwölf "Studienreisen abseits des grossen Touristenstromes" an. Auf dem Programm stand die Besichtigung mehrerer Entwicklungsprojekte. Das erstaunte mich; denn wenige Monate zuvor hatte mich das eng mit Hotelplan liierte Reisebüro Esco gebeten, Kontakte zu einem Entwicklungsprojekt in Peru zu vermitteln. Dieses hätte mit einer Reisegruppe besucht und mit Kleidern beschenkt werden sollen. Doch der Projektleiter winkte sogleich ab: "Bitte verschont uns und vor allem das Dorf von diesen Touristen. Alle Menschen müssen hier hart arbeiten, um sich ernähren zu können. Dicke Geldbeutel und Fotoapparate würden sie bloss ablenken und entmutigen." Ein anderer Entwicklungshelfer ergänzte: "An und für sich ist es zwar erfreulich, wenn Touristikunternehmen und Touristen die Entwicklungszusammenarbeit zur Kenntnis nehmen. Kommerzielle Gesichtspunkte verlangen jedoch relativ grosse Reisegruppen und die Wiederholung einer aufwendig ausgearbeiteten Reise. Dabei wird jedesmal dieselbe Infrastruktur beansprucht. Für Entwicklungsprojekte bedeutet dies eine Überforderung."
Warum nun Hotelplan trotzdem zwölf Reisen zu Entwicklungsprojekten in Kamerun ausgeschrieben hatte, wollte ich vom zuständigen Productmanager wissen. Seine Antwort: Die Kameruner Tierparks vermöchten ein vom ostafrikanischen Konkurrenzangebot verwöhntes Publikum kaum mehr zu befriedigen. Und da hätte er eben auf der Suche nach Alternativen diese Entwicklungsprojekte entdeckt. Gegenüber

Kommunikation zwischen Studienreisenden und Schülern in Westafrika (Foto: UM)

der Öffentlichkeit wurde allerdings via Medien ein sogenannt "karitativer Aspekt" betont. Die Teilnehmer der Projektbesichtigungen würden nämlich dazu aufgefordert, alte Kleider für die Armen mitzunehmen.(188)

Vom "karitativen Hintergrund" der Reise war auch im Reiseprospekt die Rede, ferner, und dies in alter Kolonialmanier, von "Eingeborenen". Als Reiseunterlagen erhielten wir nebst Flugbillet und Programm einen Hinweis auf eine vierzigfränkige Geographiestudie über Kamerun. Eine Bestellung derselben war aber aus zeitlichen Gründen kaum mehr möglich. Nützlicher wären ohnehin konkrete Verhaltenstips gewesen. Unbefangen und grosszügig verteilten mehrere Mitreisende vom ersten Tag an Geld und Bonbons. Bettelnde Kinder baten uns, von unseren Vorgängern erhaltene Schweizer Münzen in "echtes Geld" umzutauschen. Dabei erhöhten sich ihre Chancen, je bereitwilliger sie ihre "Hütten" zeigten oder sich beim Erklettern einer Palme ablichten liessen.

Zwei ältere Bildungsreisende fotografierten sich gegenseitig öfters mit einer Afrikanerin im Arm. Nach dem Klicken erhielten ihre Objekte jeweils einen Backenkuss und einen Sous. Auf keinen Fall wollte die Vorsteherin der Schwesternschule des Regierungsspitals in Bamenda fotografiert werden. Das gab sie uns unmissverständlich zu verstehen. Ihre wunderschöne Haartracht reizte aber mehrere Mitreisende, sie trotzdem bildlich festzuhalten. Viele Bilder wurden auch auf dem farbenfrohen Markt in Bali geschossen. Zwar bat uns der seit Jahrzehnten in diesem Gebiet arbeitende Hans Knöpfli, dies zu unterlassen. Doch der Reiseleiter schlug aufkommende Bedenken in den Wind. Märkte seien keine offiziellen Gebäude. Im Gegensatz zu militärischen Einrichtungen dürften sie schon geknipst werden.
Am meisten erstaunte mich, dass das Gesehene innerhalb der "alternativen" Reisegruppe kaum diskutiert wurde. Vielmehr witzelten wir über Kurt Felix oder Altbundesrat Minger. Auch offizielle Gesprächsmöglichkeiten mit Projektverantwortlichen wurden kaum wahr genommen. Sie erschöpften sich in einzelnen Detail- oder Höflichkeitsfragen. Ansonsten wurde tüchtig fotografiert. Dazu brauchte es weder Sprachkenntnisse noch Übersetzungsarbeit. Wir hielten uns hauptsächlich im westlichen, englischsprachigen Teil Kameruns auf. Von meinen Mitreisenden vermochte sich jedoch niemand auf Englisch zu unterhalten. Das schränkte Kontaktmöglichkeiten ein. Zu Verbrüderungs- und Verschwesterungsszenen kam es lediglich abends an der Bar mit anderen Touristen, Deutschen und Franzosen. Selbst die Anheuerung afrikanischer Prostituierten blieb dem Reiseleiter überlassen.

Seltsam war auf dieser "Studienreise" auch der Zwang, europäisch essen zu müssen. Während unseres fünftägigen Aufenthalts in einer luxuriösen, von einem Deutschen geführten Safari-Lodge, unternahmen wir tagsüber verschiedene Ausflüge. Diese führten immer über die 45 Minuten entfernt liegende Stadt Bamenda. Und so verloren wir über Mittag immer mindestens 90 Minuten Fahrtzeit, um in der Safari-Lodge zu speisen. In Bamenda sei kein Koch fähig, die kulinarischen Bedürfnisse anspruchsvoller Schweizer zu befriedigen, so lautete die offizielle Begründung des Reiseleiters.
Einmal machten wir allerdings einen Tagesausflug. Vom Hotel aus wurden wir mit Zwischenverpflegung versorgt. In Oku durften wir einen noch mit viel informeller Macht ausgestatteten ("königlichen") Fon besuchen. Bei unserer Ankunft vor der wundersam gebauten Stätte versammelte sich das ganze Dorf um uns. Kinder folgten uns auf Schritt und Tritt. Im Fonareal wollten wir zunächst etwas essen. Unsere afrikanischen Träger schleppten zwei Getränke-Harassen und mehrere Schachteln mit Büchsenfleisch aus England und Käse aus Frankreich herbei. Doch die um uns stehenden, wegen einseitiger Ernährung dickbäuchigen Kinder lösten Betroffenheit aus. Der Reiseleiter schick-

te eine Vertrauensperson zum Fon. Und der stellte uns nun seinen Verhandlungsraum für das Picknick zur Verfügung. Hier erreichten uns keine (neu-)gierigen Kinderblicke mehr.

Nach unserem köstlichen Mahl stellte sich der Fon bereitwillig unseren Fotoapparaten. Zuvor liess ihn der aufmerksame Reiseleiter bitten, ein etwas attraktives Gewand anzuziehen. Kaum hatten wir unsere Knipserei beendet, durften wir Männer sogar einer Geheimbundsitzung beiwohnen. Dass wir kein Geschenk überreichten, verübelten uns die buntbemalten Gastgeber. Also kratzten wir aus unseren Taschen einige Kaugummis und Zigaretten zusammen. Dafür erhielten wir noch ein "echtes Tamtam" dargeboten. "So verhilft der Tourismus diesen Eingeborenen zu Einkommen", bemerkte dazu einer der Bildungsreisenden. Jedenfalls war unser Besuch in Oku der absolute Clou. Hotelplan sei dank! Afrikaner müssen oft mehrere Jahre warten, bis sie vom Fon empfangen werden. Dank besserem Trinkgeld gelang uns dies auf Anhieb.

Abdrücken. Festhalten. Zum Hinschauen fehlt die Zeit. (Foto: H. Stamm)

Zaungäste — Lernen von der Dritten Welt? (Foto: H. Stamm)

Eine Panne passierte aber doch noch: Vorgesehen war eine Besichtigung von Brunnen, die mit Entwicklungshilfegeldern gebaut wurden. Die Helvetas-MitarbeiterInnen in Kamerun weigerten sich aber, uns Touristen zu empfangen und die Projekte zu zeigen. Der Reiseleiter liess sich dadurch nicht in Verlegenheit bringen. Er fuhr mit uns auf eigene Faust zu einem der Projekte und erläuterte es uns. Trotzdem, die Absenz der Entwicklungshelfer provozierte Verärgerung. So erklärten mehrere Reiseteilnehmer spontan, dieser Entwicklungsorganisation fortan keinen Rappen mehr zu spenden. "Wenn die bloss unser Geld wollen und die Kontrolle scheuen", bemerkte einer der Erbosten, "muss etwas faul an der ganzen Sache sein." Aber was? Darüber wollten sich die selbstgefälligen Spender keine weiteren Gedanken machen. Projekte betrachten sie als Objekte ihrer Wohltätigkeit. Sie glauben, ein Recht darauf zu haben, an Ort und Stelle den Nutzen zu überprüfen.

"Man befürchtete", begründete hingegen Helvetas-Mitarbeiter Richard Gerster, "durch zusätzlichen Tourismus die Zerstörung traditioneller Strukturen und das Hineintragen negativer Tourismusfolgen in bisher davon verschonte Dörfer." Ferner kritisierte er "die zeitlich sehr knapp bemessene Besuchsdauer, welche keine vertiefte Auseinandersetzung mit der Entwicklungsproblematik möglich macht". Weitere Bedenken bestanden wegen der zusätzlichen Arbeitsbelastung.

Zur Seriosität der Projektbesuche äusserte sich im Nachhinein auch Jakob Walder von der Landwirtschaftsschule in Kumba, der mehrere Hotelplangruppen empfangen hatte: "Die persönlichen Erfahrungen waren gekennzeichnet durch die viel zu kurze Zeit, die den Besuchern zur Verfügung stand, um das Projekt auch nur einigermassen kennenzulernen. Während jeweils einer Stunde gelang es uns knapp, den Touristen einige der tropischen Pflanzenkulturen zu erklären und einen kurzen Rundgang durch den Schulbetrieb zu machen. Dann mussten sie schon wieder abreisen, damit sie den nächsten Besichtigungspunkt rechtzeitig erreichten. Es war keine Zeit vorhanden, auf die Probleme der Landwirtschaft einzugehen, wie zum Beispiel die ständig staatlich geförderte Ausbreitung der landwirtschaftlichen Exporte auf Kosten der Nahrungsmittel, die zu tiefen Produzentenpreise für Kakao und Kaffee, die Abwanderung der Jungen von den Dörfern in die Stadt und die schlechte, einseitige Ernährung."(189)

Die erwähnte "Studienreise" unterscheidet sich kaum von gewöhnlichen Rundreisen. Die Übergänge von sogenannten Massenreisen zu solchen mit alternativem Anspruch sind fliessend. Klare Trennungslinien fehlen. *Eindeutig ist, dass sich grosse Reisekonzerne vermehrt für Individual- und Kleingruppenreisen interessieren. Damit zeichnet sich eine weitere Vermarktung des Alternativ- und Abenteuertourismus ab.* Auch eine breitere Streuung schädlicher Tourismuseffekte. So werden "die letzten Paradiese"(190) erschlossen. Gezielte "Studienreisen" zu "noch kaum besuchten Menschen" ziehen alsbald ganze Touristenscharen nach. Aber auch bei wenigen Rucksacktouristen kann das schon der Fall sein.

Arm, aber glücklich? "Alternativtouristen" geniessen die Freizügigkeit (Foto: H. Stamm)

Wir bringen Sie mit Sicherheit in die Wildnis

Der Mensch, das unbekannte Wesen, möchte im Urlaub einerseits viel Abenteuer, aber andererseits viel Sicherheit. Beides zusammen geht nicht und geht doch: Machen Sie mit uns eine Kreuzfahrt auf der Europa! Wir zeigen Ihnen die verwegensten Flüsse, die verrücktesten Städte, die verschwiegensten Tempel, die verträumtesten Strände, die verwirrendsten Basars, die verlassensten Inseln und die verborgensten Fijorde. Wir bringen Sie über den Äquator, über die Datumsgrenze bis hin zur Packeisgrenze. Wir schippern mit Ihnen den Amazonas lang bis hin zum weltberühmten Urwaldopernhaus, wo schon Caruso sang. Wir bringen Sie in die Wildnis von Alaska, wo Sie auf Braunbären und Blaubeeren, Totempfähle und Goldminen stossen. Alles wird herrlich aufregend sein, ohne dass es Sie aufregt. Denn Sie brauchen sich um nichts zu kümmern. Wir organisieren das so perfekt und unmerklich, dass Sie jedes Abenteuer mit Sicherheit in Ruhe geniessen werden. Und das Schöne: Wenn Sie von einem Landausflug zurück an Bord der Europa kommen, erwartet Sie ein Drink oder eine Massage oder ein Swimmingpool oder ein Liegestuhl oder ein Tanztee oder ein elfgängiges Menu oder ein Klavierkonzert — oder Ihre riesige, komfortable, klimatisierte, mucksmäuschenstille Kabine. Ein Abenteuerurlaub auf der Europa dauert zwischen 7 Tagen und 7 Wochen und kostet zwischen DM 2'780.-- und DM 54'060.--. Wenn Sie der Kapitän auf eine unserer 28 Reisen mitnehmen soll, dann kreuzen Sie einfach mal bei Ihrem Reisebüro auf.(191)

"Da gibt es *die Geschichte vom zivilisationsmüden Aussteiger"*, schreibt Regula Renschler, "der eine hübsche, abgelegene, nur von Einheimischen bewohnte, griechische Insel findet, von den Griechen gastfreundlich aufgenommen wird und einen herrlichen, billigen Sommer erlebt. Er geht zurück ins nieselgraue Mitteleuropa, erzählt von Sonne, Wind und Meer, und im nächsten Sommer sitzen ein paar Genossen bei den Griechen auf der Insel, lassen es sich wohl sein, zahlen etwas Miete und reden deutsch. Sie buchen für den nächsten Sommer, bringen weitere Kollegen mit, die Griechen rücken zusammen und vermieten Zimmer, bieten Mahlzeiten an, die den fremden Mägen bekömmlich sind, schaffen einen Spielautomaten an. Einer gibt das Fischen auf und rudert die Touristen aufs Meer hinaus, eine verwandelt ihr Haus in eine Pension, einer importiert Coca-Cola, Kaugummi vom Festland, einer lernt ein paar Worte Deutsch, eine verbietet den Kindern das Spielen am Strand, eine fängt an, für die Fremden zu weben... Im nächsten Sommer kann man die griechische Insel schon von zu Hause aus buchen, sie ist im Katalog, aus dem Fischerdorf ist eine "Destination" geworden."(192)

Konkret: Vor fünfzehn Jahren stellte sich auf der Insel Ios die erste Touristenwelle ein. Erst waren es bunt bemalte Hippies, die sich dem einfachen Leben der Einheimischen anzupassen versuchten. Wenige Saisons später wurde die hinter der hohlen Hand als Geheimtip gehandelte Stätte eigentlich entdeckt. Die Mundpropaganda wirkte. Investitionslustige Unternehmen beglückten die Insel mit Hotelketten und mehreren Diskotheken. Angelockt vom "high life" begannen nun Jugendliche und Mittelalterliche auf die rauhe Zykladeninsel zu strömen. Die Bewohner wurden in die Minderheit versetzt, Ihre Anliegen grosszügig übergangen. Seither finden sie während der Hauptsaison wenig Ruhe. Aus zahlreichen Geschäften und Diskotheken — die wenigsten gehören übrigens den Insulanern — dröhnen Musik und Lärm. In den Gassen veranstalten ungebetene Gäste Biergelage. Lauthals unterhalten sie sich bis in die frühen Morgenstunden, bis Einheimische aufstehen und hart arbeiten müssen. Mit den Touristen sind auch die Preise gestiegen, mehr jedenfalls als die Löhne.

Ferner erwähnt Regula Renschler "die Story von den Drögelern, die durch Lateinamerika trampten, nach Cusco fuhren, die Stadt als angenehm empfanden und gleich mal blieben. Die Ablehnung oder die Teilnahmslosigkeit der Indianer störte sie nicht. Ein paar kehrten nach Hause zurück, gaben Tips weiter an Freunde, erkannten eine neue Marktlücke, übers Jahr gab's da einen Laden, wo Ausrüstungen für Dschungel und Anden geboten wurden, nebst guten Ratschlägen. Und wenig später konnte man dort einen "alternativen" Reiseführer kaufen, der verriet, wo's billig, garantiert einsam oder sicher einheimisch war."(193)
Wöchentlich startet mindestens ein Charter von der Schweiz nach Peru, und zwar mit etlichen Rucksacktouristen an Bord. Viele sind mit denselben Geheimtips ausgerüstet, die sie in kleinen Reiseshops oder von bereits heimgekehrten Kollegen aufgeschnappt haben. Und so kommt es, dass Individualtouristen bei verschiedenen Sehenswürdigkeiten auf bekannte Gesichter stossen. Da frohlocken dann die einen, irgendwo in einer armseligen Hütte gratis untergekommen zu sein. Andere "Wohlstandszigeuner" klagen hingegen, die "Eingeborenen" seien "so zugeknöpft". "Fast hätten sie mich zum pennen in den Hühnerstall geschickt." Doch gemach, auch in Peru gibt es, in völliger Abgeschiedenheit von den Härten des Lebens, Wohlstandsinseln. Zum Beispiel ein ultramodernes Hotel am Titicacasee vor dem Hafen Punos. Hier erholen sich zivilisationsmüde Alternativtouristen von den Strapazen erlebter Armut oder von der mühsamen Suche nach noch echten Kunstgegenständen. Denn Perus Märkte, seit Jahrzehnten das Herz der andinen Gesellschaft, sind vom Tourismus erobert und zerstört worden. So hat das Kunsthandwerk an Qualität und Vielfalt verloren.

Traditionelles Handwerk, Lederarbeiten, Musikinstrumente und aufwendig verarbeitete Holzgegenstände werden zunehmend verdrängt und durch die massentouristische Nachfrage nach einheitlichen Wolldecken und Alpacapullovern ausgebootet.
Als besonderes "Ferienland für Individualtouristen" gilt Guatemala. "Wer nicht willens ist, über Schlamperei, Unordnung, über Schmutz und Armut hinwegzusehen, dem ist von einem Besuch Guatemalas dringend abzuraten", empfiehlt ein renommierter Journalist in einer grossen Schweizer Tageszeitung. Und im kleinen Sissacher "Volksblatt" schreiben zwei Weltenbummler: "Wie ihr vielleicht in der Schweiz vernommen habt, ist es hier in Guatemala momentan gar nicht angenehm. Doch gehen wir lieber zu schönen Sachen über, wie zum Beispiel Tikal. Dies ist eine der grossartigsten, bis jetzt ausgegrabenen Mayastädte." Vor 2000 Jahren waren die Mayas ein Volk mit hochentwickelter Kultur. Ihre Nachkommen, die Indios in Guatemala, haben's schwerer. Sie kämpfen ums tägliche Brot, den lebenswichtigen Mais und gegen politische Zustände, welche die verarmten Bevölkerungsmassen kaum begünstigen. Einzelne Alternativtouristen kümmert das wenig. Andere berichten darüber und engagieren sich in der Schweiz beispielsweise gegen die Lieferung von Pilatus-Portern, die, mit belgischen Waffen-Aufhängevorrichtungen versehen, in Guatemala zu Kriegszwecken missbraucht werden.

"Schliesslich gibt *die Geschichte vom revolutionären Kämpfer*", schreibt Regula Renschler, "der genug hatte vom Frust der schweizerischen Konkordanzpolitik und deshalb nach Nicaragua reiste, bei den Genossen wohnte, ass, mit ihnen herumfuhr, sie ausfragte, viele Notizen machte und gestärkt an Leib und Seele, aufgetankt für neue Kämpfe im Industriehappyland Schweiz nach Hause zurückkehrte. Andere sahen, wie gut es ihm getan hatte, folgten nach, bald gab's ein Büro für Nicaragua-Reisen, Revolution inbegriffen."(193)
Die ersten Schweizer Arbeitsbrigaden reisten 1982 nach Nicaragua. Seither haben rund 30 solcher Gruppen ein- bis sechsmonatige Arbeitseinsätze geleistet. Die Nicaraguanerinnen und Nicaraguaner schätzen nach Auskunft der Schweizerischen Solidaritätskomitees die materielle und ideelle Unterstützung. Ehemalige Brigadisten und Brigadistinnen beurteilen ihren Einsatz als "beste Art, sich zu informieren". Doch können diese Kontakte zwischen Europäern und Einheimischen auch Probleme auslösen. "Sie können zu einem eigentlichen Kulturschock für Nicaraguaner werden. Es ist hart, der Tatsache ins Auge zu sehen, wie ungerecht die Lebensqualitäten weltweit verteilt sind", sagt Tino Muheim, Leiter der europäischen Verteilstelle der Agencia Nueva Nicaragua (ANN), der offiziellen Presseagentur. "Es kann sein, dass der Rucksack einer Brigadistin mehr Wert enthält als eine ganze Nica-Familie besitzt."(194)

Im Dezember 1980 erliess der FSLN einen Aufruf, die vielen Polittouristen möchten doch Nicaragua von ihrer Anwesenheit verschonen. Die Tausenden von Alternativtouristen würden nämlich den jungen Staat überfordern, genossenschaftliche Verwaltungen und einheimische Kader absorbieren. Zudem würden sie den ohnenhin knappen Nahrungsmittelhaushalt arg strapazieren. Später änderte Nicaragua seine Politik. Zum einen sollte die Anwesenheit von Touristen helfen, Isolation zu überwinden. Zum andern wurde mit Kuba und dem damals noch sozialistisch orientierten Grenada eine geimeinsame Tourismuspolitik ins Auge gefasst.

Regula Renschler: "Andere Geschichten gäbe es. Vom nimmermüden, mutigen Bergsteiger, der einsam die Gipfel des Himalaja erklomm, anderen Tapferen ähnliche Erlebnisse zuteil werden lassen wollte, im Lande blieb und jetzt Touren vermittelt. Ihm geht's gut dabei."(193) Und Hans Magnus Enzensberger ergänzt:
"Die Schlüsselrolle des alpinistischen Vorstosses beruht darauf, dass er die romantische Ideologie des Tourismus besonders rein verkörpert. Er richtet sich auf das "Elementare", das "Unberührte", das "Abenteuer". Unter welchen Namen das Ziel auch verstanden wird, ändert an der Dialektik des Vorgangs nichts: indem es nämlich erreicht wird, ist es auch schon vernichtet. Nicht zufällig verbindet sich der touristische Zugriff mit den Methoden des Leistungssports. Da das Unberührte immer erst in der Berührung vergegenwärtigt werden kann, kommt es darauf an, der Erste zu sein. So gerät die Reise zum Wettlauf um die Erstbesteigung, zum Erhaschen des Rekords. Jules Verne's Romanheld Phileas Hogg setzt seine Ehre darein, in 80 Tagen um die Erde zu reisen. Noch die Satelliten, die wir in den Himmel schiessen, eifern ihm nach, indem sie ihn unterbieten."(195)

Immer neue Gebiete, alsbald die letzten, werden von mutigen Alternativtouristen erschlossen, von alternativen Wegbereitern demokratischer Massenströme. Diese folgen auf immer breiteren Pfaden, in noch grösseren Jets, benützt auch von einfachen Rucksacktouristen, ausgerüstet mit neusten Tips aus dem handgestrickten Büchlein "Abenteuer-Tips", mit geheimen Hits — vermeintlichen, wie sich an immer mehr Orten herausstellt. Denn so gross ist sie einfach nicht, unsere liebe Mutter Erde. Und die wenigen saftigen Wiesen, abseits gelegen und versteckt, werden zunehmend entdeckt, auch von Profis, von kräftigen Tour-Operators, die keineswegs gewillt sind, diese wundersame Marktlücke den Kleinen zu überlassen. Gerade in der heutigen Zeit, wo es da immer mehr zu holen gibt. Und so ist der Boom in vollem Lauf, die vielgerühmte Konkurrenz, im Interesse der Kunden mit brandneuen Einfällen. Die Angebote jagen und überbieten sich: Überlebenstraining in Alaska oder im Urwald. Ein besonders gewieftes amerikanisches Reiseunternehmen bietet sogar Ferien zu Knastbedingungen an. Tagwache und Lichterlöschen werden streng überwacht. Was für ein prickelndes Ferienerlebnis! — Ein Zeichen der Vielfalt? Nein, ein Zeichen gesellschaftlicher Armut. So lässt sich der zuweilen laue Alltag nicht aufmöbeln.

Der Anspruch, anders als andere zu reisen, erweist sich oft als Farce. Trotzdem, es gibt unterschiedliche Reiseformen, mehr oder weniger schädliche. Löblich ist gewiss das Bemühen, neue Wege zu suchen. Aber dabei müssen auch strukturelle Voraussetzungen einbezogen werden. Und diese wurden bei der Diskussion über den Alternativtourismus langezeit ignoriert. Wem gehören die Fluggesellschaften? Und welches ist die Interesselage der Bereisten? Wo wären eher Alternativen zum, statt Alternativen im Tourismus zu suchen? Um diese Fragen drücken sich viele Alternativtouristen herum. Vielleicht, weil unbeque-

"Der Klügere gibt nach"

Also ehrlich Leute, bin froh, dass ich wieder heil zuhause bin. Ich hab vielleicht was hinter mir! Ihr werdet es mir kaum glauben. Also, ich bin ja schon mächtig in der Welt rumgekommen, aber so ein Abenteuer wie dieses habe ich noch nie erlebt. Dabei fing alles ganz harmlos an. Ich hatte mir doch glatt dieses Jahr eingebildet, mit dem Motorrad durch Sri Lanka zu fahren. Ihr wisst schon, das ehemalige Ceylon. Kleine Insel vor Indien. Habe mir auch gleich ein Dutzend Reiseführer gekauft. Hübsche Insel mit friedlichen Menschen, stand da drin. Da habe ich mir gedacht, das ist genau das Richtige für dich. Ich habe mir von hier aus ein Motorrad gemietet. Stand auch da wie eine Eins, wie ich es mir abgeholt habe. Nettes Ding, zwar nur 200 Kubik, aber ganz flott. Na, mit dem schlitzäugigen Vermieter habe ich mich erst einmal ordentlich gestritten. Wohnt in der Dritten Welt und will mir erklären, wie man ein Motorrad bedient! Dem habe ich es aber tüchtig gegeben. Bin also gleich durchgestartet, und was soll ich euch sagen: lauter Irre auf der Strasse. Ich biege ganz friedlich rechts in die Hauptstrasse ein und was passiert? Die fahren alle glatt auf der falschen Strassenseite und kommen mir entgegen. Wirklich, zuerst wollte ich ganz freundlich mit ihnen diskutieren, dass sie auf dem falschen Dampfer sind, aber die haben mich nur ausgelacht. Was kann man auch von so Analphabeten anderes erwarten. Nach meinem bewährten Motto: "Der Klügere gibt nach", bin ich dann auch links gefahren. Strassen hat's da, echt zum Heulen. Viel zu schmal, viel zu kaputt, viel zu sandig. Und das Chaos darauf erst! Bürgersteige kennen die hier wohl nicht. Und ihr ganzes Viehzeug lassen sie auch einfach auf der Fahrbahn rumwandern. Ich war richtig froh, als ich die Stadt verlassen hatte. Auf der Küstenstrasse war der Verkehr etwas ruhiger. Dafür brannte mir die Sonne ordentlich auf den Kopf. Ich hätte mir wohl besser einen Hut mitnehmen sollen. Auf den Oberschenkeln hatte ich gleich einen Sonnenbrand weg. Geschwitzt habe ich aus allen Poren, selbst der Fahrtwind war noch heiss. Ich bekam ganz schön Durst und spähte nach einem Getränkekiosk. Weit und breit nichts zu sehen. Endlich entdecke ich einen kleinen Stand an der Strasse und halte sofort an. Ich sage dem Typen in seinem Bretterverschlag, dass ich was zu Trinken möchte. Grinst der mich an und gibt mir eine aufgeschlagene Kokosnuss. Also echt, er hätte sie mir wenigstens auspressen können! Ich knalle ihm das Ding wütend auf den Tisch und gehe durstig zu meinem Motorrad zurück. Schimpft der Kerl auch noch hinter mir her! Zum Glück erreiche ich bald mein erstes Hotel. Das Zimmer hat Klimaanlage und es gibt echt deutsches Bier.(197)

me Kollisionen mit eigenen Bedürfnissen entstehen könnten. Vielleicht, weil wir mit unseren Denkrastern einfach unentrinnbar in der hiesigen Lebenswelt verfangen sind.(196)

3.2 Abschied vom "Modell Schweiz"

Vertreter von Entwicklungsländern fragen immer wieder: Die kleine Schweiz ist dank dem Tourismus gross geworden. Warum sollten wir keine ähnliche Entwicklung anstreben? Warum wollt ihr Kritiker uns den Tourismus vermiesen? Damit sich die europäischen Länder noch mehr Marktanteile sichern können? Oder seid ihr auch bereit, in eurem Land weniger auf diesen umweltbelastenden Erwerbszweig zu setzen? Welche Alternativen habt ihr denn zum Tourismus entwickelt? Und inwiefern könnten diese für unsere Entwicklungsbemühungen interessant sein? Dazu einige Hinweise.(198)

Der Tourismus bringt in der Schweiz (durch Arbeitsbeschaffung, Verkehrserschliessung) und (Devisen)Einnahmen Vorteile für eine Bevölkerung, die ihren Lebensunterhalt hart erarbeiten muss. Nachhaltige Schäden drohen aber vielerorts den Nutzen zu überwiegen. Sie lassen eine Nachahmung des vielgepriesenen "Modell Schweiz" wenig ratsam erscheinen. Etliche Probleme sind allerdings bekannt. Und die Praktiker beteuern, fortan harmonischen Tourismus betreiben zu wollen. Bereits liegen vielversprechende Konzepte vor. Die sanften Ansätze laufen aber Gefahr, für einen weiteren Ausbau des Volumens vereinnahmt zu werden. Im grossen ganzen kommen die Korrekturen nicht zum Tragen. Bloss spärliche Anzeichen einer Wende sind in Sicht, Projekte, wo Einheimische das Zepter führen. Sie bestätigen alte Konzepte einer Entwicklung von unten mit umfassender Beteiligung der Bevölkerung. *Von, mit und für Einheimische(n),* so lautet das Motto. Gemeint ist ein Tourismus, der sozial auf demokratischem Konsens und Einbezug aller Betroffenen fusst. Materiell stützt er sich auf möglichst vorhandene, bescheidene Kapazitäten ab. Diese sind mit geringem Energie- und Kapitalaufwand sowie regenerierbaren Ressourcen zu nutzen. Die gemeinschaftlichen Betriebsformen begünstigen direktes und breit gestreutes Einkommen. Eine gute Verteilung soll längerfristig die eher geringe Wertschöpfung aufwiegen.

Das touristische Wachstum der Schweiz erstreckte sich zwar über Jahrzehnte. Und dies auf der Grundlage teilweise entfalteter, nicht dominant überlagerter Produktionsverhältnisse. Unverkennbar sind bei den Schäden aber Parallelen zu Auswüchsen in Entwicklungsländern, wo der Tourismus kurzfristig implantiert wurde und die Hoffnungen auf sprudelnde Deviseneinnahmen kaum erfüllt.
Die Schweiz ist vom Tourismus (zu) stark abhängig geworden. Wir sind der touristisch am intensivsten genutzte Industriestaat der Welt. 200'000 (mehrheitlich saisonale) Arbeitsplätze sind direkt an diesen Sektor gebunden. Die Brutto-Einnahmen beliefen sich 1985 auf fünf-

zehn Milliarden Franken. Der Nettoerlös von 3 Milliarden Franken trägt dazu bei, unsere chronisch defizitäre Handels-Bilanz auszugleichen.
In mehreren Regionen sind eigentliche Monokulturen entstanden. Der Unterhalt der touristischen Infrastruktur erfordert einen Massenimport weitgehend rechtloser, schlecht gestellter Gastarbeiter und Saisonniers. Die fortgesetzte Abwanderung von Einheimischen kann dadurch aber nicht aufgehalten werden. Die entstandene Abhängigkeit ist grösser als im Jura von der Uhren- oder in Basel von der chemischen Industrie, wo vornehmlich Ortsansässige Beschäftigung finden.
Im flächengrössten Kanton, in Graubünden, beträgt der touristische Anteil fünfzig Prozent der Einkommen. Wenige Zentren erzielen die happigsten Einkünfte. 18 (von 220) Gemeinden vereinigen drei Viertel aller Betten auf sich. Die meisten Arbeitskräfte beziehen sie vom Ausland. Statt ihre Wirtschaftsstruktur aufzufächern, bürden sie sich weitere Überkapazitäten auf.

Probleme spricht auch das 1979 vorgelegte, schweizerische Tourismuskonzept an.(199) Es rät, die Umwelt sowie Anliegen der Bereisten mehr zu beachten. Einen Schritt weiter geht das ORL-Planungsinstitut der Eidgenössisch Technischen Hochschule in Zürich mit dem Vorschlag, im Berggebiet mehr Alternativen zum Tourismus zu verwirklichen, etwa mit arbeitsintensiver Tierhaltung, Holzverarbeitung, Gemüse- und Heilkräuteranbau.(200)
Um die Landwirtschaft und das lokale Gewerbe zu fördern, hat in der Gemeinde Vuorz (im Kanton Graubünden) die Genossenschaft Quaterfegl das Hotel Ucliva gebaut, und zwar weitgehend mit an Ort vorhandenen Arbeitskräften und Baumaterialien, Nahrungsmittel bezieht es direkt von Bauern der Region. Der Dorfmetzger und -bäcker gehören der Genossenschaft an.(201)
In Brione (im Kanton Tessin) lässt die Gemeinde ungenutzten Wohnraum renovieren und, ohne die Häuser zu veräussern, touristisch nutzen. Land, das während drei Jahren brach liegt, darf zudem gemeinschaftlich bewirtschaftet werden. Diese Massnahmen ermöglichen mehr Ansässigen, in Brione selbst ein Auskommen zu finden.(202)
In der Gemeinde Erschmatt (im Kanton Wallis) hat ein Komitee eine Liste mit leerstehenden Zimmern und Wohnungen zusammengestellt. Diese werden nun Feriengästen zur Miete angeboten. Darüber hinaus wurde vom selben Komitee eine verfallene Sennerei reaktiviert und eine Dreschmaschine angeschafft. Sie kann von allen Einheimischen benutzt werden.(203)
Soweit einzelne Versuche, bescheidene Tourismusförderung mit Anstrengungen in andern Wirtschaftsbereichen zu verbinden.(204)Ziel ist eine möglichst aufgefächerte Wirtschaftsstruktur, die Abhängigkeit von fremdbestimmten Wirtschaftssektoren verhindert. Doch, inwie-

Auch das gibt's in der Schweiz: Zur Touristenattraktion verkommene Folklore – leblose Scheinkultur (Foto: P. Jesse)

fern könnten diese Ansätze auch für Entwicklungsländer sinnvoll sein? Stellen sie eine echte Alternative zum gängigen Tourismus dar?

"Es ist sicher, dass die Entwicklungsländer, wollen sie den Zustand der Stagnation überwinden, das europäische Modell kopieren müssen." Diese Meinung vertritt der Ökonome Borchardt.(205) Er malt uns die gesellschaftlichen Verhältnisse Europas im 17./18. Jahrhundert "mit allen Kennzeichen eines unterentwickelten Landes" aus. In Frankreich seien um das Jahr 1700 bis zu einem Drittel der Bevölkerung an Seuchen umgekommen. Und könnten wir einen Stab Entwicklungshelfer in das Deutsche Reich des 18. Jahrhunderts entsenden, so würden sie sich, wie heute ein Reisender nach Indien, über die grossen Bettlerscharen wundern, über die zahlreichen Arbeitslosen, das Fehlen unternehmerischen Geistes, den kostspieligen Luxus von Fürsten.
Nach Borchardt sind die vorindustriellen Verhältnisse Europas mit denjenigen heutiger Entwicklungsländer vergleichbar. Dieser "Patient" leide an derselben Krankheit, die bei uns vor zweihundert Jahren geherrscht habe und nunmehr überwunden sei. In der Schweiz dank den Engländern, welche als erste Touristen zu uns kamen und eigentliche Entwicklungshilfe brachten. Der grosse Unterschied aber: die Schweiz war zuvor nicht kolonisiert, ihre Wirtschaftsstruktur nicht durch Sklavenhandel und Monostrukturen deformiert. Die Produktivkräfte waren bereits weiter entwickelt, als dies heute in einigen Län-

dern der Dritten Welt der Fall ist. Zudem vollzog sich das touristische Wachstum der Schweiz über Jahrzehnte. Es wurde nicht als völliger Fremdkörper kurzfristig implantiert. Und trotz günstiger Bedingungen: Auch bei uns hinterlässt der Tourismus sehr zwiespältige Spuren, die ihn tel quel nicht als nachahmenswert erscheinen lassen. Dass in der neueren Entwicklungsdiskussion wieder vermehrt vom "Modell Europa" die Rede ist, spricht nicht dagegen.
Allzulange wurde den Entwicklungsländern immer gesagt, wo's langgehe. Experten reisten mit fertigen Plänen an, ohne die zu beglückenden Gegenden zuvor in Augenschein genommen zu haben. Zwar sind die Praktiken inzwischen subtiler geworden. Aber die Interessen derjenigen, die am längeren Hebel sitzen, schlagen bei der sogenannten Zusammenarbeit meistens irgendwie durch, mögen die Ratschläge noch so gut gemeint sein.

Dass industrialisierte Gesellschaften landwirtschaftlich orientierte Entwicklungsvorschläge machen, dagegen hat der Entwicklungsexperte Dieter Senghaas nichts einzuwenden. Aber es stört ihn, wie dabei eigene Erfahrungen nur oberflächlich analysiert und, je nach aktueller Interesselage, selektiv einbezogen werden. In Vergessenheit geraten sei beispielsweise, welch praktische Bedeutung das Konzept der Eigenständigkeit in der europäischen Entwicklungsgeschichte hatte. Schutzzölle und andere protektionistische Massnahmen halfen, die Produktivkräfte zu entfalten. Sie ermöglichten eine später verkraftbare Exportorientierung. Abgesehen von der "offenen Schweiz" habe im übrigen Europa während dem 19. Jahrhundert Freihandel nur während zwei Jahrzehnten stattgefunden. Vornehmlich sei die Industrialisierung auf der Grundlage der Landwirtschaft erfolgt, und zwar zunächst in einem kleinen, überschaubaren Bereich. Mit andern Worten: Eine zeitweilige Abkoppelung vom Weltmarkt kann eine unabdingbare Voraussetzung für eine nachfolgende, für alle Beteiligten sinnvolle Integration sein.(206)

England selbst gelang (im 18. und 19. Jh.) ein Entwicklungsdurchbruch vornehmlich seiner Agrar-, industriellen und kommerziellen Revolution wegen. Bei der vielzitierten industriellen Revolution handelte es sich um keine isolierte, forcierte und künstliche Revolution, sondern um eine Erneuerung der Landwirtschaftsstrukturen. (Schon 1846 waren nur noch 22% der erwerbstätigen Bevölkerung in der Landwirtschaft beschäftigt — eine Grössenordnung, die Dänemark, Schweden und Norwegen etwa 1950 und Finnland 1970 erreichten!) Im Vordergrund stand die Erschliessung des eigenen Binnenmarktpotentials.
Wohl war England die klar dominierende Wirtschaftsmacht Europas, aber einen grossen Anteil seines Aussenhandels realisierte England mit der "Dritten Welt."

1860 verfügte England über einen zweiprozentigen Anteil an der Weltbevölkerung und einen über 40 prozentigen Anteil an der Weltindustrieproduktion. Bei den "modernen" Sektoren der ersten industriellen Revolution lagen die vergleichbaren Daten über die Baumwollverarbeitung und die Eisen- und Stahlerzeugung bei über 50% der Weltproduktion. Der Aussenhandel Kontinentaleuropas war zwischen 1830 und 1910 zu 80% auf Europa selbst gerichtet, weitere 10% wurden mit Ozeanien und Nordamerika abgewickelt und die verbleibenden 10% mit der "Dritten Welt". Anders sehen die Zahlen aus englischer Perspektive aus: Der auf Europa ausgerichtete englische Handel war wesentlich geringer. Zwischen 1860 und 1910 betrug er 35% des Gesamtexportes, derjenige mit Nordamerika und den Siedlerkolonien in Ozeanien 25%. Und der Handel mit der "Dritten Welt" belief sich auf 40% des Aussenhandels.
Für die europäischen Binnenstrukturen war der englische Aussenhandel also bedeutsam, aber nicht erdrückend dominant. Er wurde durch protektionistische Massnahmen "kontrolliert". Und das ist entscheidend.

Ihrer Auslandsverflechtungen wegen nimmt die Schweiz weltweit eine bemerkenswerte Stellung ein. Flächenmässig befindet sich das kleine Land mit dem zweitgrössten Pro-Kopf-Einkommen zwar nur auf Platz 118. Gilt aber das Exportvolumen als Kriterium, so rücken wir bereits auf den elften Rang vor, bezüglich der Währungsreserven auf den sechsten, bezüglich des Verkaufes von Technologie sogar auf den dritten....
Eher knapp vorhanden sind in der Schweiz die Produktionsfaktoren Boden und Rohstoffe. Das ist ein wesentlicher Grund für die starke Ausrichtung auf den Aussenhandel. Das Gesamtvolumen hat im Zeitraum von 1960-1982 nominell von 9,6 Mrd. auf 58,1 Mrd. Franken bei den Importen (vorwiegend Nahrungsmittel und Rohstoffe) und bei den Exporten (gewerbliche und industrielle Erzeugnisse) von 8,1 auf 52,7 Mrd. Franken zugenommen. Wettgemacht wird das Bilanzdefizit jeweils durch Überschüsse im Dienstleistungssektor (Fremdenverkehr) sowie im Handel mit Entwicklungsländern. 1982 betrug deren Anteil am Export 24,7% und am Import 10,1%. 7% der erwerbstätigen SchweizerInnen verdanken ihren Arbeitsplatz den Aufträgen aus der Dritten Welt. 50% der gesamten schweizerischen Einnahmen stammen aus dem Ausland.(207)
Im Falle einer Abkoppelung vom Weltmarkt wäre bei uns nach sieben Monaten das zivile Autofahren nicht mehr möglich. Der Elektrizitätsverbrauch müsste wegen dem Ausfall der Uranlieferungen um einen Drittel gekürzt werden. Industriezweige des Pharmazeutik- und Uhrensektors müssten ihre Produktion um über 90 Prozent abbauen. Bei der Maschinenindustrie würde der Abbau 65 Prozent, bei den Grossbanken 50 Prozent, bei den Versicherungen 70 Prozent betragen. Doch

dieser grossen Abhängigkeit zum Trotz: Angesichts der anhaltenden Rezession fällt dcn Verantwortlichen nichts Gescheiteres ein, als einseitig den Dienstleistungssektor (und darin insbesondere auch den Tourismus) zu puschen sowie die Exporte anzukurbeln, um so die steigenden Importe aufwiegen zu können. Dabei gäbe es strukturelle Alternativen, die aber kaum angestrengt werden.(208)

Schön wärs!

Geissen statt Skilifte, lautet ein neuer Slogan. Ein Gag? Nein, warum jährlich sechzig Tonnen Ziegenkäse importieren. Millionen von aufwendig transportierten und verpackten, tiefgefrorenen Kaninchen und Poulets, viel Honig dazu, wo wir alle diese Produkte selber herstellen könnten, zum Beispiel im Berggebiet.
Warum importieren wir siebzig Prozent des Kraftfutters oder zehn Prozent unseres Fleisches aus fernen (und teilweise armen) Ländern? Warum produzieren wir diese Nahrungsmittel nicht selbst? Zum Beispiel durch mehr Getreide-Anbau im hierfür bestens geeigneten Mittelland sowie durch arbeitsintensive Tierhaltung im Berggebiet? So liesse sich die grotesk zunehmende Auslandsabhängigkeit vermindern, ebenfalls die Belastung der Umwelt. Zudem verringerte sich der Leistungsdruck auf den aufgeblähten Dienstleistungssektor. Bescheidenere Überschüsse würden zur Entlastung einer weniger strapazierten Aussen-Handels-Bilanz genügen.
In der Praxis wird in der Schweiz der Fremdenverkehr aber weiterhin forciert. Was die Verminderung einseitiger Abhängigkeiten anbetrifft, können Entwicklungsländer also wenig von uns lernen. Vereinzelte positive Projekte bestätigen zwar allgemeine, generalisierbare Entwicklungsmaximen im Sinne einer "Entwicklung von unten" und "Bevölkerungsbeteiligung". Für deren konkrete Umsetzung sind jedoch eigene Erfahrungen der Entwicklungsländer viel aussagekräftiger, als die bei uns gesammelten. Mehr auf eigene Kräfte zu bauen, dazu gibt es keine Alternative. Statt dem vermeintlichen Modell Schweiz nachzueifern, geht es in Entwicklungsländern vor allem darum, vorhandene Potentiale zu nutzen und die Ernährung der eigenen Bevölkerung zu garantieren.

3.3 Vom Aufstand der Bereisten

Bleiben wir noch kurz in der Schweiz. "In letzter Zeit haben sich die Zeichen für unwirsche Behandlung ausländischer Gäste vermehrt", stellt der Direktor der Schweizerischen Verkehrszentrale fest. Woran liegt das? Fühlen sich Einheimische gegängelt, weil der Tourismus viel Land beansprucht? Oder zeigen sie wenig Verständnis für das, was die kleine Schweiz angeblich gross macht?

"Wir müssen unsere Zimmer räumen, wenn die Saison beginnt, und uns der Sprache der Gäste anpassen", berichtete ein Jugendlicher am letztjährigen "Tag der Alpenländer". Ein anderer: "Weil unsere Eltern überlastet sind, leidet das Familienleben. In unserer Freizeit müssen wir auf das Ruhe- und Erholungsbedürfnis der Gäste Rücksicht nehmen. Und die überlieferte Volkskultur lernen wir vielfach nur als Brauchtum kennen, das als Touristenattraktion vorgeführt werden kann."(209)
Weitere Äusserungen des Unmutes brachte ein Plakatwettbewerb zutage, im Herbst 83 von den Verkehrsvereinen der Kantone Graubünden und Tessin sowie dem Schweizer Hotelierverein organisiert. "Tourismus im Kanton, meine Einstellung, mein Verhältnis dazu", lautete das Thema. 500 SchülerInnen zwischen zwölf und sechzehn Jahren beteiligten sich mit 170 Arbeiten. Und dies sind einige: Auf einer der letzten verbliebenen Wiesen liegt ein Bauer, von Appartementhäusern und Baukranen umgeben. Der Kanton Tessin erscheint als riesiger Trichter, durch den sich der Transitverkehr drängt. Der letzte Gast sitzt mit der letzten Blume vor einer Stadtlandschaft, das Abbild des Kantons wird mit Reifenspuren überfahren, ein toter Vogel fällt vom kranken Baum in einem Autobahnkreuz.... Viele Gemälde zeigen Beton und Abfall, verschandelte Gegenden, Zukunftsvisionen in grau(210)... Kein Wunder: Immer mehr Einheimische wehren sich gegen einen weiteren Ausverkauf der Landschaft. Statt Wachstum wünschen sie Entwicklung. Der moralische Apell "Seid nett zu den Touristen" im Zeichen der 1985-Kampagne "100 Jahre Wintersport" entlockt vielen bloss ein müdes Lächeln.

Was nun den Tourismus in der Dritten Welt anbetrifft: auch da kontrastieren Zeichnungen und Schüleraufsätze, die der Ethnologe Peter Fuhrimann in Sri Lanka gesammelt hat, das simple Sand-Sonne-Sex-Klischee, welches viele Werbeprospekte von der Dritten Welt verbreiten.(211) Ein Jugendlicher schreibt: "Tourismus hat meistens keinen Sinn. Die heutigen Touristen — vor allem die Hippies — durchstreifen halbnackt unser Land. Nur weil sie weiss sind, glauben sie, dass sie etwas Besseres wären und behandeln unsere einheimische Bevölke-

“Was ich über den Tourismus in Sri Lanka denke”

“Hätten sich unsere grossen Ahnen wie DUTUGAMUNU, PARAKRAMBAHU, VIJAYBAHU wohl je vorstellen können, dass eines Tages Nackte und Halbnackte an unseren Stränden (und letzthin sogar auf den Strassen) promenieren würden? Was geschieht mit unseren Schülern? Zuerst die Zigaretten, ein Jahr später der Griff zur Flasche, Heroin, Haschisch, Marihuana gleich danach. Die Folgen davon zeigen sich in der steigenden Kriminalität. Man muss sich nur in irgendeiner Schule umhören: Was für eine Sprache! Worte, die vor zehn Jahren höchstens in der allergrössten Wut ausgesprochen wurden, gehören heute zum täglichen Vokabular. Man müsste blind sein, wenn man den Zusammenhang mit der Tourismusexplosion verneinen würde. Wenn wir nun aber den Tourismus verbannen... was ist mit dem Geld, das uns hier entgeht?? Was würde mit den tausenden von Arbeitslosen geschehen? Meine persönliche Meinung ist folgende: Lasst dieses Krebsgeschwür wachsen. Aber sobald wir einen gewissen Standard erreicht haben, lasst es uns mitsamt den Wurzeln ausrotten. Mir bleibt nur zu warten, zu hoffen und zu beten, dass wir dieses Ziel baldmöglichst erreichen werden.”

S. Amarasiri, 15-jährig

rung schlecht. Dabei kleiden sie sich in alte und zerlumpte Kleidung, dass es eine Schande ist...

Mit dem Tourismus kommen viele Nachteile in unser Land. Der grösste Verlust ist der Verlust unserer Kultur und unserer Traditionen... Drogen bedeuten einen weiteren schmerzvollen Nachteil.

Ein weiterer Nachteil ist der Nudismus, der sich bei uns breit macht. Die Touristen benehmen sich so, als ob der Strand ihnen gehören würde. Sie laufen nackt herum, ohne sich darüber Gedanken zu machen, was sie mit ihrem gedankenlosen Tun bei jungen, unschuldigen Menschen alles anstellen können...

Wenn der Tourismus in Sri Lanka verboten würde, so könnten wir meiner Meinung nach endlich sagen, dass das Land UNSER Zuhause sei. Wir wären im “Paradies auf Erden”.

Über die Situation in Sri Lanka berichtet ferner die einheimische Journalistin Maureen Seneviratne:

“Seit den sechziger Jahren ist Sri Lanka ein vielbesuchtes Ferienziel deutscher, schweizer und skandinavischer Touristen. Charterflüge bringen allwöchentlich Tausende von Reisenden nach Sri Lanka, die von den Reiseveranstaltern nur oberflächlich über den Buddhismus und die Kultur der Insel informiert werden. Der buddhistische Glaube ist tief im Volk Sri Lankas verwurzelt, es ist eine lebendige Religion. Auf unserer Insel gibt es keine “Ruinen”, wie es die Touristen oft nennen. Unsere Heiligtümer sind lebendige Stätten unseres Glaubens.

Auch eine Buddha-Statue, die 2500 Jahre alt ist, gilt als Zeichen des Lebens, das von uns geschätzt und verehrt wird. Unsere Tempel und Statuen sind heilig, weil sie Heiligtümer und Relikte Buddhas beherbergen.
Doch wie oft wird ein solches Heiligtum von den Touristen "geschändet"! Am meisten Anstoss erregen die Touristenmassen, welche, — von grossen europäischen Reiseunternehmen organisiert —, hordenweise durch die heiligen Stätten geschleust werden. Sie kommen mit ihren Kameras und posieren mit dem Buddha, oder Frauen legen sich neben den "schlafenden Buddha", um ein originelles Foto für ihr Album zu kriegen. Sie schockieren die einheimische Bevölkerung mit ihrem respektlosen Benehmen. Sie kennen keine Ehrfurcht vor den heiligen Stätten, und der strenge Glaube lässt sie unbeeindruckt. Gruppenweise dringen sie in die Heiligtümer ein, stolpern unvorsichtig herum und schiessen rücksichtslos Foto um Foto.
Die grossen Reiseunternehmen, die schliesslich viel Geld verdienen, und ihre lokalen Agenten (die noch mehr Schuld an diesem Dilemma tragen), *sollten ihre Kunden unbedingt aufklären.* In ihren farbig schillernden Prospekten sollten sie Hinweise anbringen, wie man sich in religiösen Stätten zu benehmen hat. Denn die Touristen kommen aus einem Europa, das keinen innigen Glauben mehr kennt. Deshalb ist es umso wichtiger, auf die Religionen Sri Lankas (Buddhismus, Hinduis-

Touristen auf Fischfang (Foto: H. Stamm)

mus, Islam und Christentum), die tief im Volk verwurzelt sind, hinzuweisen. In Sri Lanka herrscht ein grosser Respekt vor religiösen Stätten, auch seitens Nichtgläubiger.
Die Respektlosigkeit der Touristen hat Abscheu und Ärger in der Bevölkerung Sri Lankas hervorgerufen. Viele Leute sind froh, dass nicht mehr so viele Touristen in unser Land kommen. Auch die wichtigsten Stätten unseres Glaubens, wie der Heilige Tempel mit den Zahnreliquien Buddhas — ein Ort, der allen Buddhisten der Welt heilig ist —, verunstalten die Touristenhorden. Mit Schuhen und unbotmässig angezogen betreten sie Heiligtümer. Es widerspricht der Tradition und der religiösen Vorschrift, diese heiligen Stätten mit Schuhen zu betreten. Alle einheimischen Besucher und Pilger streifen ihre Schuhe ab, bevor sie das Heiligtum betreten.
Es wurde schon vor einiger Zeit bei den grossen Reiseunternehmen und ihren lokalen Agenten angeregt, die Touristen unbedingt über die Sitten und Bräuche auf Sri Lanka aufmerksam zu machen. Offensichtlich haben die Europäer keine starke Religion mehr und benehmen sich oft plump und schockierend in Ländern wie Sri Lanka, wo noch ein tiefer Glaube herrscht. Viele Besucher unseres Landes wissen nicht, wie reiche Religionen der Buddhismus und der Hinduismus sind. Hindutempel sind nur für Gläubige zugänglich, niemand sonst bekommt Einlass. Auf Sri Lanka gibt es nicht viele Hindus. Sie leben über die ganze Insel verstreut.
Die buddhistischen Heiligtümer sind hingegen für alle zugänglich. Berühmte Stätten wie Anuradhapura, Polonnaruwa, Kandy usw. stehen auf dem Programm fast jeder Reisegruppe, die unser Land besucht."(84/212)

Soweit die Journalistin Maureen Seneviratne aus Sri Lanka anlässlich der im März 1986 in Bad Boll stattgefundenen Tourismuskonferenz "Third World People and Tourism", organisiert von der Ecumenical Coalition on Third World Tourism. Ziel dieser Tagung war es, hauptsächlich Vertreter aus der Dritten Welt zu Wort kommen zu lassen, und zwar aus den verschiedensten Bereichen. Anwesend waren Fischer, Prostituierte, Wissenschaftler sowie Regierungsvertreter. Die folgenden Zitate stammen, wo nichts anderes vermerkt, alle von dieser Konferenz.(84) Sie belegen, dass sich in vielen Entwicklungsländern langezeit in den Tourismus gehegte Hoffnungen allmählich zerschlagen. Sogar Laetitia Gonzales, Vertreterin des Peruanischen Fremdenverkehrsverbandes, räumt ein:
"Wenn man im Tourismus einen anderen Sinn als den Selbstzweck sucht, wird man wenig finden. Für Peru hat er nur wenig Vorteile. Er hilft die Handelsbilanz auszugleichen und bringt Devisen ins Land, schafft aber nicht so viele Arbeitsplätze, wie wir gedacht hatten."
Und der ehemalige indische Botschafter und Fremdenverkehrsfunktio-

när Roy, zur Zeit Direktor des Department of Environment, ergänzt: “Der Tourismus verfehlt seine Möglichkeiten, wenn immer nur von Umsatz und Geld die Rede ist. Was die negativen Aspekte des Tourismus angeht, so müssen wir zugeben, dass ein Grossteil der Verantwortung bei den Regierungen der Gastgeberländer liegt.”

Über ihre Erfahrungen mit dem Tourismus berichtet die Sozialpsychologin Doris Chan Ki Chan aus Mauritius:
“Ich arbeite in einem kommunalen Entwicklungsprojekt und habe dabei auch eine Umfrage unter den Bewohnern zweier Fischerdörfer gemacht, die vom Tourismus betroffen sind. Die meisten finden den Tourismus auf Anhieb sehr gut, sie freuen sich zum Beispiel, dass es jetzt so viele Sachen zu kaufen gibt, die sie früher gar nicht kannten. Wenn man ihnen aber die Frage stellt: ‘Und was für eine Rolle spielen Sie selbst im neuen Geschehen?‘, dann finden sie den Tourismus plötzlich wenig gut. Die wirtschaftliche Belebung durch den Tourismus wird von der örtlichen Bevölkerung nicht richtig verstanden. Sie sehen nur die paar Pfennige, die sie jetzt verdienen können, und nicht, wie zerbrechlich dieser neue Reichtum ist, dass der Tourist ja von einem Tag auf den anderen wegbleiben kann. Die Touristen bringen Probleme mit sich: In diesen zwei Dörfern gibt es jetzt mehr Prostituierte. Ausserdem wächst der Drogenmissbrauch, es gibt mehr Einbrüche und Diebstähle.”
Zur Prostitution äussert sich auch die Frauenrechtlerin Virginia Yap aus Manila:
“Erlauben Sie mir, ein paar Aspekte des Prostitutionstourismus vorzutragen. Auf den Phillipinen hat er angefangen als Erweiterung des Erholungsangebots vor allem für die (amerikanischen) Soldaten, angeboten von einem unterdrückten Land. Und jetzt ist er zu einer Industrie angewachsen, mit der die sexuellen Phantasien und Perversionen der Bürger der Ersten Welt gesättigt werden. Als Gegenleistung verdient damit eine bankrotte Regierung Devisen und sät Korruption im “Gast”-Land. Das sind die Umstände des Prostitutionstourismus überall in Asien, überall in der Dritten Welt. Wo die mächtigen Firmen, Regierungen und Institutionen der Ersten Welt alle natürlichen Schätze und Reichtümer eines Landes “legitim” ausbeuten können..., einheimische Kulturen und Werte zerstören und ganz allgemein Land und Menschen nutzen und ausnützen können, ist die Ausnutzung von Frauen, Kindern und jungen Männern für sexuelle Vergnügen nur eine Konsequenz.”

“Ich glaube nicht, dass man über den Tourismus — so wie er heute ist — irgend etwas Gutes sagen kann”, gibt der Anwalt und Dichter Cecil Rajendra aus Malaysia zu bedenken. “Wir müssen uns bewusst werden, dass wir auf einem Vulkan sitzen, unter uns wächst und brütet das Ressentiment gegen den Tourismus.”

Als die Touristen kamen

Als die Touristen kamen
verwandelte sich unser Inselvolk
in einen grotesken Karneval —
Nebenvorstellung, zwei Wochen lang.
Als die Touristen kamen
legten unsere Männer
ihre Fischernetze beiseite,
um Kellner zu werden,
unsere Frauen wurden Huren.
Als die Touristen geflogen kamen,
flog das, was wir an Kultur unser eigen nannten,
zum Fenster hinaus —
für unsere Sitten und Gebräuche
handelten wir uns Sonnenbrillen und Pop ein,
aus heiligen Zeremonien
machten wir billige Peep-shows.
Als die Touristen kamen
wurde unser Essen knapp,
die Preise gingen hoch,
aber unsere Löhne blieben unten.
Als die Touristen kamen
durften wir nicht mehr
hinunter ans Meer gehen,
der Hoteldirektor sagte
"Eingeborene verschmutzen die Strände".
Als die Touristen kamen
wurden Hunger und Elend konserviert
und als vorüberziehender Festzug
klickenden Kameras zur Schau gestellt —
welch schicker Schandfleck!
Als die Touristen kamen
forderte man uns auf,
"Botschafter zu Fuss" zu sein,
immer lächelnd und höflich
stets dem "verwirrten" Gast
den Weg zu weisen...
Zum Teufel, könnten wir ihnen nur sagen,
wohin wir sie uns wirklich wünschen!

Cecil Rajendra

"Kommt nicht nach Hawaii!" Das ist die Botschaft von Haunani-Kay Trask, Professorin für politische Wissenschaften auf Hawaii. Ihre Begründung:

"Eigentlich geht es hier um Rassismus. Wir gehören alle zur Dritten Welt, jener Welt, die dem mächtigsten und rassistischsten Staat dieser Erde gehört, der USA. Wir Hawaiianer haben die Nase voll davon... Der Überdruss der wenigen 'eingeborenen Hawaiianer' wächst, die Wut und die Aggression sind da. Wenn jetzt Hotels in die Luft fliegen, wenn Touristen niedergeschlagen werden — so war das zu erwarten. Ich bin angeekelt, wenn ich immer nur von Profit reden höre. Wir leiden unter kultureller Prostitution." Was konkreter damit gemeint ist, geht aus einem Gespräch hervor, welches die Zeitschrift Natur mit Haunani-Kay Trask geführt hat:

Frage: "Glaubt man den Prospekten der Reisebüros, dann ist Hawaii das Paradies für Touristen.."

Haunani-Kay Trask: "..für uns ist es eine tägliche Hölle. Ich werde nichts unversucht lassen, um das Paradies-Image zu zerstören. Jeder Besucher aus den USA, aus Japan und aus Europa ist ein kleiner Kolonialherr und Zerstörer dieses Hawaii, das ein Paradies sein könnte. Ich hasse Touristen! Hawaii — das ist eine einzige Prostitution unserer Kultur, besonders für unsere Frauen. Fünf Millionen Touristen jährlich bestimmen die Infrastruktur unserer Inseln. Und diese fünf Millionen bringen nicht nur Geld für wenige, sondern auch Probleme für alle: Verkehrschaos, Wassernot, Abfall, um nur die gravierendsten zu nennen. Auf Oaho, meiner Heimatinsel, wollen sie zwei neue Vergnügungs- und Erholungszentren bauen mit einem zu erwartenden Wasserverbrauch von 20 Millionen Liter am Tag. Am Tag! Können Sie sich das vorstellen?"

"Welche Berufschancen werden den eingeborenen Hawaiianern in der Tourismusindustrie eingeräumt?"

"Ein junges Mädchen wird bereits im Kindergarten und anschliessend in der Schule darauf vorbereitet, für Touristen das berühmte Aloha-Lächeln zu üben. Zum Unterricht gehört ein Film, den das Erziehungsministerium produziert hat: "Tourism — what is in for you" — ein Werbefilm über die Vorteile, die der Tourismus den Hawaiianern bietet. Die Gehirnwäsche für die kulturelle Prostitution setzt also schon früh ein. Nach der Schule lächeln die Mädchen gegen Geld, um die Familie mitzuernähren. Das Einkommen vieler eingeborener Familien liegt bei 15'000 Dollar im Jahr. Damit kann man in Hawaii kaum durchkommen. Alles ist teuer hier. Wir haben die höchsten Lebenshaltungskosten innerhalb der USA."

"Wo wird das Aloha-Lächeln überall eingesetzt?"

"Ein Mädchen kann zum Beispiel als Hostess in einem Waikiki-Hotel arbeiten, für wenig mehr als drei Dollar die Stunde. Sie darf Gäste willkommen heissen und zu ihrem Tisch führen. Sie darf aber mit den Gästen keine Gespräche führen. Das wird ihr gleich am Anfang vom Manager eingeschärft. Oder sie bietet Sonnenöl an. Aber dies muss sie mit einem verlockenden, sexuell stimulierenden Lächeln und mit einer sanften, gurrenden Stimme tun. Und viel Make-up natürlich. Wenn sie diese verführerische Fassade nicht durchhält, taugt sie nicht für diesen Job. Dann kann sie sich im Hula-Tanz versuchen oder als Foto-Modell. Aber dafür darf sie nicht zu dick sein, und ihre Haut nicht zu dunkel und nicht zu hell. Meine Schwester hat das mal versucht. Sie musste in einem Kanu auf dem Rasen vor einem Hotel in Waikiki sitzen und ihren Arm um fette Amerikaner legen und in die Kamera lächeln. Aber sie hat es nicht lange durchgehalten, sich täglich zur Puppe degradieren zu lassen."

"So bleiben nur die Hotels als Arbeitgeber?"
"Eine Möglichkeit bietet auch das "Polynesian Cultural Center". Dort können Einheimische ihre Kultur vorführen. Das ist ein kleiner Menschenzoo für weisse Besucher. Die Bezahlung ist aber besser, und manche verdienen sich ihr Studium damit. Dieses Kulturzentrum gehört aber den Mormonen, und oft ist es so, dass die Darsteller aus diesem Zoo dann auf die Universität gehen, die wiederum den Mormonen gehört. Der Verdienst aus dem Kulturzentrum fliesst dann zurück in die Mormonen-Universität. Dass sie in diesem "Polynesian Cultural Center" auch missionieren, muss ich ja nicht dazusagen. Ein Mormone missioniert immer. An meine Haustüre klopfen sie auch."

"Also keine Alternativen zum Aloha-Job?"
"Der Anbau und Handel mit Marihuana ist für viele eine Alternative. Oder sie wandern aus und suchen sich einen Job in Alaska oder Kalifornien. Dein Aloha-Lächeln wird ja nur solange bezahlt, solange du jung bist. Im Alter warten das Ghetto und die Sozialhilfe. Ich könnte mir schon Alternativen vorstellen: Wir haben ein phantastisches Klima. Wir könnten Obst und Blumen anbauen, nicht in Mono-Plantagen, sondern auf traditionelle Weise, ohne das Land kaputt zu machen. Ich denke auch an Kooperativen für Landwirtschaft, Fischfang und Fischzucht. Doch vorläufig führt der Weg nur in die Hotels. Neben den Lächel-Jobs stellen wir noch das Küchenpersonal und Männer arbeiten ins Bars."

"Wem gehören die Hotels?"
"20 Prozent der Hotels sind in japanischer Hand. Die restlichen 80 Prozent verteilen sich auf sechs multinationale Konzerne, die in 70 Ländern der Welt ihre Finger in der Wirtschaft haben und denen auch die Ananas-Plantagen gehören. Da sich mit Touristen mehr Geld machen lässt, sollen künftig auch Plantagen in Erholungszentren verwandelt

"Kommt nicht nach Hawaii!" Haunani-Kai Trask, Professorin für politische Wissenschaften in Hawaii (Foto: C. Biegert)

werden. Jedes neue Hotel kann auch die Zwangsumsiedlung von hawaiianischen Dörfern bedeuten. Denn die Konzerne kaufen natürlich ein ganzes Tal oder einen Strand. In West Beach in der Nähe von Honolulu haben wir 15 Jahre gegen einen Komplex gekämpft, doch letztes Jahr mussten wir die Waffen strecken. Wir hatten kein Geld für Anwälte mehr, und irgendwann bricht der Widerstand zusammen. Das Schlimme ist, dass viele meines Volkes die Zerstörung ihrer Inseln und ihrer Kultur nicht mehr wahrnehmen, da sie zum Alltag geworden ist."

"Wie hoch ist die Zahl der Nachfahren der Urbevölkerung?"
"200'000, davon sprechen aber nur 1000 ihre Sprache, und die sind meistens über 50. Langsam versuchen wir, unsere Sprache zu retten und Sprachschulen aufzubauen und unsere jungen Leute in Fischfang und traditioneller Landwirtschaft zu unterrichten. Und wir richten unsere eigenen Treffpunkte ein, wo wir für uns tanzen und nicht für Fremde. Aber wir sind ziemlich mittellos. Die Regierung ist der Ansicht, dass unsere Sprachschulen und unsere Kulturzentren nur dann subventioniert werden sollen, wenn nachgewiesen werden kann, dass dies unmittelbar dem Tourismus nützt. Während wir um den Fortbestand unserer Schulen kämpfen, vergibt gleichzeitig die Regierung 5,3 Millionen Dollar an eine Privatfirma für Werbemittel, also Poster, Videos, Film. Tenor: Come to Hawaii — the Natives love You! Wenn die wüssten! Wir hassen sie. Irgendwann explodiert was, ein Bus, ein Hotel. Diese sanfte Unterdrückung lässt sich nicht ewig fortsetzen."

"Kam es schon zu Anschlägen?"
"Nein, aber die Kriminalität steigt. Einheimische aus den Ghettos überfallen reiche Touristen. Noch kommt diese Gewalt aus der Armut, aber wenn sie sich mit dem Hass gegen die jährlich fünf Millionen Fremden verbindet, dann kann sie politisch werden."(213)

Auch Lorine Tevi aus Fidschi, Mitabeiterin des Weltkirchenrates, verwehrt sich gegen die "touristische Kolonisierung": "Solange Profitmaximierung den Tourismus bestimmt", sagt sie, "wird sich die Wut der Opfer in der Dritten Welt mit einer Bombe Luft machen. Ich will auch keine Touristen mehr auf den Fidschi-Inseln sehen."
Soweit einzelne Zitate von Bereisten. Dass es sich dabei nicht bloss um Einzelmeinungen handelt, beweisen konkrete Aktionen von ganzen Bevölkerungsgruppen. So traten in Mittel- und Südamerika bereits verschiedene indianische Verbünde für einen Tourismusboykott ein.(214) In Guatemala rief sogar die lokale Sektion der Internationalen Union der Lebens- und Genussmittelarbeiter-Gewerkschaften zu einem Tourismusboykott auf. Der Tourismus diene dazu, argumentierten die ArbeitnehmerInnen, Desinformation zu verbreiten. Er stütze die Regierungsdiktatur, behindere die Demokratisierung. Und so nahmen diese GewerkschafterInnen mit ihrer Aktion die Gefahr auf sich, ihren Arbeitsplatz zu verlieren.(215) Regelmässig berichtet das Bulletin der erwähnten Gewerkschaftsvereinigung auch über Tourismus-Konflikte in anderen Ländern und Kontinenten.

30'000 Menschen leben beispielsweise auf Samui, einer kleinen Insel im Süden Thailands. Haupteinnahmequellen sind Kokosnüsse und Fisch. Vor sieben Jahren wurde das Paradies mit seinen weissen Stränden und Palmen von Touristen entdeckt. Inzwischen kommen etwa 30'000 Touristen nach Samui — mit der Folge, dass das Land entlang der Küsten von den Reichen aufgekauft und Hotels gebaut wurden. Inzwischen gibt es keinen ungehinderten Zugang zum Meer mehr, viele Kokospalmen wurden gefällt. Mit den Touristen kam die Inflation. Für die Einheimischen ist der Fisch unbezahlbar geworden. Mittlerweile wurde eine Pier gebaut, ein Flugplatz soll angeblich bald folgen. Ein Investor plant ein grosses Hotel mit air-condition, um rund 100'000 Touristen jährlich im ehemaligen Paradies beherbergen zu können. Die einheimische Bevölkerung wurde zu alledem nicht gefragt. Mit Apellen an Regierung und Weltöffentlichkeit versucht sie nun, die Projekte zu verhindern.(216)
Ebenfalls in Thailand, in Chiangmai, wehren sich ferner zur Zeit Tausende von Einheimischen gegen die Realisierung eines gigantischen, touristischen Seilbahnprojektes.(217) In Chiangmai trafen sich vor zwei Jahren auch zahlreiche Vertreter aus Afrika, Asien und Lateinamerika. Auf der Suche nach neuen Wegen, orientierten sie sich gegenseitig über Aktivitäten gegen den touristischen Ausverkauf ihrer Länder.(218) Organisator war die Ecumenical Coalition on Third World Tourism. Die Gründung dieser Vereinigung wurde 1980 im Rahmen von Protestaktionen gegen die Welttourismuskonferenz in Manila angeregt. Von ihrem ersten Präsidenten, dem Australier Peter Holden, wollten wir mehr über den Aufstand der Bereisten erfahren.

Am Gespräch beteiligte sich auch Georg F. Pfäfflin, der Koordinator der europäischen Partnerorganisation, des Third World European Net(219).

Frage: "Der Tourismus in die Dritte Welt wurde in den letzten Jahren von uns, den potentiellen Touristen, interpretiert und kritisiert. Die Stimmen der davon Betroffenen in der Dritten Welt, deren Analysen und Sorgen, wurden von uns kaum gehört. Peter Holden, Sie sind seit beinahe vier Jahren Sekretär der Coalition on Third World Tourism. Was denken die betroffenen Menschen über den Tourismus in die Dritte Welt?"

Peter Holden: "Viele Menschen der Dritten Welt denken überhaupt nicht über den Tourismus nach. Sie haben weit dringendere Probleme, wie z.B. die Sicherung des Überlebens am nächsten Tag.

Dennoch sind die meisten Menschen in der Dritten Welt vom Tourismus betroffen. Er stellt ein Merkmal der Macht der reichen Länder dar und wird in einer Art exportiert, die die Menschen in der Dritten Welt ausbeutet. Direkt vom Tourismus betroffen sind die Menschen, die in touristisch erschlossenen Gebieten leben. Ihnen ist er aufgedrängt, unfreiwillig übergestülpt worden, vielleicht weil ihre Regierungen Interesse daran haben, vielleicht, weil die Touristen kommen wollen, ganz sicher aber, weil reiche und mächtige Industrien immer mehr Geld verdienen wollen. Ausserdem haben sie herausgefunden, dass sie dort billige Arbeitskräfte, billige Produkte, dass sie überhaupt alles in der Dritten Welt billig bekommen und so viel Geld verdienen können. Deshalb sind Menschen in der Dritten Welt indirekt vom Tourismus betroffen, selbst wenn sie weit abseits der Touristenpfade leben, wo sie nie einen Touristen zu Gesicht bekommen."

> Rev. Peter Holden war der erste Geschäftsführer (bis Juni 86) der Ecumenical Coalition on Third World Tourism. Ihre Gründung wurde 1980 auf einer Konferenz in Manila angeregt, auf der Länder der Dritten Welt erstmals beschlossen, sich gemeinsam den negativen Auswirkungen des Tourismus auf Wirtschaft, Kultur und Lebensstil ihrer Länder zu widersetzen. Mit der Eröffnung eines Büros in Bangkok 1982 wurde eine weltweite Koordinationsstelle für Gruppen eingerichtet, die nach alternativen Formen im Tourismus suchen, die den Menschen in der Welt zugute kommen. Ausserdem versteht sie sich als Dokumentations- und Informationsstelle und gibt die Zeitschrift "contours" heraus. Alle grösseren Kirchen der Dritten Welt sind Mitglieder der Coalition, das Pendant in Europa bildet das Ecumenical European Network on Third World Tourism. Als dessen Sekretär arbeitet Georg Pfäfflin.

Können Sie diese Betroffenheit genauer beschreiben?"

Peter Holden: "Ich will einige Beispiele nennen. Betrachten wir zuerst die wirtschaftliche Seite. Wenn ich ein Filipino wäre und meine Regierung hätte Millionen von Dollars für einen Flughafen, für Hotels ausgegeben, die niemals ausgelastet sein werden, und für eine Schnellstrasse vom Flughafen zu diesen Hotels, wäre ich vom Tourismus betroffen, auch wenn ich in einem abgelegenen Dorf leben würde. Denn es wäre nun kein Geld mehr da für den Bau einer Strasse, auf der ich meinen Reis zu einem Markt bringen könnte; es wäre kein Geld da für die elementare Gesundheitsfürsorge, denn mein Geld wäre für den Bau eines Flughafens ausgegeben worden. Betroffen bin ich auch, wenn die Preise steigen, wenn Dienstleistungsjobs, wie Kellner oder Kellnerin in Hotels, besser bezahlt werden als Leute, die Reis, Gemüse oder Fleisch produzieren oder für mich lebensnotwendige Dienstleistungen bereitstellen, wie z.B. Bildungsmittel.

Die Menschen in der Dritten Welt sind vom Tourismus betroffen, wenn ihre Kultur auf die Interessen der Touristen zugeschnitten wird und sie ausschliesslich mit der touristischen Version ihrer Kultur zurückgelassen werden. Wie ihr wisst, lachen in den Reiseführern alle Menschen in einem Land wie den Fidschi-Inseln ununterbrochen, und sie sind ausnahmslos äusserst schön. Dies beinhaltet eine Menge an Wahrheit, und führt gleichzeitig dazu, dass diese Menschen darauf re-

Ecumenical Coalition

The Ecumenical Coalition on Third World Tourism versteht — wie überhaupt die weltweite Ökumene — unter Entwicklung einen ganzheitlichen Prozess, in dem Eigenständigkeit (self reliance), qualitatives Wirtschaftswachstum und soziale Gerechtigkeit ausgewogen sind und verwirklicht werden.

Dieser Prozess dient zur Sicherung der Grundbedürfnisse, und unter Grundbedürfnissen versteht die Ökumene neben der Ernährung, Kleidung, Wohnung, Gesundheit, Bildung eben auch Freiheit, Politik, Teilnahme, Zusammensein und Kreativität.

Wenn von Entwicklung die Rede ist, dann geht es also um den Erwerb und um die Sicherung von Grundbedürfnissen, um eine eigenständige Entwicklung, eine Entwicklung zu mehr Menschlichkeit (human development). Die Ökumene beschreibt diesen Prozess seit einigen Jahren mit den englischen Begriffen: just, participatory, sustainable (gerecht, partizipatorisch, lebensfähig).

Dies in Tourismuspolitik umsetzen heisst, Mittel und Wege zu finden, "den Tourismus an das Volk zurückzugeben, damit das Erlebnis des Reisens alle bereichern kann. Wird die Tourismus-Industrie dem Volk in die Hand gegeben, kann der wirtschaftliche Gewinn besser verteilt werden, und die Menschen können sich voll am Entscheidungsprozess beteiligen."(220)

duziert werden. Sie werden zu Objekten, die das tun, was die Touristen von ihnen erwarten, wodurch ihr Lebensstil zerstört wird. Sie sind nicht mehr Wesen mit eigenen Namen, Ideen, Gefühlen und Ambitionen.

Andere Menschen sind vom Tourismus betroffen, weil er Probleme in ihre Gemeinden gebracht hat, wie Prostitution, Alkohol und Spiel, oder neue, ihnen ungewohnte Formen des Soziallebens, denen sie nicht gewachsen sind. Sie sind vom Tourismus betroffen, weil sie die von den Touristen mitgebrachten Bluejeans, Lippenstifte oder Golduhren besitzen wollen, auch wenn sie nur wenig Geld erübrigen können für Dinge, die über den lebensnotwendigen Bedarf hinausgehen. Das sind einige Formen der Betroffenheit, und viele Menschen in der Dritten Welt fordern mit Nachdruck, dass sie das Phänomen Tourismus unter ihre Kontrolle nehmen wollen. Sie wollen entscheiden können, ob es bei ihnen Tourismus geben soll und wenn ja, in welchem Ausmass und zu welchen Bedingungen."

"Wie reagieren die betroffenen Gruppen? Wehren sie sich?"

Peter Holden: Selbstverständlich gibt es Gruppen, die sich gegen den Tourismus wehren. Die gesamte Gemeinde von Goa, der früheren portugiesischen Kolonie in Indien, hat gegen den Bau von Fünf Sterne Hotels in ihrem Gebiet protestiert und damit gegen die Regierung, die in Zusammenarbeit mit multinationalen Kooperativen versuchte, ihnen Land und Fischereirechte wegzunehmen. Bis zu einem gewissen Ausmass sind sie mit ihrem Protest und Widerstand erfolgreich gewesen, denn sie haben den Bau eines Hotels gestoppt. Da sie sich zusammenschlossen, kann nun keine nationale Organisation mehr etwas durchsetzen, ohne mit den Leuten verhandelt zu haben. In Südostasien lassen sich weitere Beispiele von Gruppen finden, die sich selbst organisiert haben, um die Ausbeutung von Menschen durch den Prostitutionstourismus zu bekämpfen. Eine thailändische Gruppe versucht ganz gezielt, auf bestimmte britische Sextouristen, die im folgenden Monat erneut als Besucher erwartet werden, aufmerksam zu machen. Mit Aussagen wie: Wir werden vergewaltigt, wir werden ausgebeutet von Menschen, die Geld aus unserem Land abschöpfen, indem sie unsere Frauen als Prostituierte benutzen, versuchen sie, viele Thais zu Protestaktionen zu mobilisieren.

"Sind dies spontane Gruppierungen"?

Peter Holden: Ja, die eben erwähnte besteht hauptsächlich aus aktiven Frauengruppen. Mit ihnen arbeiten andere betroffene Gruppen zusammen, die sich nicht speziell um die Rechte der Frauen kümmern, sondern besorgt sind um die Würde ihres Landes und ihr Recht, selbst über ihr Leben bestimmen zu können."

"Gibt es auch erfolglose Gruppen?"

Peter Holden: "Natürlich gibt es sie. Einer Gruppe auf einer kleinen Insel in Thailand ist es bisher nicht gelungen, den Ausbau eines Flughafens zu stoppen. Eine kleine Insel braucht zum eigenen Überleben keinen Flughafen. Er dient nur dem Zweck, immer noch mehr Touristen einfliegen zu können und dadurch noch mehr Geld für die dort Reichen zu bringen.
Dann gibt es Protest-Gruppen, über deren Erfolgsaussichten ich keine aktuellen Informationen habe. Z.B. haben Fischer auf den Philippinen sich organisiert gegen die Einfuhr von weissem Sand gewehrt, der auf Anregung einer bedeutenden philippinischen Frau das Gelände eines Hotels für Touristen attraktiver machen sollte. Der Sand wurde von ei-

TEN: Third World Tourism Ecumenical European Network
Als Folge des CCA-Manilaworkshops 1980, auf der die Dritte-Welt-Länder die Ecumencial Coalition on Third World Tourism gründeten, hat der Weltrat der Kirchen (WWC) eine Konferenz "Church and Tourism"1981 in Stockholm einberufen. Dort wurde beschlossen, in Europa und Nordamerika ein Gegenüber zur Ecumenical Coalition on Third World Tourism in der Form eines losen Netzwerkes zu schaffen. Auf Initiative des Zentrums für Entwicklungsbezogene Bildung (ZEB) und der Erklärung von Bern wurde dann 1981 TEN, das Third World Tourism Ecumenical European Net gegründet. TEN soll eine bessere Koordination und Information unter den kirchlichen Stellen und Vertretern entwicklungspolitischer Organisationen aus europäischen Ländern, die sich mit dem Dritte-Welt-Tourismus befassen, gewährleisten. Ein Schwerpunktthema der letzten beiden Jahre für TEN bildete der Prostitutions-Tourismus in Ländern der Dritten Welt. TEN stellte fest, dass es nicht genügt, in Form von traditioneller Urlauberseelsorge nur den einzelnen Touristen anzusprechen. Es sei darüber hinaus erforderlich, von den Erfahrungen und der Sicht der "Opfer des Tourismus" her zu denken und ihre Stimme geltend zu machen. Daraus ist für die Kirchen zu folgern, dass diese sich in Zukunft verstärkt mit der Tourismuskritik und Massnahmen der Qualifizierung befassen, sowie eigene Initiativen entwickeln sollen. Das Kriterium dafür muss sein, inwieweit und in welcher Form der Tourismus zum Aufbau einer gerechten partizipatorischen und lebensfähigen Gesellschaft ("just, participatory and sustainable society") beiträgt.
Inzwischen gehören etwa 20 europäische Mitglieder zu TEN. TEN gibt einen englischsprachigen Informationsbrief heraus. Durch TEN wurden Mitarbeiterseminare für Erwachsenenbildner in der Bundesrepublik, in Österreich und der Schweiz zum Thema "Tourismus und Entwicklung" durchgeführt. TEN lancierte 1984/85 eine Konsumenten-Aktion "Kauf kritisch — auch beim Reisen." In der Schweiz ist TEN durch den Arbeitskreis Tourismus und Entwicklung sowie die Erklärung von Bern vertreten.(221)

ner anderen Insel geholt, was dort das gesamte ökologische Gleichgewicht störte und die Fischgründe durcheinander brachte. Dagegen protestierten die Fischer gemeinsam."

Georg Pfäfflin: "Ich kann einen anderen Fall nennen, mit dem Partner in Sri Lanka an uns herangetreten sind. Ein Reiseveranstalter wollte einen neuen Club in einem Gebiet einrichten, in dem Fischer leben und arbeiten. Die Firma plante, das ganze Gebiet aufzukaufen und die Menschen ins Hinterland umzusiedeln. Doch die Betroffenen widersetzten sich an diesem Punkt, indem sie erklärten, dass sie Fischer wären und bleiben wollten und nicht in der Lage sein würden, Hühner oder Kühe zu züchten oder was sonst man von ihnen verlangte. Sie wehrten sich zudem gegen den Vorschlag des Clubs, wonach eine Pagode, ein geheiligter Ort also, zu dem Wallfahrten führen, auf einen Hügel verlegt werden sollte. Sie formierten sich in einem Demonstrationszug zum Parlament mit dem Erfolg, dass die Pagode nicht versetzt wurde und sie trotz Anwesenheit des Clubs weiterhin Zugang zu ihren Fischgründen haben. In diesem Fall haben die Betroffenen in Sri Lanka auch uns in Europa gebeten, Druck auf die Reiseveranstalter auszuüben, die ihr Produkt planten, ohne die dort ansässigen Menschen anzuhören. Protestaktionen können erfolgreicher sein, wenn es Einflussnahme und Druck auf beiden Seiten gibt."

"In den eben geschilderten Beispielen leisten die Betroffenen den Machern im Tourismusgeschäft Widerstand, noch bevor überhaupt ein Tourist das Gebiet betreten hat. Gibt es auch Basisgruppen, die den Touristen direkt die Stirn bieten?"

Georg Pfäfflin: "Soweit ich weiss, verweisen die Indios um San Cristóbal in Mexiko die Touristen in enge Schranken, da sie nicht als Konsumgut betrachtet und von Fremden überflutet werden wollen, seien dies Europäer, Nordamerikaner oder Mexikaner aus Mexiko City. Zu diesem Zweck haben sie eine Touristenpolizei aufgestellt, die streng darüber wacht, ob sich die Touristen dem von ihnen aufgestellten Sittenkodex anpassen. In ihm wird die Würde dieser Menschen geschützt, wozu die Achtung vor dem eigenen Abbild gehört. Niemand hat das Recht, ein Foto von einem Indio zu machen, nur weil er gerade lacht oder traurig ist. Es herrscht eine Art Fotografierverbot. Auch ist es für Touristen nicht möglich, jederzeit die Kirchen zu betreten, weil die Indios dort auch nur unter sich sein wollen. Respektiert ein Tourist dies nicht, wird er aus San Cristóbal ausgewiesen oder kann sogar im Gefängnis landen."

Peter Holden: "Ich kann von einer Dorfgemeinde auf Bali in Indonesien berichten, die sich nicht in Protestaktionen gegen Tourismus wehrt, sondern selbstbewusst auf die Touristen zugeht, sie mit Informationen versorgt, die in Zusammenarbeit mit den lokalen Autoritäten und teilweise mit Unterstützung der Regierung erstellt werden. Auf

diesem Weg versuchen sie den Besuchern die einzigartige Kultur ihrer Insel näher zu bringen und alles zu verhindern, was ihren Interessen zuwiderläuft.
Sie erklären den Touristen, dass man bei ihnen keinen Respekt habe vor Menschen, die in kurzen Hosen oder ohne Hemd herumlaufen und dass die Touristen, wenn sie respektiert werden wollen, sich zur Linderung der tropischen Hitze besser einen Hut aufsetzen als das Hemd ausziehen sollen. Sie erzählen den Touristen, zu welchen Tempelzeremonien sie gehen können und bei welchen sie nur störend wirken.
Sie haben den Bau von Hotels verhindert, da sie nicht wollen, dass die einfachen Unterkünfte, die alle in lokalem Besitz sind, damit konkurrieren müssen. Deshalb haben sie auch das Verlegen von neuen Telefonleitungen verhindert, da es nicht mögllich ist, Tourismus im grossen Stil aufzubauen, wenn es in einem Dorf mit ca. 2'000 Einwohner nur zwei Telefonleitungen gibt. Diese Gruppe hat sich, wie ich meine, sehr erfolgreich im Umgang mit Touristen organisiert."

Könnten Sie Ihre Tätigkeit als Sekretär der Coalition beschreiben und deren Ziele nennen? Versuchen Sie den eben beschriebenen Gruppen mehr Macht zu verleihen?"
Peter Holden: "Das ist unser Ziel. Aber wir müssen erkennen, dass die Ecumenical Coalition on Third World Tourism eine Organisation ist, die es in der ganzen Dritten Welt gibt, das sind zwei Drittel der gesamten Welt. Im Sekretariat haben wir eine Belegschaft von zwei oder drei Leuten. Alles, was dieser Mitarbeiterstab machen kann, ist zu versuchen, Netzwerke aufzubauen und Kontakte herzustellen. Wir können Betroffene ermutigen, sich gegenseitig wahrzunehmen in Erfolgen und Misserfolgen. Wo immer möglich schaffen wir Verbindungen mit Menschen in den reichen und mächtigen Ländern. Durch diese Verbindungen, durch den Aufbau von etwas Solidarität untereinander werden sie ein bisschen mutiger und wagen es, sich dem Problem des Tourismus zu stellen. Ich denke, dass das die wichtigste Aufgabe einer Koalition, wie der von mir repräsentierten, ist.
An zweiter Stelle steht das Sammeln von Informationen zur Weitergabe an Interessierte. Wir haben rund um die Welt Dokumentationsmaterial über das Phänomen der Prostitution verbreitet. Was wir noch tun können, ist, den Blick auf die Zukunft zu richten. Versuchen wir herauszufinden, ob es eine Alternative im Tourismus gibt, die den Menschen der Dritten Welt nützt. Wenn wir sie finden, werden wir für sie eintreten als eine Alternative zu dem, was die Menschen der Dritten Welt erniedrigt."

Alternativtourismus wird von der Ecumenical Coalition on Third World Tourism definiert als ein Prozess, der für eine gerechte Form des Reisens zwischen Mitgliedern verschiedener Gemeinschaften eintritt. Er versucht gegenseitiges Verständnis, Solidarität und Gleichheit unter den Teilnehmern zu erreichen. Peter Holden, Ihrer Meinung nach soll der Tourismus an dem Kriterium gemessen werden, inwieweit er zum Aufbau einer gerechten, partizipatorischen und erhaltenswerten Gesellschaft beiträgt. Können Sie das präzisieren?"

Peter Holden: "Ich will es versuchen, auch wenn es ein schwieriges Unterfangen ist. Die Coalition beschäftigt sich nicht mit dem Tourismus um des Tourismus willen. Vielmehr streben wir ein Leben in einer Welt an, die wir uns erträumen. In der es Gleichheit vor dem Gesetz gibt, in der die Würde eines jeden Menschen geschätzt wird und nicht die Hautfarbe oder die Geldmenge in der Jackentasche. Das ist etwas von dem, was wir unter Gerechtigkeit verstehen. Wir träumen von einer Welt, in der jeder Mensch das Recht und die Chance hat, teilzunehmen an der Entscheidung über ihre oder seine Zukunft, mitzuentscheiden über die Geschehnisse in der Gemeinde und dort zusammen mit anderen Menschen an einer besseren Welt bauen kann. Das verstehen wir unter Partizipation. Der dritte Punkt ist, dass wir nach einer Art von Leben suchen, das erhaltenswert ist. Keine Welt, die sich selbst zerstört, weil die Luft so verschmutzt ist, dass niemand mehr in ihr atmen kann. Keine Welt, in der ein Atomkrieg droht, die die Mittel hat, sich selbst vielfach zu vernichten, sondern eine Welt, die erhaltenswert ist. Im Tourismus sehen wir ein Hindernis für diese erhaltenswerte

"Nein, Touristen sind uns nicht stets willkommen" (Foto: H. Stamm)

Welt, denn er baut Verhaltensweisen des Hasses und Misstrauens auf, er stellt den Menschen das Recht in Abrede, an ihrer eigenen Zukunft teilzuhaben. Er verleugnet das Kriterium Gerechtigkeit, weil einige Menschen frei, Subjekte sind, andere Mensche unfrei und Objekte sind. Er verhindert eine Welt, in der alle ein Recht zu leben haben."

"Könnten neue Tourismusformen zur Verwirklichung dieser Vision beitragen?"
Peter Holden: "Ich weiss es nicht, ich weiss nicht, ob es irgendjemand weiss. Was ich aber weiss, ist, dass jede neue Tourismusform dies nicht tut, wenn sie nur das berücksichtigt, was die Touristen wollen, wenn sie nur das berücksichtigt, was die Geschäftsmänner wollen und wenn sie nur das berücksichtigt, was die Elite-Regierung eines Dritte-Welt-Landes will. Nur wenn die Betroffenen selbst als Entscheidungsträger und nicht als Bedienstete am Tourismus teilnehmen, wird es neue Formen geben, die den betroffenen Menschen dienen und zu einer gerechten, partizipatorischen und erhaltenswerten Gesellschaft beitragen."

"Wie könnten wir Ihrer Meinung nach in Europa diesen Bestrebungen mehr Gewicht verleihen?"
Peter Holden: "Ich denke, es gibt drei Dinge, die getan werden müssen. Sie leben in Ländern, wo die Entscheidungen gefällt werden über die Angelegenheiten in anderen Ländern.Deshalb meine ich, dass es am wichtigsten ist, den Menschen in der Dritten Welt zuzuhören. Damit meine ich nicht die Elitegruppen und Regierungen der Dritten Welt; ich meine nicht Menschen wie mich, die als Vermittler für die Menschen der Dritten Welt tätig sind, sondern ich meine die Menschen der Dritten Welt, die sich selbst als Betroffene sehen und Veränderungen herbeiführen wollen. Hört ihnen zu, antwortet ihnen, auch wenn es nicht das ist, was ihr eigentlich machen wollt. Zum zweiten haben die Menschen in Europa die Möglichkeit, Fürsprecher für die Betroffenen zu sein. Sie können in deren Interesse mit den Entscheidungsträgern sprechen. Denn die Betroffenen wohnen weit weg; sie haben nicht das Vertrauen, die Sprachkenntnisse, nicht den kulturellen und ideologischen Hintergrund, um hier für sich selbst zu sprechen. Drittens gilt es, in Europa ein Bewusstsein von den Realitäten in der Dritten Welt zu schaffen — nicht nur von der auf touristische Interessen abgestimmten Wirklichkeit, sondern von der alltäglichen Wirklichkeit in Ländern der Dritten Welt. Ich glaube, dass die Menschen in Europa den Menschen in der Dritten Welt gut gewillt sind, aber eine gewisse Ignoranz lässt sie Fehler begehen. Auf diesen guten Willen aufbauend können entwicklungspolitische Initiativgruppen Informationen verbreiten, die mithelfen können, die Welt zu verbessern.
Wir können feststellen, dass es auf der anderen Seite sehr viel mächtigere Leute als uns gibt. Wir haben aber auch Macht. Wenn wir gut or-

"Almosen — nein danke?" (Foto: H. Stamm)

ganisiert und informiert sind, wenn wir zusammenhalten, können wir diese Macht beanspruchen und in Veränderungen umsetzen."

"Georg Pfäfflin, auf Anregung der Coalition on Third World Tourism waren Sie massgeblich an der Gründung des Third World Tourism European Ecumenical Network (TEN) beteiligt. Könnten sie kurz den Werdegang erläutern und die wesentlichen Anliegen nennen?"
Georg Pfäfflin: "Der ökumenische Rat der World Council of Churches hielt 1981 eine Konferenz in Stockholm ab, auf der die Dritte Welt erstmalig bei uns in Europa vor den Auswirkungen des Tourismus warnte und nach Konsequenzen verlangte. Da die Schäden, die der Tourismus in der Dritten Welt anrichtet, von uns verursacht werden, sollten ihre Anliegen von einer Agentur in Europa aufgenommen werden. Sie forderten in Stockholm den Zusammenschluss der Europäer zu einem Netzwerk ähnlich dem Zusammenschluss der Dritten Welt in der Ecumenical Coalition. TEN ist die direkte Antwort auf die Anfrage aus der Dritten Welt. Damit ist ihre wichtigste Aufgabe schon genannt, nämlich die Anliegen der Coalition in Europa zu vertreten. Zwei weitere Aufgaben will ich nennen. Bevor es die Coalition gab, haben in Europa verschiedene Initiativen versucht, die potentiellen wie die aktuellen Dritte-Welt-Touristen auf all das aufmerksam zu machen, was mit ihren Reisen verbunden ist. Dazu zählen die ERKLÄRUNG VON BERN, der ARBEITSKREIS TOURISMUS UND ENTWICK-

Beispiel Agonda

In dem an der Südküste von Goa gelegenen Dorf Agonda leben ca. 18'000 Menschen hauptsächlich vom Fischfang, der Palmweinerzeugung und der Landwirtschaft. Teilweise haben sie das von ihnen bewirtschaftete Land von auswärtigen Gutsbesitzern gepachtet, die sich nach Angaben der Dorfbewohner das Land von ihren des Lesens und Schreibens unkundigen Vorfahren angeeignet haben.

1981 versuchten der Multi COOK-Howard Loeb zusammen mit einer indischen Firma 200 ha Privat- und 100 ha Gemeindeland zur Errichtung eines Fünf-Sterne-Hotels zu kaufen. Die Regierung sagte dem Geschäft zu; die Gutsherren veräusserten ihr Land (ca. 12 ha), ohne die Zustimmung der Pächter zu haben, was das goanische Pachtgesetz vorschreibt. Es sieht ausserdem vor, dass die Pächter ein Vorkaufsrecht besitzen, im voraus informiert und ihnen Alternativen angeboten werden müssen.

Diesen Sachverhalt kennend, liessen sich die Dorfbewohner nicht mit kleinsten Entschädigungssummen von dem Land vertreiben. Noch glaubten sie an die angebliche Segnung, die die goanischen Bevollmächtigten im Falle des Hotelbaus für das Dorf Agonda ausmalten, wie z.B. lukrative Jobs als Gärtner, Kellner, Dienstmädchen oder zusätzliche Einkünfte aus einer Kleintierzucht und Gemüseverkauf an die Hotelküche.

Auch konnten sie zunächst mit Hilfe der Lokalregierung, die die Baugenehmigung für das Hotel verweigerte, die Drohung der Hotelunternehmer mit dem Landerwerbsgesetz abschmettern, nach dem Privatgrundbesitzer enteignet werden können, wenn dies im öffentlichen Interesse ist. Ein Jahr später erteilte die Lokalregierung die Genehmigung gegen den erklärten Willen der Dorfbewohner. Deren Einwände wurden mit dem Hinweis auf die Zentralregierung, die hinter dem Hotelprojekt stünde, abgetan.

Zwischenzeitlich hatten die Betreiber die ansässige Bevölkerung provoziert, indem sie illegalerweise eine Strasse durch den Wald angelegt hatten, ein Reisfeld in einen Garten verwandelt und ein Ferienhaus errichtet hatten. Gewalttätige Auseinandersetzungen blieben nicht aus: Der Zugang zum Wald wurde versperrt, Haus und Garten niedergebrannt, Hotelbevollmächtigtc verprügelt. Daraufhin liessen die Firmen von bewaffneten Schlägertrupps in Agonda Felder und Häuser zerstören, was die Jugend von Agonda veranlasste, sich zu organisieren und die Vereinigung der goanischen Palmweinzapfer dazu bewegte, den Fall publik zu machen.

Die Hotelbetreiber haben 52 Familien wegen Körperverletzung von Hotelangestellten und unerlaubtem Betreten von Grundbesitz angeklagt.(222)

LUNG in Basel, das ZENTRUM FÜR ENTWICKLUNGSBEZOGENE BILDUNG in Stuttgart, dcr STUDIENKREIS FÜR TOURISMUS in Starnberg und viele andere Aktionsgruppen.
Auch im TEN versuchen wir Aufklärungs- und Informationsarbeit zu leisten. Von der Dritten Welt sind wir aufgefordert worden, die negativen Auswirkungen des Tourismus zu bekämpfen. So haben wir uns in den letzten Jahren auf das Thema "Tourismus, Prostitution und Entwicklung" konzentriert. Eine weitere wichtige Aufgabe wird für uns, die wir den grössten Teil der Weltreisenden stellen, sein, neben den Alternativen *im* Tourismus auch nach den Alternativen *zum* Tourismus zu suchen."

"Liegen letztere auf einer persönlichen Entscheidungsebene und beinhalten sie die Forderung, das Reisen in die Dritte Welt einzuschränken oder mit entwicklungspolitischem Engagement hier zu verbinden? Liegt in den Alternativen zum Tourismus auch die Forderung nach strukturellen Veränderungen in den bereisten Gebieten, die vom Touristengeschäft unabhängier machen?"
Georg Pfäfflin: "Genau das verstehen wir darunter. Wir trennen die Frage nach den Alternativen im Tourismus nicht von der nach den Alternativen zum Tourismus, denn wir sind davon überzeugt, dass sich etwas ändert, wenn sich Menschen aus verschiedenen Kulturen begegnen. Wir glauben, dass man mit dem Reisen etwas lernen kann für sich selbst, zu seiner eigenen Veränderung und zu der seiner Umwelt."

Polaroidbild — Zeichen der Begegnung? (Foto: T. Krempke)

3.4 Tourismus mit Einsicht

Lange wurde bei uns von offizieller Stelle aus Tourismusförderung in Entwicklungsländern als Entwicklungshilfe verstanden und entsprechend unterstützt. Doch selbst vehemente Tourismus-Befürworter gestehen inzwischen ein: Es ist nicht alles Gold, was glänzt. Weniger wäre oft mehr. Bezüglich des Tourismus hat jedenfalls das Problem-Bewusstsein zugenommen. In unseren Breitengraden, vielleicht der immensen ökologischen Schäden wegen, besonders ausgeprägt.
Der Tourismus läuft Gefahr, den Ast abzusägen, auf dem er sitzt. Neue Formen drängen sich auf, in Entwicklungsländern wie in der Schweiz. Denn hier wie dort meint Entwicklung mehr als Wachstum.

In Diskussion sind zahlreiche Verbesserungs-Vorschläge, mehr oder weniger weitreichende. Wohl zeichnen sich bisher kaum tiefschürfende Veränderungen ab. Wo Wille vorhanden, ist kurzfristig nicht immer ein Weg. Aber immerhin, neue Pfade werden erprobt. Einfaches wird versucht, das oft äusserst schwierig zu realisieren ist. Und die Erfahrungen bestätigen: Diejenigen Anstrengungen lohnen sich, die auf einen Tourismus abzielen, bei dem die Betroffenen in wirtschaftlicher und sozialer Hinsicht das Sagen haben. Von, mit und für Einheimische(n), fasst eine Prättigauer Arbeitsgruppe ihre Konzeption zusammen. Dieses Rezept gilt nicht nur in der Schweiz. *Die touristische Entwicklung muss langsam und kontrolliert erfolgen*, auf Bestehendem aufbauen, mit lokal vorhandenen Finanzen und Materialien vom ansässigen Gewerbe ausgeführt werden, ohne dass sich dieses aufbläht.
Der Tourismus ist aufs Engste mit direkt produktiven Sektoren zu verknüpfen, der Landwirtschaft und dem (industriellen) Gewerbe. Es gilt, möglichst die Selbstversorgung zu garantieren. An diesem Anliegen haben sich alle Anstrengungen zu orientieren. Wo Tourismusförderung in armen Gebieten nicht nachweislich dazu beiträgt, die Landwirtschaft anzukurbeln und die Ernährungsgrundlage der Ansässigen zu verbessern, ist sie fehl am Platz.

Die Interessen der Bereisten sind vor allem auch bei sämtlichen Infrastruktur-Einrichtungen in den Vordergrund zu rücken. Im Wallis wie im Senegal wehren sich Einheimische dagegen, für Anlagen aufkommen zu müssen, die sie selbst kaum benützen können. Priorität sollte die Energie- und Wasserversorgung der Bevölkerung haben. Das gilt auch für die soziale Infrastruktur. Der Tourismus darf diese nicht einseitig beanspruchen oder konkurrenzieren. Protzige Hotels und Swimming-Pools gehören nicht in Gegenden, wo Kinder barfuss einen langen Schulweg zurückzulegen haben.
Und dort, wo beispielsweise keine Spitäler existieren, hat geplante Tourismusförderung vorrangig zu deren Errichtung beizutragen, zu-

Vorhandene Ressourcen sorgsam nutzen (Foto: P. Jesse)

mindest durch Koordination beim Erstellen der Anlagen, der Nutzung von Baugeräten und Materialien.
Zunächst erfordern sämtliche Projekte eine gründliche Bestandes-Aufnahme lokaler Kapazitäten. Wo diese nicht ausreichen, sind (besonders in besiedelten Gebieten) allfällige Neu-Bauten behutsam zu konzipieren und auf Vorhandenes abzustimmen. Das bedeutet zumindest, sich mit kleineren Einheiten zu begnügen. Dies mag die Arbeit der Reiseunternehmen komplizieren, birgt aber für die Ortsansässigen weniger Gefahren, dominiert zu werden.

Wo immer durch den Tourismus natürliche Ressourcen beansprucht werden, sind diese, soweit regenerierbar, angemessen abzugelten. Die Durchsetzung des Verursacher-Prinzipes soll auf allen Ebenen unnötigen Verschleiss verhindern. Touristikunternehmen sollten Kosten nicht zuungunsten der Bereisten senken. Zur Schonung der Umwelt sind die Reiseveranstalter dazu aufgerufen, Touristen auf ihre persönliche Verantwortung hin anzusprechen und mit sensibilisierenden Informationen zu bedienen. Vielleicht könnten gewisse Aha-Erlebnisse während der Ferien den späteren Alltag befruchten. Entsprechende Unterlagen bieten Organisationen wie der Arbeitskreis Tourismus und Entwicklung an.

Dass etliche Reisebüros Prospekte mit kritischen Verhaltenshinweisen an ihre Kunden abgeben, ist erfreulich. Doch berühren diese Massnahmen kaum den Kern des Problems. Hinzu kommt: Seit der Rezession konkurrenzieren sich Reiseveranstalter vermehrt mit Billigangeboten. Damit verengt sich der Spielraum für qualifizierende Eingriffe. Statt alle Möglichkeiten für eine umweltgerechte Ausrichtung des Angebotes auszuschöpfen, wird möglichst spitz kalkuliert. Aber längerfristig ist damit niemandem gedient, selbst dem König Kunden nicht. Denn wenn sein Portefeuille auf Kosten der Natur entlastet wird, fallen die so verursachten Schäden später auf ihn zurück. Denken wir nur an die Millionen von Franken, die nun zur Eindämmung der durch den Tourismus mitverursachten Waldschäden gebraucht werden. Prophylaktische Massnahmen wären billiger und gesünder gewesen. Ähnliches gilt für soziale Belange.

Werden nicht nur kurzfristig gewinnbringende, wirtschaftliche Faktoren berücksichtigt, zeigt sich: *Gegen den Willen der Bevölkerung durchgeboxte Projekte rentieren nicht.* Sie schüren Konflikte und wirken demobilisierend. Isolierte touristische Profite lähmen wirtschaftliche Aktivitäten in andern Bereichen. Wo die Menschen durch einseitiges Wachstum und Luxusinseln auseinanderdividiert werden, gedeiht keine Entwicklung, weder lokal, noch regional. Eine angepasste Entwicklung von unten — dazu gibt es keine tragenden Alternativen — ist nur bei aktivem Einbezug möglichst breiter Bevölkerungskreise möglich. Vielversprechend sind daher Schritte von armen Ländern, sich zusammenzuschliessen, statt sich gegenseitig ausspielen zu lassen.
Nachdem sich Tunesien 1972 im Alleingang erfolglos gegen den Reisegiganten Neckermann gewehrt hatte, schlug das sozialistisch orientierte Madagaskar 1973 andern Ländern im Indischen Ozean vor, eine gemeinsame Tourismuspolitik zu betreiben. Davon war schon die Rede, auch von der mangelnden Durchschlagskraft dieses Unterfangens. Immerhin, drei Jahre später nahm die Colombo-Konferenz der Blockfreien Staaten diese Idee auf. Die eingesetzte Tourismuskommission ging sogar noch einen Schritt weiter; sie forderte eine verstärkte Orientierung der Dritten Welt auf den Binnentourismus. Die Förderung der Verkehrswege zwischen den afrikanischen, entgegen jeglicher nationalstaatlicher Idee mit dem Massstab aufgeteilten Ländern, sollte auch eine Voraussetzung dafür schaffen, vermehrt untereinander zu wirtschaften und Güter und Leistungen auszutauschen.(223) Das heisst nun nicht, dass diese blockfreien Staaten ganz auf europäische Touristen verzichten möchten. Doch wollen sie sich vermehrt auf ihre unmittelbar eigenen Interessen konzentrieren. Ferner soll einseitige Abhängigkeit, durch grössere Anteile der Entwicklungsländer am touristischen Weltmarkt vermindert werden. Dies liesse sich auch ohne Steigerung des weltweiten Gesamtaufkommens realisieren, nämlich durch eine

Umverteilung bei der Benutzung vorhandener Angebote. Gemeint ist, dass bcispielsweise die heutigen Touristenscharen mehr Fluglinien und Hotels berücksichtigen, die den Entwicklungsländern gehören.
In einer im Oktober 1981 veröffentlichten Studie fordert deshalb die UNCTAD eine Umstrukturierung des internationalen Flugwesens. Konkrete Forderungen sind: "1. Gewährung von Flugtransportpräferenzen an die 3. Welt, wie Handelspräferenzen gegeben wurden. 2. Schaffung einer grösseren Transparenz zweiseitiger Regierungsabkommen, um ungünstige Abkommen für die Entwicklungsländer offen zu legen. 3. Gleichberechtigter Zugang zu Flugzeugtreibstoff. 4. Grössere Anteilnahme der Vereinigten Nationen an den Luftverkehrsproblemen. 5. Beseitigung ungleicher Gebühren usw. für fremde Fluggesellschaften. 6. Hilfe, damit die Entwicklungsländer Flugzeuge bekommen, die ihren Bedürfnissen besser angepasst sind. 7. Politik der knapp, aber für die Fluggesellschaften gerecht kalkulierten Preise. 8. Überprüfung der "non stop" Sondertarife. 9. Integrierung der Fluglinien, Hotels und Reisebüros der 3. Welt in einem weltweiten computerisierten Informationssystem. 10. Engere Verbindungen zwischen den Fluglinien und Hotels der Entwicklungsländer. 11. Kollektive Ersatzteilkäufe und Schaffung kollektiver Wartungszentren. 12. Zusammenschluss von Fluglinien benachbarter Entwicklungsländer und 13. Verpachtung von internationalen Flugrechten der Länder der 3. Welt."(224)

Dass selbst auf Ministerebene sich in Entwicklungsländern ein Umdenken bezüglich des Tourismus bemerkbar macht, zeigte sich bei einer Befragung von 20 Delegationen aus der Dritten Welt, die wir anlässlich der Internationalen Tourismusbörse in Berlin durchgeführt haben.(225) So bestätigte uns etwa der für Tourismuspromotion zuständige Kameruner Dr. Essono, sein Land habe zwar grosse Hoffnungen in den Tourismus gesetzt, die sich aber keinesfalls erfüllt hätten. In Zukunft sei deshalb ein mit einfacheren Mitteln betriebener Tourismus anzustreben. *"Qualität statt Quantität"* scheint also die neue Devise zu lauten. In diese Richtung zielen auch Vorschläge von zahlreichen Basisorganisationen. Etliche haben sich während der Manila-Konferenz der Welttourismusorganisation zu einer alternativen Vereinigung, der "Ecumenical Coalition on Third World Tousim" zusammengeschlossen, u.a. mit dem Ziel, neue Wege im Tourismus zu beschreiten. Ein wichtiger Erfahrungsaustausch fand 1984 in Chiangmai statt. Die inhaltliche Stossrichtung deckt sich im wesentlichen mit dem Prättigauer Konzept eines Tourismus von, mit und für Einheimische(n).(226)

Als Paradebeispiel wird in der Alternativtourismusdiskussion immer wieder das Beispiel der *Casamance im Senegal* erwähnt. Dieses Projekt besteht bereits seit vierzehn Jahren. 1972 wurden in einem gewöhnli-

Essen, was die Einheimischen anbieten, ausreichend vorhanden ist und nicht aufwendig, umweltbelastend importiert werden muss

chen senegalesischem Dorf zwei erste Touristencamps erstellt, und zwar ausschliesslich mit vorhandenen Ressourcen (Baumaterial etc.). Die Aufnahmekapazität beträgt 25 bis maximal 40 Personen. Durch die Lage im ländlichen Milieu soll Ansässigen ein Nebeneinkommen ermöglicht und Abwanderung verhindert werden. Zudem sollen die Produktion von Landwirtschaftserzeugnissen und (Kunst-) Handwerk Anreize erhalten. Der Senegalese Terence Diatta, Verwalter des Campement Touristique von Enampore, erzählte im März 1986: "In der Casamance ist ein anderer Tourismus entstanden, der integrierte Dorftourismus. Ich leite ein solches Dorfhotel. Wir Afrikaner haben durch diese Form des Tourismus auch einen finanziellen Gewinn."(84)
Die Dorfbewohner bauten einfache Gästehäuser aus Lehm, Stroh, Holz, der lokalen Bauweise angepasst. Die Gesamtkosten betragen rund 20'000 Franken pro Camp. Die Ernährung der Touristen wird mit Produkten des Landes von Frauen des Dorfes zubereitet.(227) Pro Camp werden fünf Ortsansässige beschäftigt. Die Verwaltung liegt vollständig in den Händen der Dorfbewohner. Und diese achten darauf, pro Jahr nie mehr als 1000 Touristen zu empfangen. Soviele, aber nicht mehr, scheinen ihnen verkraftbar zu sein. Mit der Reinvestition der Gewinne aus 220 Schlafplätzen in 8 Gemeinden wurden beispielsweise folgende Projekte realisiert: eine Klinik mit Apotheke in Elinkine, ein Marktplatz in Thionk, eine Moschee in Baila und die Beteiligung an einem Landwirtschaftsprojekt in Enampore.
Dieser Erfolg hat sich herumgesprochen. Obwohl vor zehn Jahren

noch etliche Einheimische (vor allem der Diola-Bevölkerung) diese Camppolitik entschicden ablehnten — in einem Dorf waren 52 Versammlungen nötig, um über die Vorlage zu einem Konsens zu kommen — möchten heute Dutzende von weiteren Gemeinden ebenfalls Touristencamps errichten. Im Mai 1985 schränkte allerdings die Zentralverwaltung einen weiteren Ausbau des Casamanceprojektes erheblich ein.(228) Als Grund werden soziokulturelle Probleme angeführt. Zunehmend wurden nämlich diese ländlichen Einrichtungen von Massentouristen besucht, und zwar nur für wenige Stunden, ohne Übernachtung in den "primitiven Hütten". Und diese sogar besonders spendefreudigen Gäste üben nicht nur auf Kinder grosse Anziehungskraft aus. Schulabsenzen, Bettelei und andere bekannte Nebeneffekte häufen sich. Daher soll fortan das Projekt nicht einfach ausgeweitet, sondern abgeändert werden. Dazu gehört eine ausgiebige Vorbereitung der Touristen vor Ankunft in den Campements.(229) Dazu Terence Diatta: "Wir müssen aber darauf achten, dass uns von den grossen europäischen Reiseveranstaltern nicht die Trümpfe aus der Hand genommen werden. Zum Beispiel die Gastfreundschaft. Wenn etwa ein einzelner Reisender seit ein paar Tagen in meinem Dorfhotel schläft, kann ich ihn nich plötzlich vor die Tür setzen, bloss weil irgendeine grosse Reiseagentur alle Betten in meinem Dorfhotel für eine Nacht gebucht hat. Ich kann ihn nicht vor die Tür setzen, ich kenne ihn schon. Das ist doch nicht menschlich, das ist doch nicht afrikanisch."(84)

Ein mit einfachen Mitteln betriebener Tourismus richtet sein Angebot an Gäste, die bereit sind, auf gewohnten Luxus zu verzichten und sich anderen Gepflogenheiten anzupassen. Gäste, die bereit sind, an einem Ort geruhsam zu verweilen, statt von Ort zu Ort zu hetzen. Gäste, die statt viel, wenig reisen und damit etwas anfangen. Wer die gängige Tourismuspraxis kennt, weiss, dass sich dies so einfach nicht realisieren lässt. Breitenwirksame Zwischenschritte sind erforderlich, um das Ziel zu erreichen.

Unterkünfte benutzen, die Einheimischen gehören (Foto: UM)

3.5 Mündige Touristen

Viele Reiseveranstalter verkaufen die Touristen für dumm. Sie sagen: "Die wollen ja gar keine Information. Jedes Papier, vom Flugbillett und Reiseprogramm abgesehen, ist eines zuviel." Tourismusexperten wie Jost Krippendorf, Direktor des Berner Forschungsinstitutes für Fremdenverkehr, oder Armin Vielhaber, Ferntourismusreferent des Starnberger Studienkreise, verweisen dagegen auf einen Trend hin zu einem "emanzipierten Touristen".(230)

Über einzelne Reisebüros verteilen wir vom Arbeitskreis Tourismus und Entwicklung jedes Jahr etwa hundertausend Prospekte mit kritischen Verhaltenshinweisen und Hintergrundinformationen an Touristen. Rund dreitausend Reisende bestellen bei uns auf Grund dieser Schriften weitere Unterlagen. Für mich ist das ein Zeichen, dass etliche Touristen mehr wissen möchten, als ihnen angeboten wird. Informationen, wie sie die Umwelt schonen könnten, sind ihnen wichtiger als Tips, wo sie möglichst gut oder günstig essen können. Aber für wie viele trifft das zu? Ich weiss es nicht. Gewiss steckt hinter dem Fehlverhalten der meisten Touristen nicht böse Absicht, sondern Unkenntnis. Aufklärung mag da helfen, verantwortungsbewusstes Verhalten zu fördern und Verständnis für andere Sitten und Gebräuche zu wecken. Ideal ist, wenn die Denkanstösse beispielsweise dazu führen, nicht bloss während den Ferien lebenswichtige Ressourcen zu schonen, sondern jeden Tag, heute und morgen. Wichtig ist ferner, dass Kunden ihre Reiseveranstalter mit kritischen Fragen bedrängen: Woher kommt die Nahrung? Wem gehört das Hotel? Haben die Einheimischen genügend Wasser? Reiseverkäufer geraten so ein wenig in Zugzwang, ihre (Informations-) Politik zu verändern. *Es gilt, Auflagen der Bereisten zu akzeptieren und die Natur höchstens so zu belasten, dass sie sich stets erholen kann.*

"Tips für ein umweltbewusstes Reisen", so heisst einer der Prospekte unseres Arbeitskreises Tourismus und Entwicklung.(231) Ich fasse hier einzelne Ratschläge zusammen. Die Devise lautet: *Je mehr wir unser Verhalten an den Lebensgewohnheiten der Gastländer orientieren (und uns dadurch ihren Erfahrungsschatz zunutze machen), desto naturverträglicher reisen wir.*
Wer geruhsam Land und Leute kennenlernen will, dem bieten öffentliche Verkehrsmittel besonders günstige Möglichkeiten. Mag sein, dass mit der Bahn oder dem Schiff die Reise etwas länger dauert, doch können wir uns so voll und ganz der Umgebung widmen. Das heisst aber nicht, dass das Ferienziel immer weit weg sein muss. Auch Velo-, Bahn- und Wanderferien daheim haben ihren Reiz. Da gibt es viel zu erleben, was uns im Alltag oft entgeht.

Zu Hause fliesst heisses und kaltes Wasser scheinbar unbeschränkt aus den Hahnen; doch bereits im Mittelmeerraum ist sauberes Trinkwasser Mangelware. Daher: Wenn wir im Ferienland duschen statt baden und uns in extremen Trockengebieten bloss mit dem Waschlappen erfrischen, sind wir nachher ebenfalls sauber und haben erst noch geholfen, Trinkwasser zu sparen. Auch das Wasser im Swimmingpool eines Hotels kann einem Bauern auf dem Felde fehlen.
Sich nur selten zu waschen oder in schmutzigen Kleidern daherzukommen, ist allerdings keine befriedigende Lösung des Wasserproblems. Einheimische fühlen sich dadurch beleidigt. Wer seine Haut gerne mit Sonnenöl pflegt, soll es nicht zum Annetzen vor dem Baden verwenden. Das tönt unsinnig. Doch: In Österreich mussten mehrere Seen durch die Feuerwehr von einem Sonnenöl-Teppich befreit werden!
Dass die Feuerwehr auch immer wieder bei leichtsinnig verursachten Bränden einschreiten muss, ist ebenso bekannt wie das Gebot, in waldbrandgefährdeten Regionen keine Feuer zu entfachen. Bleibt hinzuzufügen: Koch- und abenteuerliche Lagerfeuer sollten in holzarmen Gebieten unterlassen werden. Verantwortungsbewusste Trekker und Wanderer benützen deshalb an solchen Orten einen kleinen Gas- oder Tablettenkocher.

Nepalis nennen den durch ihr Land führenden Trekkingpfad schlicht "Abfallroute". Auch "Naturfreunde" werfen viel Abfall weg. Die Auswirkung ist verheerend. In extremen Klimazonen (Wüsten, Gebirge, Polarregion) wird Abfall kaum abgebaut. Arme Länder verfügen auch nicht über die nötige Infrastruktur, um mit unserem Zivilisationsabfall fertig zu werden. Daher gilt es, auf Treks und Wanderreisen die nicht abbaubaren Abfälle wieder mitzunehmen. Verbrauchte Batterien von Kameras und Geräten enthalten giftige Schwermetalle. Viele Geschäfte nehmen sie zurück.
Statt leere Sonnenölflaschen und Getränkedosen am Strand zu vergra-

ben, “entsorgen” wir sie besser in einem Abfallkübel. Noch umweltfreundlicher sind Getränke in Retourflaschen. Und: Heiss servierte Durstlöscher wie Tee ergeben noch weniger Abfallprobleme. Am leichtesten sind eben “Abfälle” zu beseitigen, die wir gar nicht mitnehmen.

Eine der interessantesten Entdeckungsreisen, die wir im Ferienland unternehmen können, ist jene durch die einheimische Küche. So gehört in zahlreichen Ferienorten der Markt zu den Hauptattraktionen. Hier erhalten wir lokale Früchte, Gemüse, Fische und Fleischsorten frischer und meistens auch günstiger als importierte Konserven und Tiefkühlprodukte.

Geschält oder gekocht sind einheimische Früchte und Gemüse für uns ohne weiteres geniessbar. Und mit dem Kauf lokaler Produkte helfen wir dem Land, Devisen zu sparen. Von Froschschenkeln, Schildkrötensuppe und dergleichen ist allerdings abzuraten. Vom Aussterben bedrohte Tiere haben im Kochtopf nichts verloren. Lieber erleben wir sie in der Natur.

Wie rassig und spassig sind Wasserskifahren, Motorsurfen, Heliskiing und andere Freizeitaktivitäten! Aber bedenken wir auch hier: Diese Sportarten sind energieträchtig. Sie belasten den Lebensraum von Mensch, Tier und Pflanze. Die gesuchte Portion Nervenkitzel erfordert viel Aufwand an Raum, Material und Energie. Mit etwas Phantasie und Nachdenken finden wir Betätigungen, die weniger Lärm und Ab-

gase verursachen. Bemühen wir uns also, schonend mit der ohnehin knappen Ferienluft umzugehen und unseren Ferienort nicht zu entwerten. Vor allem gilt es immer zu bedenken: Für die ansässige Bevölkerung ist unser Erholungsraum Lebensraum.
Und noch ein Tip aus dem genannten Prospekt: Reisen sind Konsumgüter, fast wie andere auch. Es gibt bessere und schlechtere. Daher gilt: Wer bedächtig einkauft, hat mehr davon, besonders bei Reisen in Entwicklungsländer.

Vom 12. - 16. Mai 1985 fand in London eine internationale Tourismuskonferenz statt. Aus mehreren europäischen Ländern berichteten zahlreiche VertreterInnen von tourismuskritischen Organisationen über ihre Erfahrungen. Nach dem Informationsaustausch beschlossen die im "Third World Tourism European Net" (TEN) zusammengeschlossenen Gruppierungen, eine gemeinsame Konsumentenaktion zu lancieren. Dem verabschiedeten Forderungskatalog entnehme ich einzelne Empfehlungen. (Sie wurden in Absprache mit der Partnerorganisation aus der Dritten Welt, der "Ecumenical Coalition on Third World Tourism", erarbeitet.)
In vielen Ländern der Dritten Welt gibt es grössere und kleinere Pensionen, die Einheimischen gehören und im Landesstil geführt werden. Hier können wir die Eigenständigkeit unseres Gastlandes besser erleben als in supermodernen (energieträchtigen) Hotels. Die lokalen Fremdenverkehrsbüros vermitteln gerne entsprechende Adressen.
Teil der Kultur eines jeden Landes ist die nationale Küche. Oft ist sie viel schmackhafter als es die "Hamburger-Frites"-Menues sind, deren Bestandteile weitgehend importiert werden müssen. Einheimisch essen und trinken erspart dem Land Devisen und stärkt seine Landwirtschaft.

Umgehängte Kameras mit allem Zubehör am Bauch, das wirkt protzig und erweckt oft Neid.

Öffentliche Transportmittel benutzen (Foto: P. Jesse)

Auch gibt es überall öffentliche Transportmöglichkeiten: Busse, Züge, Sammeltaxis etc. Sie sind günstig, ermöglichen Kontakt mit Einheimischen und zeigen Städte und Landschaften viel lebensvoller.
Häufig kommen Souvenirs aus Hongkong. Und: Angebliches Handwerk wird zunehmend in Fabriken maschinell hergestellt. Doch es lohnt die Mühe, sich nach lokalem Handwerk zu erkundigen, dessen Geld dem Hersteller selbst zugute kommt.
Prospekte und Reiseführer vermitteln zuweilen nur Schaufensterausschnitte eines Landes. Wollen wir mehr sehen, müssen wir Fragen stellen. Fragen nach Arbeits- und Lebensbedingungen der Einheimischen, nach Löhnen und Preisen, nach dem politischen System, nach Sprachen, Sitten, Religionen und der Stellung der Frau. Sie ermöglichen es den Reiseleitern, uns ihr ganzes Wissen zu vermitteln.
Bei vielen Völkern der Dritten Welt ist die Gastfreundschaft ein zentraler Bestandteil der Kultur. Gerade europäischen Touristen gegenüber sind Afrikaner, Asiaten und Lateinamerikaner gewöhnlich überaus höflich und grosszügig. Ihre Freundlichkeit will aber erwidert sein, und zwar nicht einfach materiell.
Allerdings: Viele arme Menschen schämen sich ihrer Not. Sie wollen weder besichtigt noch fotografiert werden. Und sie wollen auch keine Fragen beantworten. Dies gilt es zu respektieren. Hinzu kommt: Reise-

kataloge preisen manchmal "traumhafte Paradiese" an, wo Menschen um ihrer Überzeugung willen gefoltert werden. In solchen Ländern besteht die Gefahr, dass wir Touristen zur Stärkung diktatorischer Regimes beitragen.

In anderen Kulturen existieren anderes Wissen und anderes Können. Besonders dort, wo die Industrialisierung noch nicht jeden Bereich des Lebens beherrscht, sind teilweise Formen des Umgangs mit der Natur und den Mitmenschen erhalten, die wir verloren haben. Wer sich nun dem Fremden aussetzt, wer neue Erkenntnisse sucht, wer sich von den Problemen anderer berühren lässt, wer das Schöne geniessen kann, der verändert sich. Nach Hause zurückgekehrt, kann der Reisende seine eigene Umgebung mit anderen Augen sehen. Die Reise in die Ferne wird Anstoss zur Veränderung zuhause. Bloss wer sich davor fürchtet, der bringt sich um eine wichtige Bereicherung.

Jedoch: Die Dritte Welt ist kein Flucht- und Therapieraum für Industriekranke und gesellschaftsgeschädigte Europäer. Die Reise in die Dritte Welt ist dann ein bleibendes Ereignis, wenn sie ein seltenes bleibt. Als Konsumenten müssen wir uns bewusst sein: Der Tourismus ist auch ein Supermarkt der Illusionen und somit darauf angelegt, uns den Wunsch nach Befriedigung geheimer Wünsche in fernen Ländern zu erfüllen. Daher gilt es immer zu fragen:

Warum mache ich diese Reise? Was lasse ich zurück? Wieviel Reisen können meine Seele und mein Körper verkraften? Was mache ich mit meinen Erfahrungen, wenn ich nach Hause komme? Und diese Frage führt uns auf unseren Alltag zurück. Freiheitliche Strategien können nicht isoliert im Tourismus durchgesetzt werden. Vielmehr erfordern sie strukturelle Veränderungen unserer gesamten Lebenswelt.(232)

Einer, der's genau wissen will? – was mache ich mit meinen Erfahrungen, wenn ich nach Hause komme? (Foto: H. Stamm)

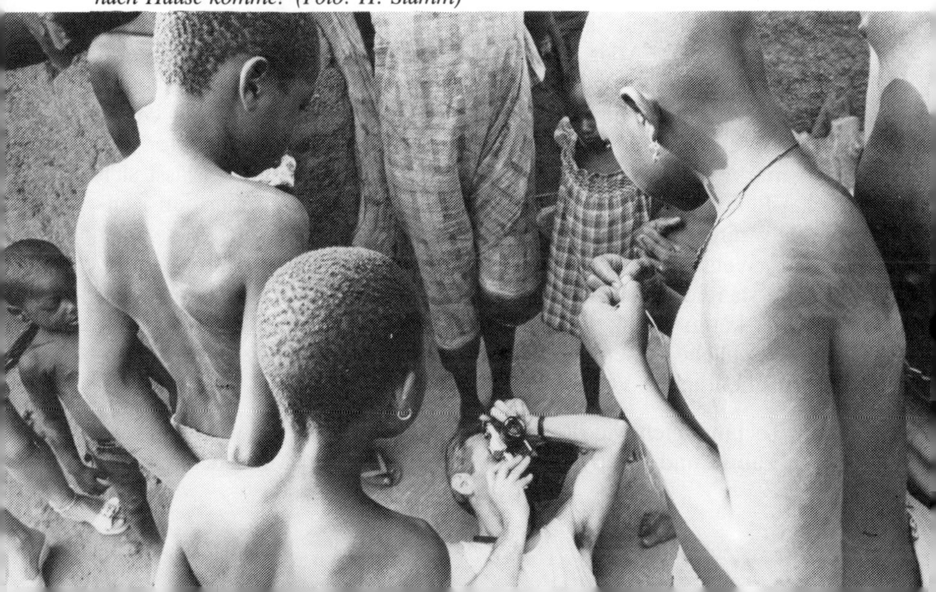

3.6 Von der Freizeit zur Freiheit?

Gut dreissig Millionen Arbeitslose weisen die OECD-Staaten aus. Zudem stehen Rationalisierungen grösseren Ausmasses bevor, auch in der Schweiz. Dass der Arbeitsgesellschaft allmählich die (menschliche) Arbeit ausgeht, darüber müssten wir laut Politologin Hannah Arendt eigentlich frohlocken. Angesprochen ist damit die Chance, mit weniger individuell zu leistender Arbeit mehr produzieren und mehr Zeit persönlich nutzen zu können. Zynisch fragt der ehemalige britische Premierminister Macmillan: "Warum jammert denn ihr Arbeitslosen? Ihr wolltet doch immer mehr Freizeit?"
Nun, mehr Freizeit wünschen sich viele Menschen. Aber nicht in Form von Arbeitslosigkeit. Weil dieses Damoklesschwert über uns schwebt, klammern sich viele an die Arbeit. Das bestätigt eine kleine Umfrage des Schweizer Fremdenverkehrsverbandes im Sommer 1986.(233) Zwei Drittel der Befragten gaben an, nicht weniger als heute arbeiten zu wollen. Und was ist mit denen, die überhaupt keine Arbeit haben? Sinnvoll wäre, die beschränkt vorhandene Arbeit gerechter zu verteilen. Eine weitere, von zahllosen Menschen auch herbeigesehnte Arbeitszeitverkürzung drängt sich auf. Immerhin: Die Mehrheit der Schweizer möchte lieber mehr Freizeit als mehr Lohn. Zu diesem Ergebnis kam 1984 das Hergiswiler Institut für Marktanalyse. Über eine Arbeitszeitverkürzung könnte es uns besser gelingen, mehr zur Ruhe zu kommen. "Nihil agere delecat", sagte der römische Philosoph Cicero. Nichtstun ist angenehm.

Vom Sonderfall Schweiz ist oft die Rede, neuerdings im Zusammenhang mit der Arbeitslosigkeit. Sie beträgt bei uns weniger als zwei Prozent, in Irland dagegen bereits sechzehn. Ja, im Vergleich mit andern Staaten stehen wir gut da, wenn wir von den ausgewiesenen GastarbeiterInnen absehen. Aber, unsere Wirtschaft ist eng mit dem Ausland verknüpft. Sie bleibt von Ereignissen jenseits der Grenzen nicht verschont. Von dort kommt die Hälfte unseres Reichtums. Und: Unser kapitalistisches System ähnelt demjenigen der BRD und anderer (sozial-) marktwirtschaftlich organisierter Länder. Spekulieren lässt sich nach VPOD-Gewerkschafter Schiwoff höchstens noch über den Zeitpunkt, wann Massenarbeitslosigkeit auch bei uns eintritt. Anzeichen für das Wegrationalisieren von Arbeitsplätzen sind deutlich genug, auch im staatlichen und Dienstleistungssektor. Mikroprozessoren können zwar kaum Krankenpfleger und Lehrerinnen ersetzen, wohl aber viel menschliche Arbeit in der Verwaltung, dem Elektrizitätswesen sowie im öffentlichen Verkehr.

Neue Technologien wie die Mikroelektronik (und ihre Anwendung in Büro, Fabrik und Heim) eröffnen eine Epoche der Massencomputeri-

sierung, eng verbunden mit Telekommunikation, Biotechnologie und Raumfahrttechnik. Was das aber für die Weiterentwicklung von Wirtschaft und Gesellschaft bedeutet, darüber streiten sich die Experten. Daniel Bell (234) beschreibt die westliche Industriegesellschaft bereits als nachindustrielle. Als typische Kennzeichen erwähnt er
— den Übergang von einer warenproduzierenden zu einer Dienstleistungsgesellschaft, die Vorherrschaft wissenschaftlich-technischer Berufe, die zentrale Bedeutung theoretischen Wissens als Quelle von Innovation und Gestaltung der Gesellschaft, die Planung und Kontrolle des technischen Wandels durch technologische Prognosen sowie
— die Schaffung einer neuen "intellektuellen Technologie" für politische Entscheidungsprozesse.
Ausser dem Dienstleistungsbereich nimmt allerdings auch der Output des mit immer weniger menschlichen Arbeitskraft betriebenen industriellen Sektors zu. Toffler (235) spricht deshalb von einer sich abzeichnenden Superindustriealisierung. Ob diese in Zukunft sanftere oder härtere Wege beschreiten wird, steht nach Joseph Huber (236) in keinem Techno-Horoskop.

Wohnlich wird es nicht erst, wenn wir noch zwölf weitere TV-Kanäle empfangen und verkabelt, alles vom engen Zuhause aus erledigen können.

Prognosen von Herman Kahn (79) sagen bis zum magischen Jahr 2000 eine exponentielle Ausdehnung der "industriellen Superstruktur" durch technologische Weiterentwicklung voraus, so etwa im Bereiche der künstlichen Herstellung von Fasern und Nahrungsmitteln, der Mensch-Maschine-Kommunikation, der Weltraumtechnologie sowie der Energiegewinnung und -konservierung. Der häufig zitierte Prophet kommt zum Schluss, das Ressourcenpotential dieser Erde reiche aus, 30 Milliarden Menschen auf dem heutigen westlichen Wohlstandsniveau langfristig am Leben zu erhalten. Noch nie seien die Chancen für eine glückliche Verquickung von Konsumquantität und Lebensqualität so günstig gewesen wie jetzt.
Gemäss neu entflammender Wachstumseuphorie scheint bereits wieder alles möglich zu sein. Mit "Hurra-Realismus" soll der verbreitete "Untergans-Utopismus" gebodigt werden.

Der Einsatz von neuen Technologien erlaubt es, die Steuerung von mitunter sehr komplexen Arbeitsprozessen zu einfachen Bedienertätigkeiten, die schnell erlernbar sind, zu reduzieren.(237) Wenn neue Technologien eingeführt werden, wird viel Wissen, Erfahrung, Können und Talent überflüssig, ohne dass sich die auf diesem Wege Dequalifizierten für eine neue Arbeit qualifizieren könnten.
Neue Technologien sind in der Lage, heikle Prozesse in Verwaltung und Forschung selbständig zu steuern. Sie brauchen lediglich Wartung und Bedienung. Damit verändert sich das Wesen der Arbeit. Die Distanz zwischen Produzent und Produkt vergrössert sich. Hinzu kommt: Das entscheidende Element neuer Geräte ist oft das gleiche, der Chip. Je nach Einsatz übernimmt er eine andere Funktion.
Die Logik des Gerätes ist immer weniger einsehbar. Ein Defekt kann

zwar lokalisiert, aber kaum verstanden werden. Der Chip wird ausgewechselt. Gefühle der Ohnmacht verstärken sich. Die Arbeit wird automatisiert und individualisiert. Zur sinnlichen Verarmung gesellt sich die soziale, verstärkt durch die Anonymisierung von Verantwortung sowie die Überforderung durch neue Technologien. Für viele sind heute weder die grossbetrieblichen Strukturen, noch die hochkomplizierten und arbeitsteiligen Produktionsprozesse durchschaubar oder beeinflussbar. Die Starrheit der Arbeitszeit trägt das Ihre zum Gefühl der Unkontrollierbarkeit und des erlebten Zwanges bei. Laut einer repräsentativen Erhebung aus dem Jahre 1982 beklagen sich 42% aller Schweizer Berufstätigen über Stress und argen Zeitdruck. Zwei Drittel aller befragten Arbeitnehmer haben das Gefühl, heute mehr unter Stress zu stehen, als noch vor wenigen Jahren.

Zeitnot und Zeitdrill

Um 240% gestiegen sind während den letzten zehn Jahren die Freizeitausgaben der Schweizer Haushalte. Die Zunahme liegt damit deutlich über der Ausgabensteigerung von 130% im privaten Verbrauch. Erstaunlich konstant blieb die Verteilung auf einzelne Posten. Nach Angaben des Bundesamtes für Industrie, Gewerbe und Arbeit (BIGA) geben wir durchschnittlich 33% unseres Freizeitbudgets für Ferien aus, 20% für (den mit einem Drittel veranschlagten, freizeitbezogenen Anteil an) Auto, Motor- und Fahrrad, 10% für Fernsehen, Video, Radio und Computer, 9% für Bücher und Zeitungen, 6% für Sport, 4% für Spiele, 3% fürs Filmen, je 2% für Haustiere sowie Kino- und Theaterbesuch. Trotz beträchtlichen Einkommensunterschieden variieren die Prozentzahlen kaum. Fast gleich sind sie bei Steuersummen zwischen 36'000 und 84'000 Franken.

Was die Zeitverwendung betrifft, verfügen laut Bundesamt für Statistik Berufstätige über rund 5 Stunden Freizeit pro Tag (incl. Wochenende). Genutzt wird diese Zeit mit Fernsehen (75 Min.), Radio- und Musikhören (20'), Lesen (35'), Hobbies (25'), Sport und Bewegung (20'), Veranstaltungen (10'), Besuche machen (25'). Die Zeitangaben sind allerdings grobe Mittelwerte. Je nach Alter, Beruf und Geschlecht weichen sie erheblich ab. Das gilt auch für den Freizeitanteil (40%), den wir mobil verbringen.

Hinzu kommt: Weniger Arbeit bedeutet nicht automatisch mehr Freizeit. Die Pädagogin Christiane Müller beschreibt in ihrer Dissertation "Zeitnot" (Weinheim/Basel 1984), wie sehr sich Drill, Organisation und (Konsum-)Stress der Freizeit bemächtigen. Und Politikwissenschafter Iring Fetscher von der Frankfurter Goethe Universität ergänzt: "Aufgrund der starken Einflüsse von Pietismus und Calvinismus, der traditionellen Arbeitsmoral und der seit vielen Jahrzehnten leistungsorientierten Gesellschaftspolitik tun sich Schweizer und Deutsche besonders schwer mit der Freizeit."

In aller Stille, aber explosiv setzt sich mit der Verkabelung die Tele-Heimarbeit durch. Tele-HeimarbeiterInnen sind Daten verarbeitende Schreibkräfte, Verkäufer, Software-Programmierer, Lagerverwalter, Bibliothekare, Journalisten, Vermögensverwalter, Buchhalter und Manager, welche mit Rohstoff-, Devisen- und Arbeitsmärkten per Bildschirm in Verbindung stehen. Grosse Distanzen lassen sich so im Nu überbrücken. Beispielsweise schickt die Satelite Data Corporation Manuskripte von New York per Satelit nach St. Michaels auf Barbados, lässt sie dort druckreif setzen und per Satelit in die USA zurücksenden. George R. Simpson, Chef der Firma: "Wir können die Arbeit in Barbados billiger verrichten." Die amerikanische Firma A.C. Nielsen televerwaltet die Abonnementsabteilung für ein Magazin an einem weitentfernten Ort, in Limerick, Irland. Eine andere amerikanische Firma, die Saztec Inc., lässt Manuskripte nach Singapur fliegen, dort elektronisch verarbeiten und per Satelit nach Australien zur täglichen Erneuerung einer Datenbank übertragen.
Die gleiche Technik, welche die Tele-Heimarbeit erlaubt, ermöglicht es auch, bisher durch Arbeitnehmer ausgeführte Arbeiten des Dienstleistungssektors auf die Kunden abzuschieben. Als neuer Hit gelten Ferneinkauf, Fernbestellungen und Fernbuchungen. Es mag zwar bequem sein, vieles vom Wohnsessel aus zu erledigen. Aber erkauft wird dieser Komfort durch massenhafte Vernichtung von Arbeitsplätzen und fortschreitende Isolation. Der Kontakt mit der Aussenwelt, die Erfahrung der Wirklichkeit, gerinnt zur elektronischen Kommunikation mit der Datenbank.
Es ist noch gar nicht so lange her, dass die Industrialisierung das traditionelle Familien- und Sozialgefüge auseinandergerissen hat. Jetzt werden die Menschen auch aus den Beziehungen am Arbeits- und Einkaufsplatz entlassen. Alle können für sich leben und arbeiten, völlig dezentralisiert, und doch abhängiger denn je vom Schaltpult, das über beliebige Ausweichmöglichkeiten verfügt. Mit dem Bildschirm hat jedenfalls der Mensch sein Produktionsmittel nicht zurückgewonnen.(238)

Wirtschaft und Gesellschaft müssen nun, von technologischen Erneuerungen überrollt, ihre Anstrengungen intensivieren, das Recht auf Arbeit und Lohn einzulösen, zum Beispiel durch gerechtere Verteilung der Arbeit, Zeitverkürzungen und Teilstellen. Nach einer vom Sozialministerium Rhcinland-Pfalz durchgeführten Untersuchung liessen sich 60% der 9000 untersuchten Arbeitsplätze in Industrie, Handel, Kredit- und Versicherungswesen "ohne grossen Schwierigkeiten" in einen Vierstunden-Rhytmus teilen.(239)
Nach einer Untersuchung des Nürnberger Instituts für Arbeitsmarktforschung wünschen 88% der Befragten eine kürzere Arbeitswoche und längeren Urlaub (selbst bei Verdiensteinbusse). Eindeutig nimmt auch in der Schweiz die Anzahl derjenigen zu, denen "mehr Freizeit"

Arbeitszeitverkürzung

Die Maschinenindustrie kannte in den Anfängen einen Arbeitstag von achtzehn Stunden. 1815 verordnete der kleine Rat von Zürich, dass Kinder erst vom 10. Altersjahr und während höchstens 14 Stunden arbeiten durften. 1855 dauerte der Werktag der Industriearbeiter "nur noch" 12 - 14 Stunden.

1914 beschloss die Schweiz den 10-Stunden-Tag. 1934 forderte der Gewerkschaftsbund die 40-Stunden-Woche, lancierte 25 Jahre später eine entsprechende Initiative, zog diese zugunsten eines auf 1967 versprochenen 45-Stunden-Kompromisses zurück, der 1975 vom Bundesrat verordnet wurde. Mit 78% Nein-Stimmen verwarfen die WählerInnen 1976 die POCH-Initiative für die 40-Stunden-Woche. Ein Jahr später lancierte der SGB eine ähnliche Initiative, die nicht zustande kam und jetzt eine Neu-Auflage erfährt.

1980 registrierte das Internationale Arbeitsamt in der Schweiz mit 44,5 Stunden die längste wöchentliche Arbeitszeit Westeuropa.

wichtiger ist als "mehr Lohn". "Zunehmende Monotonie der Arbeit" und "mehr Zeit für mich selbst", so lauten die häufigsten Begründungen.(240)

Fragt sich nun: Wie nutzen wir unsere Nicht-Arbeit? Gehen wir paradiesischen Zuständen entgegen?

Weniger Arbeit bedeutet nicht automatisch mehr Freizeit. Das besagt die Studie "Freizeit 2000" des Deutschen Automobil Clubs (ADAC).(241) Pflege und Wartung technischer Geräte fressen oft viel Zeit, ebenfalls die längeren Anfahrten zu Arbeits- und Erholungsstätten.

Laut Gewerkschaftssekretär Kappeler "wird 75% der Freizeit, die man nicht mit Schlafen verbringt, verschiedenen Aktivitäten gewidmet, die letztlich einer Arbeit gleichkommen."

Organisation, Genauigkeit und Zeitdrill bemächtigen sich der Freizeit. Die Stoppuhr findet nicht nur beim Sport Verwendung. Wer kennt nicht das Gefühl, sich von der Erholung erholen zu müssen, sei's am Montagmorgen oder nach einem gewöhnlichen Fernsehabend.

"Freizeit" so heisst der Titel einer dicken Zeitungs-Beilage. Im wesentlichen enthält sie das Fernsehprogramm der jeweils folgenden Woche. Immerhin beträgt der TV-Konsum von Deutschschweizern 73 Minuten pro Tag, bei den Welschen sind es 92 und bei den Tessinern 112 Minuten.(242) Besonders kreativ ist das nicht. Aber wer will nicht hie und da abschalten, sich berieseln lassen. Ein Knopfdruck macht's möglich. 1984 gaben in der Bundesrepublik 69% Erwerbstätigen an, sich nach der Arbeit am liebsten vor dem Flimmerkasten auszuruhen.

Vom Wertewandel profitieren

"Passivität ist passé", sagt der von der Zigarettenindustrie finanzierte Hamburger Freizeitforscher Horst W. Opaschowski. Anstelle der 3F (Fernsehen, Flaschenbier, Filzpantoffeln) würden sich die 5S (Selbermachen, Selbstentfaltung, Sozialkontakt, Sich-entspannen, Spass) durchsetzen. So findet sich bereits in jedem zweiten Schweizerhaushalt eine Bohrmaschine. Der Do-it-yourself-Bereich verzeichnet seit bald einem Jahrzehnt eine Wachstumsrate von 10%.
Auf den Bau- und Freizeitmarkt setzt die zur Genfer Warenhausgruppe Maus Frères S.A. gehörende Jumbo-Markt AG. Eines ihrer drei, zu Beginn der Achtzigerjahre eröffneten Zentren befindet sich in Bachenbülach (ZH). Auf einer Verkaufsfläche von 4300 m^2 werden hier rund 50'000 Waren angeboten, Werkzeuge, Gartengeräte, Autozubehör, Sport- und andere Artikel. Die Auswahl ist beachtlich, der Kunde König. Oder wechselt er bloss am Feierabend von einer Fabrik in die andere?

Mit dem vielgepriesenen, freizeitorientierten Wertewandel ist das so eine Sache. Wenn aktive oder passive Konsumsucht die Anbetung der Arbeit ersetzt, reproduzieren sich, durch farbenfrohe Mäntelchen kaschiert, ähnliche Verhaltensmuster. So lässt sich sogar mit der Propagierung immaterieller Werte der Umsatz von Freizeit- oder Weihnachtsartikeln fördern: Wer zum Beispiel genüsslich Musik hören will, braucht eine exklusive Stereoanlage.(243)

Unsere Freizeitausgaben entsprechen bereits fünfzehn Prozent des gesamten Bruttosozialproduktes. Enorm angewachsen ist die gemeinschaftlich finanzierte Infrastruktur im Freizeitbereich. Davon profitieren private Sportartikelunternehmen und Grosskonzerne. Viele verzeichnen einen anhaltenden Umsatzboom.
Fürs Märchenerzählen sind heute Tonbänder und Telefonservice zuständig. Konsumorientierte, micki-maus-monotone Freizeitparks nehmen zu und die Wälder sterben.
In genormten Einkaufszentren befördern uns Fliessbänder. Lautsprecher klären uns über Top-Angebote auf. "Greifen sie zu!" Der Kunde ist König: Er wechselt am Feierabend von einer Fabrik in die andere. Überwältigend ist die Zunahme an Freizeit-Artikeln. Nebst Brauchbarem findet sich darunter viel Ramsch und Schnick-Schnack.
Wir sind eingebunden in ein Produktions- und Vermarktungssystem, dessen Klauen geschickt zupacken. Spitzenumsätze erzielen Do-it-yourself-Shops. Dagegen ist im Prinzip nichts einzuwenden. Der Boom ist ein Zeichen vermehrter Eigeninitiative. Jeder hat heute seine eigene Bohrmaschine, seine eigene elektrische Säge... und kaum Platz, die Geräte zu verstauen. Aber wo sind Ansätze gemeinschaftlichen Han-

Das Geschäft mit der Freizeit

Während den letzten hundert Jahren hat sich das Realeinkommen verachtfacht, die Lebenserwartung verdoppelt, die Arbeitszeit halbiert. Verfünffacht haben sich innert zweier Dekaden unsere Freizeitausgaben. Rund einen Fünftel ihres Verbrauchsbudgets, Steuern und Versicherungen abgezogen, lässt sich die Familie Schweizer ihre Freizeit kosten.

Die Freizeitindustrie ist weltweit zum drittgrössten Wirtschaftszweig avanciert. Noch wird sie von der Energiegewinnung und Kraftfahrzeugproduktion übertroffen. Im magischen Jahr 2000 soll sie aber der grösste Faktor sein. Das prognostizieren Experten ziemlich übereinstimmend, abgestützt auch auf den anhaltenden Boom neuer Freizeitparks.

Im Streite der Anbieter

Die Vielzahl sich jagender Freizeitangebote erschwert dem Kunden die Information. "Wer unter den Anbietern seriös ist", klagt Sigurd Agricola, Geschäftsführer der Deutschen Gesellschaft für Freizeit, "kann immer schwerer erkannt werden." In stets kürzerer Abfolge bestimmen Modetrends unsere zur Konsumzeit gewordene Freizeit.

Noch eröffnen sich dem Freizeitmarkt laut Adidasmanager Honz Expansionsmöglichkeiten in allen Richtungen. Weiteres Wachstum verlange allerdings grössere Einsätze auf der Marketing- und Werbeklaviatur. Und weil das Buhlen um der Kunden Gunst viel Kraft erfordere, würden grössere Unternehmen die kleineren zwangsläufig in Nischen abdrängen.

Selbstbestimmte Freizeitaktivitäten sind auch ohne dickes Portemonnaie möglich und lustvoll (Foto: H. Stamm)

Die Wirtschaft steigt ein

Wer zu Beginn der Achtzigerjahre das Tennisspielen in einer Halle erlernen wollte, musste sich in der Regel zuerst einmal in eine Warteliste eintragen. Heute hat er's einfacher. Zwar gibt es inzwischen mehr Tennisspieler, doch hat sich das Hallenangebot fast verdreifacht. Um akute Auslastungsprobleme zu beheben, werden Spiellustige per Inserat angeheuert. Was 1977 als gewagte Voraussage für die bevorstehende Jahrhundertwende galt, nämlich 420 Hallenplätze, ist bereits übertroffen. In rund 140 Tenniszentren stehen gut 800 Hallenplätze zur Verfügung.

"Nachdem schon seit einigen Jahren festzustellen war, dass der Biermarkt stagniert", erklärt Victor Schwyter, Vizepräsident der Warteck Sport Holding AG, "bemühten wir uns um eine sinnvolle Diversifikation." Zur betriebseigenen Basler Sqashanlage gesellte sich nach 1982 eine Kette von 6 weiteren Tennis- und Sportzentren in Heimberg, Solothurn, Marin, Sion, Crissier und Birrhard. Betrieben werden die Anlagen durch eine Tochtergesellschaft von Intersport. Diese Holding AG deckt mit ihrem 250 Millionen-Umsatz einen Viertel des Schweizer Sportartikelbedarfs ab. 150 Verkaufsgeschäfte sind ihr angeschlossen.

Von einem "unglaublich gewachsenen Markt für Sportbekleidung" spricht Adidasmanager Karl Honz. "Mehr Sport, mehr Freizeit, mehr Werbung", bezeichnet er als "Komponenten eines immer noch wachsenden Marktes". Ferner: "menschliche Regungen wie Eitelkeit, Ehrgeiz, Geltungsbedürfnis, Individualisierung". Aus Sport- seien Freizeitartikelhersteller geworden, aus Sportbekleidung Sportmode. Mit Geld kaufe der einzelne "frei gewählte Geselligkeit". Denn, so Honz: "Man ist nicht mehr so aufeinander angewiesen, braucht den andern nicht mehr so notwendig und wird selber auch weniger gebraucht."

Für Unterhaltung sorgt eine sich stets verbreiternde Medienpalette. Radio und Fernsehen bieten werbeträchtige Spezialsendungen zu Freizeitthemen. Der Videohandel floriert. Ebenfalls dasGeschäft mit Fach- und Hobbyzeitschriften. Als "Zeitquantum, das 'geldwerten' Charakter hat", definierte Heinz Rico Scherrieb, leiter des Würzburger Institutes für Freizeitforschung, die sogenannte Freizeit anlässlich der Vorstellung des neuen Freizeithits von Philips AG Schweiz in Zürich. Gemeint ist "Philips Confetti", die Jugendzeitschrift mit den besonders exklusiven Angeboten.

Gewöhnliche Segeltuchturnschuhe sind bei Jugendlichen kaum mehr anzutreffen. Ein Kind braucht heutzutage (im Zeichen des angeblichen Wandels hin zu immateriellen Werten!) Rollschuhe, Rollbrett, Skis, Schlittschuhe, Velo.... Der Sprung zum Surfbrett und individuellen Flipperkasten ist nicht mehr gross (Foto: H. Stamm/P. Jesse)

Gesamtmarkt Schweiz

April 1985 bis März 1986 in Mio. Fr.
(zu Detailhandelspreisen)

Ski alpin	126
Skibindungen alpin	48
Skischuhe alpin	84
Skibekleidung alpin	227
Ski Langlauf	18
Skibindungen Langlauf	3
Skischuhe Langlauf	9
Skibekleidung Langlauf	9
Skibrillen	4
Sonstige Posten wie Skistöcke, Schlittschuhe, Schlitten, Curling (geschätzt)	60
Total	588

Quelle: I+G Handelsforschung, Hergiswil

delns, nicht profitorientiert, auf die Belebung der Städte ausgerichtet, Wohnstrassen, Kinderspielfelder und Grünanlagen? — Es gibt sie, gewiss. Leider aber sehr spärlich.
In Warenhäusern und umsatzorientierten Freizeitzentren werden nicht nur Waren verkauft, sondern auch Meinungen geprägt. Arsenale von Verdummungsschriften stehen dem Kunden zur Verfügung. Sie informieren über das Leben von Prinz Charles und Gattin Diana. Mit irgendwelchen Sensatiönchen werden die Menschen auf Draht gehalten, abgelenkt. Meldungen, die nicht ins simple Weltbild der Financiers passen, werden unterschlagen oder mit entsprechender Umrandung ins "rechte Licht" gerückt. Nebst der Wiederherstellung der Arbeitskraft sorgt die Freizeit auch für gesellschaftliche Anpassung. Sie vermag die Disziplinierungsfunktion der Arbeit weitgehend zu ersetzen. Lebensqualität wird auf Kaufkraft reduziert.

Freizeitparks – Kredite für Profite

Hoch im Kurs sind Rummelplätze mit geballter Erlebnisofferte. Wie der Kaugummi kommt auch der Freizeitpark aus dem Land der unbegrenzten Möglichkeiten. Nach Disney Land und Disney World errichteten die Micky Maus-Philosophen auf ihrem Areal, das grösser ist als ganz San Francisco, ein "Epcot Center". Die von Öl- und Autofirmen gesponserte "experimentelle Stadt der Zukunft" kostete eine Milliarde Dollar. Sie ist eine Mischung aus Weltausstellung, Traumfabrik und Vergnügungspark. Dass die Investitionen rentieren und Geld im Kasten klingt, dafür sorgen 10 Millionen Besucher pro anno. Auf 5 Millionen Besucher mehr kommen in der Bundesrepublik alle Freizeitparks zusammen. Von den 50 grösseren ist der Europa-Park einer der bekanntesten.

Auf halbem Weg zwischen Basel und Karlsruhe liegt die knapp 3000 Einwohner zählende Gemeinde Rust. 80 Landwirtschaftsberiebe prägen das Dorfbild, zudem der am Ortsrand gelegene, vor elf Jahren eröffnete Europa-Park. Von den jährlich 1,2 Millionen Besuchern kommen gut 20% aus der Schweiz und ebenso viele aus Frankreich. Die Schweizer sind besonders willkommen. Nach Angaben von Uwe Fichter vom Freiburger Institut für Kulturgeographie geben sie am meisten Geld aus. Ob die Franzosen weiterhin so zahlreich erscheinen werden, ist fraglich. Denn Micky kommt nun persönlich zu den Galliern. Frankreich will die Milliarden-Reserve vor der Haustür nutzen. Geplant sind mehrere gigantische Freizeitparks, ein Euro-Disneyland bei Paris, das Schlumpfland in Lothringen und Asterixland in der Pikardie.

Auf 20 Milliarden Franken schätzt de Lassus, Direktor für Tourismus im Handelsministerium, den Investitionsbedarf neuer Freizeitparks. Euro-Disneyland werde der Eiffelturm des 20. Jahrhunderts sein, ein Park für 10 Millionen Gäste. Eine erste Tranche von 5 Milliarden Franken liegt für die Umgestaltung von 200 ha Land bereit. Im Umkreis von 500 km wohnen 80 Millionen Menschen. Zum weiteren Kundenpotential gesellen sich 10 Millionen Touristen, die jährlich Paris besuchen. Das war ausschlaggebend dafür, dass die Gesellschaft, in der Walt Disney Productions den Ton angibt, mit Frankreich den Vertrag abschloss. Der französische Staat stimmte bereits der geforderten Verlängerung der Pariser S-Bahn um 12 km zu. Er finanziert den Bau eines Zubringers zur Autobahn, gewährt Steuervergünstigungen und übernimmt die Enteignung von rund 20 Agrarbetrieben. Der amerikanische Kapitalanteil beträgt 30%.

Verglichen mit solchen Projekten, ist die Schweiz in Sachen Freizeitparks ein Niemandsland. Aufsehen erregte allerdings das im Oktober 1986 eröffnete 100-Millionen Freizeitzentrum im St. Gallischen Abtwil. Statt getreu dem bewährten Klubschulenkonzept Kleinkultur zu fördern, scheint die Migros jetzt auch in diesem Bereich mit der grossen Kelle anrühren zu wollen.

Naherholung
Wer im Schrebergarten ohne Chemie auskommt und für die zwei Quadratmeter Rasen keinen elektrischen Mäher verwendet, verhält sich schon fast suspekt. Erfreulich ist gewiss das Bemühen vieler Leute, einen eigenen Pflanzplatz ausserhalb der Stadt anzulegen. Bloss gleicht die Ausstattung oftmals einem Supermarkt en miniature. Die noch nicht verbetonierte Landschaft wird plastifiziert. Im Gärtchen stützt ein Plastic-Kragen die Erdbeerstaude. Die Zwiebeln sind in durchlässigen Plastic-Schalen vergraben. Kunststoffpflöcke und Gummischnüre sorgen für eine ordentliche Feineinteilung der Blumenbeete. Und im Häuschen, da steht natürlich der Farbfernseher. Wer möchte ihn ausgerechnet in der wilden Natur, Kilometer von der zivilisierten Stadt entfernt, missen.

Geprägt wird unser Wohlbefinden aber von der Möglichkeit, uns selbst zu entfalten, Mitmenschen zu begegnen, eigene Vorstellungen zu verwirklichen und eigene Ausdrucksfähigkeiten auch in die Umgebung einfliessen zu lassen.
Wohnlich wird es nicht, wenn wir noch sechs weitere TV-Kanäle konsumieren können, sondern selbst mitmachen (dürfen) — bei der Sanierung von Hinterhöfen, der Belebung und Begrünung von Vorgärten, der farbigen und originellen Eigengestaltung von Fassaden und Treppenhäusern.
An positiven Ansätzen fehlt es nicht. Aber auch hier ist die Gefahr gross, Kreativität zu normieren und zu vermarkten, oder nur alibimässig in völlig unbedeutenden Mini-Freiräumen zuzulassen.(244)

Wer in der Schule oder im Betrieb nur blind irgendwelche Bestimmungen auszuführen hat, bringt schlechte Voraussetzungen für ein emanzipiertes Freizeitverhalten mit sich. Kreativität lässt sich nicht auf ausgewählte Freiräume begrenzen. Schöpferisches Gestalten macht vor Wohnquartieren und Politik nicht halt, erfordert Beteiligung der Betroffenen, Mitbestimmung, auch Ruhe und Zeit. Weit sind wir mit unserer Kultur der Musse aber noch nicht vorangekommen. Meist erschrecken wir beim Gedanken, Zeit zu verlieren.
Weniger Stress, mehr Musse — Weniger Konsumquantität, mehr Lebensqualität, darum geht es. Allerdings verlangt die gesamtgesellschaftliche Umsetzung einer Mussestrategie hauptsächlich eine demokratische Organisation von Wirtschaft und Gesellschaft, einschliesslich der Eigentumsverhältnisse. Wer die Freizeit von heute ausgiebig geniessen und selbstbestimmt leben will, muss morgen Gewähr haben, ohne Ausbeutung der Natur arbeiten zu dürfen, und zwar nicht für den Profit einiger weniger, sondern für sich und die möglichst freie Entfaltung der Gesellschaft.(245)

Aber dafür müssen wir kämpfen, mit Lust und Frust. *Zur Kultur der Musse gehört eine Kultur des Widerstandes und des Engagements.* Freiräume fallen uns nicht in den Schoss.

Unsere Quartiere zum Leben erwecken.–
"Die besten Worte sind Taten", sagt José Marti. (Foto: UM)

Anhang

JETZT
FEHLT
MIR
NUR NOCH
DAS
HANDELN
INFO
EDV
GUTACHTEN
PROTOKOLL
INFORMATION
PFUSCHI – CARTOON

Anmerkungen

1 Ueli Mäder, "Fluchthelfer Tourismus: Wärme in der Ferne?", Rotpunktverlag, Zürich 1982, 144 S., Fr. 7,60.

2 Ausgeführt in: Mugglin, M., "Entwicklungspolitik und Friedenspolitik", in: SKAAL, Zschr. "Solidarität", Nr. 73, 8. Jg., Basel/Zürich, Dez. 1982, S. 3–9. Allgemeine Strukturdaten der Unterentwicklung finden sich u.a. im "Journalistenhandbuch" des Bundesministeriums für wirtschaftliche Zusammenarbeit in Bonn. Auf die Hungerproblematik weisen Collins, J. "Vom Mythos des Hungers", Frankfurt/M. 1978 und George, S., "Wie die andern sterben", Berlin 1978 hin.

3 Nach Senghaas, D., "Die friedenspolitische Grosswetterlage", in: epd-Entwicklungspolitik, Nr. 1, Frankfurt/M. 1983, S. a–h. Siehe dazu auch: "Low Intensity Conflict: eine neue US-Militärdoktrin" sowie "Militarisierung der Dritten Welt geht trotz Verschuldung weiter" in epd-Entwicklungspolitik Nr. 8, Frankfurt, Mai 1986.

4 Trotz Bedenken verwende ich den Begriff "Entwicklungsländer". Im deutschsprachigen Raum hat er sich während den Fünfzigerjahren durchgesetzt. Als UNO-Schöpfung hat er (auch im Ostblock) die bis dahin geläufigen Begriffe "unterentwickelte, rückständige oder schwachentwikkelte Länder" verdrängt. Dem Wortsinne nach müssten darunter eigentlich alle Länder fallen, die sich entwickeln. Dazu Sozialwissenschaftler Behrendt: "Die wirklichen Entwicklungsländer sind ja leider immer noch wir." Nach Entwicklungsexperte Myrdal unterstellt der Begriff "bereits die Antwort auf die erst zu stellende Frage, ob ein Land sich entwickelt oder nicht".

5 Trappe, P., in: "Entwicklungssoziologie", Social Strategies Bd. 12, Basel 1984, 620 S.

6 Gemeint sind jeweils die Kontinente Afrika, Asien und Lateinamerika. Eine Problematisierung und geschichtliche Herleitung des Begriffes findet sich bei Hartmann, T., "Dritte Pfade in der Dritten Welt", in: "Freibeuter", Nr. 13, Vierteljahreszeitschrift für Kultur und Politik, Berlin 1982, S. 37–47. Ich verwende den Begriff Dritte Welt seiner Gebräuchlichkeit wegen. Selbstverständlich ist damit keine hierarchische Reihenfolge gemeint.

7 Im April 1980 warnte bereits Kodjo, Generalsekretär der Organisation für Afrikanische Einheit, auf dem gesamten Kontinent könnte sich, abgesehen von wenigen Ausnahmen, während der laufenden "Entwicklungsdekade" eine totale Wirtschaftskatastrophe einstellen. (in: Lenz R., "Befreiung zur Gesundheit – Der Kampf gegen Krankheit und Unterdrükkung in der Dritten Welt", Berlin 1980, S. 8).

8 Ausgeführt in dem vom rpv zusammen mit dem SKAAL herausgegebenen, von einem Autorenkollektiv erarbeiteten Band "Die Bewegung der Blockfreien", Zürich 1978 sowie in dem vom SKAAL publizierten Büchlein "Entwicklungsstrategien – Abkoppelung der Entwicklungsländer vom Weltmarkt oder Neue Weltwirtschaftsordnung?" (Diskussion zwischen Braunschweig, Mäder, Strahm...), Zürich, Jan. 1979, 92 S.

9 Helder Camara in: Kübel-Stiftung, "Rückkehrer-Rundbrief", Nr. 10, Bensheim, Febr. 1983, S. 98.

10 Weitere Berichte über die Berliner Konferenz finden sich in den Ausgaben der Neuen Zürcher Zeitung vom 16. und 18. November 1884.

11 Kayoya, geboren 1934, katholischer Priester und Lehrer, wurde 1972 während dem Bürgerkrieg in Burundi erschossen. Sein Gedicht "Das Selbstbewusstsein des 'Kolonisierten'"ist im Sammelband "Lesebuch Dritte Welt" enthalten, Peter Hammer Verlag, Wuppertal 1974.

12 Stark verkürzt nach Heinrich Loth, "Geschichte Afrikas" (Bd. 2, Akademie-Verlag, Berlin 1976) sowie Ruth Weiss und Hans Mayer, "Afrika den Europäern" (Peter Hammer Verlag, Wuppertal 1984).

13 Joseph Ki-Zerbo, "Die Geschichte Schwarzafrikas", Peter Hammer Verlag, Wuppertal 1979. Ähnlich äusserte sich Ki-Zerbo auch anlässlich einer Fachtagung "Hundert Jahre Einmischung in Afrika" der "Vereinigung von Afrikanisten in Deutschland" im Juni 1984 in Hannover. Ein ergiebiger Tagungsbericht existiert als Paper.

14 Al Imfeld in seinem Nachwort des lesenswerten, in Frankreich bezeichnenderweise beschlagnahmten Romanes von Mongo Beti, "Der arme Christ von Bomba", Peter Hammer Verlag, Wuppertal.

15 Nach Bade, K.J., "Der Imperialismus in der Bismarckzeit. Revolution – Depression – Expansion", Freiburg i.Br. 1975. Die Geschichte des Mau-Mau-Aufstandes zeichnet auch Meja Mwangi in seinem "Wie ein Aas für Hunde" über einen der Widerstandskämpfer nach (Reclam, Leibzig 1985).

16 Nach Wolfgang Pohrt, "Hundert Jahre Deutsch-Südwest", in: Zeitschrift "Konkret", Hamburg, Juni 1984.

17 Nach Michael Fender in der taz vom 20.6., Berlin 1984.

18 Walter Rodney in seiner "Geschichte einer Unterentwicklung", Rotbuch, Berlin 1976. Kurz nach Veröffentlichung des aus dem Englischen übersetzten Buches – in der deutschen Ausgabe fehlen leider wesentliche Stellen – wurde Rodney ermordet.

19 Wer sich für die Geschichte der Kolonisation aus Sicht der Kolonialisten interessiert, dem sei das von Anton Mayer (mit einem Vorwort von Adolf Hitler sowie Beiträgen von Otto Fischer und P. Hermann Tönjes) herausgegebene "Buch der deutschen Kolonien" (Verlag Volk und Heimat, Leibzig, ohne Zeitangabe) empfohlen. Kritisch befassen sich mit den Auswirkungen der Berliner Konferenz die Zeitschriften "der Überblick" (Hamburg, März 1984, u.a. mit Beiträgen von Thomas Gatter, Hartmut Elsenhans, Imanuel Geiss, Werner Ustorf, Rainer Tetzlaff und Ansgar Skriver) sowie "Mosquito" (Sept., Bern 1984), darin: Mark Schmid, 1984 wie 1884".

20 Ausgeführt in: Al Imfeld, "Das Ende einer Vision", WochenZeitung Nr. 36, Zürich, 5.9.1986.

21 Ausgeführt in: Mäder, U., "Julius Nyerere – Mwalimu", Zeitschrift "Mosquito", Nr. 10, Bern, Dezember 1985, S. 35–36.

22 Die zentralen Prinzipien finden sich in der "Arusha-Declaration", Dar es

Salaam 1967. Wichtige Ergänzungen enthalten Nyereres Schriften "Non-Alignment" (Dar es Salaam 1970), "Freedom and Socialism" (Dar es Salaam 1972) und "Decentralisation" (Dar es Salaam 1972).

23 Nyerere, J., "Ten Years after Arusha", Dar es Salaam 1977.

24 Shivji, I., "Class Struggles in Tanzania" (London 1976) sowie ders., "Die Anwendbarkeit der marxistischen Theorie auf Afrika", in: "Monthley Review", Nr. 7/8, 1977, S. 72–90.

25 Coulson, A.C., "The evolution of rural policies in Tanzania" (Dar es Salaam 1975) sowie ders., "The Fertilizer Factory" (Dar es Salaam 1973).

26 Pfister, G., "Unterentwicklung, Planung und politische Macht – Kenia und Tansania nach der Dekolonisation", Diss., Zürich 1976.

27 Ndonde, in: "epd-Entwicklungspolitik", Nr. 11, Nov. 1985, S. 23ff.

28 ZDF-Film, "Abschied am Kilimandscharo" (8.7.85), Neue Zürcher Zeitung vom 22.3. und 26.2.85. "Entwicklungshilfe" habe, fasst "Die Zeit" vom 23.4.82 etwas differenzierter zusammen, "die eigenen Anstrengungen oft mehr gelähmt als gestärkt".

29 Weiterführende Literaturangaben finden sich bei Scherrer, C.P., "Tourismus und selbstbestimmte Entwicklung am Beispiel Tansanias", eine Bibliographie im Auftrag der Direktion für Entwicklungszusammenarbeit, Bern 1986.

30 Glass, D., "Nachrichten und Weltbilder", in der Zeitschrift "Solidarität", Nr. 75 Basel, Jan. 1983.

31 Die Petersprojektion der Weltkarte kann mehrfarbig im 90x130cm-Format bei Terre des Hommes Schweiz (Jungstr. 36, 4056 Basel) bezogen werden (Fr. 18.—).

32 Bernhard, N., "Tarzan und die Herrenrasse – Rassismus in der Literatur", Dissertation, mit Unterstützung der Eckenstein-Stiftung 1986 beim Basler Lenos-Verlag erschienen.

33 Renschler, R./Vermot, G., "Unser täglicher Rassismus, Arbeitsmaterialien für den Unterricht in der Oberstufe, für Berufsschulen und die Erwachsenenbildung, Basel, Bern, Zürich 1980 (Bezug: Erklärung von Bern, Quellenstr. 25, 8005 Zürich). Über dieselbe Adresse kann auch die 1985 erschienene, siebte Auflage des Heftes "Dritte Welt – Empfehlenswerte Kinder- und Jugendbücher" (Fr. 5.—) bezogen werden.

34 Auf der Grundlage von Weissen, A., "Das Dritte-Welt-Bild der täglichen Informationssendung von Radio und Fernsehen" (Diplomarbeit, Freiburg 1980) analysiert.

35 Strahm, R.H., "Warum sie so arm sind. Arbeitsbuch mit Schaubildern und Kommentaren zur Entwicklung der Unterentwicklung in der Dritten Welt", Wuppertal 1985.

36 Risz, H., "Nachrichtenfilme aus der Dritten Welt – Erfahrungen eines Agentur-Korrespondenten in Afrika", Zeitschrift "medium", 4/80. Siehe dazu auch das Interview mit dem langjährigen Afrika-Korrespondenten Andreas Bänziger (Tages-Anzeiger) in der Zeitschrift "Mosquito", Nr.10, Bern, Dez. 1986.

37 Harris, P., “Freiheit, die wir meinen – Die Probleme der Internationalen Informationsordnung und eine Antwort darauf: IPS”, Zschr. “medium”, 2/79, sowie: Becker, J., “Afrikas schwieriger Weg zu einer neuen Informationsordnung”, Magazin “Basler Zeitung” 12.1.1980.

38 Entlarvend ist der Bericht von Zakaria Farah “Dumme Exoten, fähige Westler”, im “Tages-Anzeiger” vom 15.11.1982. Weiterführende Literatur: “Massenmedien und Dritte Welt”, Zschr. “epd”, Nr. 3/4, Frankfurt 1983. Ferner “epd”, Nr. 6/7, April 1986, aktuelle Literaturhinweise zum Thema Neue Informationsordnung.

39 Kane, C.H., “L’aventure ambigue”, Paris 1961. Übersetzung: “Der Zwiespalt des Samba Diallo”, Frankfurt am Main 1980.

40 Virilio, P., “Vitesse et Politique”, Paris 1977.

41 Hama, M.B., Ki-Zerbo, J. “Die Dynamik des afrikanischen Zeitbegriffs”, in: Zeitschrift “Unesco-Kurier”, Nr. 8/9, Paris 1979.

42 Schiffer, H., “Afrika – Das Bild des dunklen Erdteils, als die Weissen kamen”, München 1980, darin insbesondere: “Alltag und Musse”, S. 193 ff., sowie: Bosse, H., “Die Kunst des Rituals – Wie schützen sich die ‘Wilden’ vor der ‘Zivilisation’?”, in: Zschr. “Der Überblick”, Nr. 2, Bonn 1985.

43 Parin, P., Morgenthaler, F., Parin, G., “Fürchte deinen Nächsten wie dich selbst – Psychoanalyse und Gesellschaft am Modell der Agni in Westafrika”, Frankfurt am Main 1971.

44 Griaule, M., “Dieu d’Eau”, Paris 1948, auf Deutsch (von Janheinz Jahn): “Schwarze Genesis – Ein afrikanischer Schöpfungsbericht”, Freiburg i. Br. 1970.

45 Kaunda, K.D., “The Imperative of Human Dignity”, Lusaka 1972; Nkrumah, K., “Handbook of revolutionary Warfare”, London 1974; Senghor, L., “Liberté I, Négritude et Humanisme” (Paris 1964) sowie ders., “Liberté II, Nation et Voie de Socialisme” (Paris 1971); Touré, S., “Africas Destiny”, in: Duffy, J. und Manners, R.A., “Africa speaks” (New York 1961) sowie ders. “Un test pour l’Afrique”, in: afrique-asie, Nr. 99, Paris 1976, S. 23–30.

46 Bruckner, P., “Das Schluchzen des weissen Mannes”, Berlin 1984.

47 Gunther, J., “Afrika von Innen”, Zürich 1957.

48 Den Einfluss politisch-ökonomischer Veränderungen auf die individuelle Sozialisations- und Emanzipationsmöglichkeiten diskutiert Bosse, H., in: “Diebe, Lügner, Faulenzer”, Frankfurt am Main 1984.

49 Offergeld, R., in: Deutsche Gesellschaft für die Vereinten Nationen, “Neue Strategien für die dritte Entwicklungsdekade der Vereinten Nationen”, UN-Texte Nr. 26, Bonn 1980, S. 9–19.

50 Myrdal, G., “Politisches Manifest über die Armut in der Welt”, Frankfurt 1970 sowie ders., “Ökonomische Theorie der unterentwickelten Regionen”, Frankfurt/M 1974.

51 Brand, W., “Das Überleben sichern – Gemeinsame Interessen der Industrie- und Entwicklungsländer”, Bericht der Nord-Süd-Kommission,

Köln 1980 sowie ders., "Hilfe in der Weltkrise – Ein Sofortprogramm", 2. Bericht der Nord-Süd-Kommission, Hamburg 1983.

52 Wiesebach, H., "Befriedigung der Grundbedürfnisse – nur eine neue Ideologie?", in: Deutsche Gesellschaft (Anm. 49), S. 57–67.

53 Robbe, M. "Umstrittene 'Grundbedürfnisse'", in der Zschr. "Afrika, Asien, Lateinamerika", Nr. 3, Bd. 9, Berlin 1981, S. 401–414, sowie: Tetzlaff, R., "Die Ursachen von Unterentwicklung in der Dritten Welt und das Problem ihrer Überwindung", in: Hessische Stiftung für Friedens- und Konfliktforschung, Friedensanalysen, Frankfurt Bd. 1 (1975), S. 150–172. Tetzlaff bezieht sich in diesem Beitrag u.a. auf McNamaras' ehemalige Weltbankpolitik möglichst gewinnbringender Investitionen in die Armut.

54 Auszugsweise abgedruckt bei: Malaviya, R., "Grundzüge für eine neue Weltwirtschaftsordnung", in: Deutscher Naturschutzring (Hrsg.), "Umweltgerechte Entwicklungspolitik", Bonn 1983, S. 4–25.

55 Zinn, K.G., "Strategien für eine weltwirtschaftliche Integration der Entwicklungsländer oder für eine zunehmend nach innen gerichtete Entwicklung der Dritten Welt", in: Deutsche Gesellschaft (Anm. 49), S. 51–58.

56 Preiswerk Roy, "Entwicklungspolitische 'Widersprüche und rhetorische Übungen'", in: Tages-Anzeiger, 14.3., Zürich 1981, S. 37/38.

57 Grohs, G., in: "Theorien der Revolution in der Dritten Welt", Zschr. "Argument", Nr. 59, 12 Jg., Nov. 1970, S. 559, ferner ders., "Theoretische Probleme des Sozialismus in Afrika", Hamburg 1971.

58 Künzli, A., in: "Tradition und Revolution", Reihe "Philosophie", Bd. 9, Basel 1975, darin insbes. S. 12 und 58 sowie ders., "Gedanken zur Anthropologie eines demokratischen Sozialismus", Sonderdruck aus: Lührs, G. (Hrsg.), "Theorie und Politik aus kritisch-rationaler Sicht", Berlin/Bonn 1978, S. 159–181.

59 Schweizer, H., "Sozialistische Agrartheorie und Praxis", Diss., Bern 1972, darin: S. 241.

60 Trappe, P., "Vorbemerkungen zu einer Entwicklungssoziologie", in: SSIP-Bulletin, Nr. 49/50, Basel 1979, S. 268–341 (darin: S. 278) sowie ders., "Entwicklungsproblematik und Bericht der Nord-Süd-Kommission", in: Katholische Sozialwissenschaftliche Zentralstelle (Hrsg.), "Kirche und Gesellschaft", Heft Nr. 71, Mönchengladbach 1980, S. 3–16 (darin: S. 14 und 12).

61 Trappe, P., "Aspekte des 'Development from Below' und der 'Popular Participation'", in: SSIP-Bulletin Nr. 40, Basel 1974, S. 88–98 sowie ders., "Aspekte der Massenmobilisierung", in: Giordano, C. und Hettlage, R., "Mobilisierung oder Scheinmobilisierung? Genossenschaften und traditionelle Sozialstruktur am Beispiel Siziliens", Basel 1975, S. VII–XVI.

62 Kiwa, A., "Probleme der Wirtschaft und Gesellschaft in den jungen Nationalstaaten mit sozialistischer Orientierung", in: "Weltwirtschaft und internationale Beziehungen", Nr. 10, Berlin 1976, S. 19–32 und 167–183.

63 Pro Mundi Vita, "Plädoyer für die Gerechtigkeit", Freiburg i, Ue., ohne

Jahresangabe, sowie: Pronk, J., "Plädoyer für die ärmsten Länder", in "Entwicklung und Zusammenarbeit", Nr. 12, 21 Jg., Bonn, Dez. 1980, S. 5/6, herausgegeben von der Deutschen Stiftung für Internationale Beziehungen.

64 POCH-Zeitung, Nr. 31, 10. Jg., 21.8., Basel 1980, S. 4 (nach einem Bericht der Umweltschutzorganisationen IUNC, UNEP und WWF).

65 Bahr, E., in: SSIP-Bulletin Nr. 44, Basel 1976, S. 5–32. Ausgeführt in: Mäder, U., "Soziale Revolution in Entwicklungsländern", Social Strategies Bd. 17, Karger und Libri, Basel 1984, 320 S., Fr. 30.—.

66 Aufzeichnung eines Gespräches von Hanspeter Bundi, nach: "Tages Anzeiger Magazin", Nr. 49, 5.12.81, S. 71

67 Pöttker, H., "Tourismus, das ist auch Reisen", in: Informationszentrum 3. Welt, "Klar, schön war's, aber...", Freiburg i. Br. 1986, S. 153.

68 Reisebüro-Prospektbeilage im "Gelben Heft", Zofingen/Zürich. 6.1.82.

69 Nach: Vortrag von Prof. Jost Krippendorf anlässlich der Konferenz der Katholischen Kommission "Kirche im Tourismus" vom 21.10.85 in Chur. Ausgeführt in: Mäder, U., "Der Tourismus soll humaner werden", "Basler Zeitung", 5.11.85.

70 Nach: Jost Krippendorf, Bernhard Kramer, Ralph Krebs, "Arbeitsgesellschaft im Umbruch – Konsequenzen für Freizeit und Reisen", Bern 1984.

71 Nach: Jost Krippendorf, Bernhard Kramer, Hansruedi Müller, "Freizeit und Tourismus – Eine Einführung in Theorie und Politik", Bern 1986.

72 Nach: Schmidhauser, H.P., "Reisemarkt Schweiz", in: touristik-revue Nr. 50 vom 19.12.85.

73 Bundesamt für Statistik, "Reiseverkehr der Schweizer im Ausland", Statistische Hefte Nr. 10, Bern 1985.

74 Krippendorf, J., "Die Ferienmenschen – Für ein neues Verständnis von Freizeit und Reisen", Zürich 1984.

75 "Badische Zeitung", 3.3.86. Die Zahlen beziehen sich auf die Tourismusindustrie im engeren Sinne (Hotellerie und Reiseveranstalter).

76 "Frankfurter Rundschau", 12.4.86.

77 Presseerklärung des Studienkreises für Tourismus, Starnberg 1985, 31.10.

78 Krippendorf, J., "Tourismus im Jahre 2010 – Eine Delphi-Umfrage über die zukünfige Entwicklung des Tourismus in der Schweiz", Bern 1979 (1. Aufl. 1978).

79 Herman Kahn, "Die Zukunft der Welt", Wien 1980.

80 Allenbach/Stern-Umfrage 1984, in: stern-magazin Nr. 13, Hamburg 1984, S. 78ff.

81 Studienkreis für Tourismus, Urlaubsreisen, Starnberg 1985, S. 29.

82 Haushaltsrechnungen von Unselbständigerwerbenden, nach: Neue Zürcher Zeitung vom 20.8.79.

83 Lothar Nettekoven, "Massentourismus aus der Industriegesellschaft in

die Dritte Welt" in: Kölner Zeitschrift für Soziologie und Sozialpsychologie, Sonderheft 13, Köln 1969, S. 272/273.

84 Haunani-Kay Trask anlässlich der Bad Boll Konferenz vom März 86, abgedruckt in der Zeitschrift "Mosquito", Nr. 5, Bern, Juni 86. Darin berichten mehrere Vertreter aus der Dritten Welt über ihre Erfahrungen mit dem Tourismus. Das Heft (32 S., Fr. 3.—) kann beim Arbeitskreis Tourismus und Entwicklung (Missionsstr. 21, CH-4003 Basel) bezogen werden.

85 Hotelplan-Studienreise vom 27.2.–13.3.1979 in Kamerun "mit Fachbesuchen in Missionsstationen und Spitälern". Ausgeführt in: Mäder, U., "Projekttourismus – Nutzen für wen?", Basel 1980, Heft, 36 S., sowie: Arbeitskreis Tourismus und Entwicklung, "Projekttourismus – Referate einer Arbeitstagung", Basel 1979, Heft, 52 S.

86 Schmid, P., "Das Geschäft mit dem Tourismus", in: Informationszentrum 3. Welt, Anm. 67, S. 27–37.

87 Bergmann, R., "Cuba libre in Benidorm", Roman, Frankfurt am Main 1977 S. 20.

88 Tourismusministerium, "Preispolitik im Tourismussektor", unveröffentlichte Studie, Kenya 1977.

89 Frentrup, K., "Die ökonomische Bedeutung des internationalen Tourismus für die Entwicklungsländer", Hamburg 1969, S. 54.

90 Studienkreis für Tourismus, "Ferntourismus – ein Mittel der Entwicklungshilfe und Völkerverständigung?", Starnberg 1974, darin: Hasselblatt, W.B., "Probleme des Ferntourismus in Entwicklungsländern aus deutscher und entwicklungspolitischer Sicht", S. 54/55.

91 Clement, H.G., "The Future of Tourism in the Pacific and Far East", Washington 1970, S. 51. Eine ausführliche Auseinandersetzung mit Clement findet sich bei Graf, S. Anm. 110.

92 Nach Union Internationale des Organismes Officiels de Tourisme, "Les répercussions du tourisme international sur le développement économique des pays en voie de développement", Madrid 1975, S. 108.

93 Schmid, P., "Der Tourismus in Togo", Bensheim 1979, S. 50.

94 Meueler, E., "Kenia oder: Urlaub der Reichen in den Ländern der Armen", in: "Unterentwicklung", Band 1, Hamburg 1974, S. 327.

95 Vorlaufer, K., "Ferntourismus und Dritte Welt", Frankfurt/Aarau 1984, S. 137 und 225ff.

96 Maurer, M., "Der Tourismus – ein Weg zur wirtschaftlichen Unabhängigkeit?", in: Informationszentrum 3. Welt, Anm. 67, S. 48–62.

97 Bundesministerium für wirtschaftliche Zusammenarbeit, "Materialien", Nr. 40, Bonn 1973, S. 3.

98 U.a. "Basler Zeitung", Nr. 130, 6.6.1980, S. 48.

99 Arbeitskreis Tourismus und Entwicklung, "Nepal und seine Touristen", Basel 1983, Heft, 24 S.

100 Gerosa, K., Vortrag anlässlich einer Tagung des Arbeitskreises Touris-

mus und Entwicklung, Basel 1981, sowie ders., "Ein Krankenzeichen unserer Gesellschaft?", in: Zschr. "Bergwelt", München, Mai 1981, sowie ders., "Dritte-Welt-Tourismus, Brennholz für den Sahib", "Vorwärts", München, 1.10.1981. Siehe ferner: Schneider, C., "Himalaja Tourismus: Probleme eingeschleppt im Wandersack", "Süddeutsche Zeitung", 17.8.81, sowie Rübesamen, E., "Nepal-Trekking, wie lange reicht das Holz noch?", "Neue Zürcher Zeitung", 19.8.82.

101 Tüting, L., "Die touristische Umweltverschmutzung und -zerstörung im Himalaya", Tibet-Forum, 2/83, S. 23–25.

102 Schawinski, R., "Die sozioökonomischen Faktoren des Fremdenverkehrs in Entwicklungsländern: Der Fall Guatemala", St. Galler Beiträge zum Fremdenverkehr und zur Verkehrswirtschaft, Bd. 5, Bern 1973; Strähl, B., Schumacher, T., "Tourismus in Brasilien", Semesterarbeit, Zürich 1979. Siehe dazu auch: Gurtner, B., Madörin, K., Mugglin, M., "Dossier Brasilien – Schweiz", Zeitschrift "Mosquito", Nr. 3/4, Mai 1984, S. 17–24.

103 Menck, K.W., "Aussenwirtschaftliche Aspekte der Tourismusförderung in Entwicklungsländern", Hamburger Institut für Wirtschaftsförderung, Jan. 1984, Presseinformation/dokumentation z.H. der Internationalen Tourismusbörse vom 3.–9. März 1984.

104 Momsen, J.H., "Tourism and Development in the Caribbean", in: "Mainzer Geographische Studien", Nr. 26, 1985, S. 30.

105 Dietrich, A., "Sand am Strand ist Sand in den Augen", "touristik revue", Bern, 10.7.1986.

106 Marr, R.L., "Tourismus in Malaysia und Singapore", "Basler Beiträge zur Geographie", Heft Nr. 27, Basel 1982, S. 144.

107 Strahm, R., "Fallstudie Kenia", in: SAFEP, "Entwicklungszusammenarbeit kritisch beleuchtet", Bern, o. Zeitangabe, S. 11–39. s. dazu auch: Entwicklungspolitische Korrespondenz, "Kenia – Tansania", Hamburg, März1982 sowie Kern, H., "Geld und Arbeit, doch nur wenige profitieren davon", Vaterland, Luzern, 17.1.1984.

108 Ridha Behi, "Sonne der Hyänen", Tunesien 1977, 100 Min., Farbfilm, Verleih BRD: Matthias Film, Stuttgart; CH: Selecta, Fribourg und ZOOM, Dübendorf; Informationsblatt dazu beim Arbeitskreis Tourismus und Entwicklung (Missionsstr. 21, CH-4003 Basel) oder Zentrum für entwicklungsbezogene Bildung (Gerockstr. 17, D-7000 Stuttgart 1, BRD).

109 May, S., "Tourismus in der Dritten Welt, von der Kritik zur Strategie: Das Beispiel Kapverde", Diss., Campus Verlag, Frankfurt/New York 1985, S. 127.

110 Graf, S., "Tourismus in Entwicklungsländern", Semesterarbeit bei Prof. Hauser, Zürich 1977, unveröffentlicht.

111 Cleverdon, R., "The Impact of economics and Social Impact of international Tourism on Developing Countries", EIU Special Report, Nr. 60, London 1979.

112 Dannecker, R., "Tourisme de masse et sociétés africaines", UNESCO, Bern 1976, S. 19.

113 Siehe dazu: Schneider, J., "Der Mitarbeiter in der kenianischen Hotellerie: ein Fallbeispiel zur Menschenführung in der Dritten Welt" (!), Diss., Zürich 1984.

114 Dress, G., "Wirtschafts- und sozialgeographische Aspekte des Tourismus in Entwicklungsländern, dargestellt am Beispiel Indonesiens", München 1979, S. 170.

115 Ruf, W.K., "Tourismus und Unterentwicklung', in: Institut für Auslandsbeziehungen, "Zeitschrift für Kulturaustausch", 28. Jg., Nr. 3, Stuttgart 1978, S. 112.

116 Armanski, G., "Die kostbarsten Tage des Jahres", Rotbuch, Berlin 1978, S. 57. Neu aufgelegt wurde dieses Buch beim Peter-Rump-Verlag, Bielefeld 1978.

117 "Der Brückenbauer", Nr. 3, 16.1.1981, S. 23.

118 Informationszentrum 3. Welt, "Blätter des iz3w", Nr. 84, Freiburg 1980, S. 29.

119 Zum Vergleich: Gross ist die Auslandsabhängigkeit des Schweizer Tourismus. Er funktioniert nur dank dem "Massenimport" ausländischer Gastarbeiter. Wie wenig diese verdienen, darüber informiert eine nach Tätigkeiten gegliederte Skala in der "hotel revue", Bern, 27.2.1986.

120 Krippendorf, J., in der "hotel revue" Nr. 2 vom 10.1.1980, S. 3.

121 Bergmann, R., "Cuba libre in Benidorm", Roman, Frankfurt 1977, S. 99.

122 Bugnicourt, J., "Sex, Sonne, Sand", in "UNO-Forum" sowie in: Studienkreis für Tourismus, "Tourismus, Entwicklung und Gefährdung?", Starnberg 1978, S. 52–55.

123 Meyer, W., "Ferntourismus – Vorstellungen über Ceylon, Kenia, Tansania und Tunesien als Urlaubsländer", Studienkreis für Tourismus, Starnberg 1973; Hartmann, K.D., "Auslandsreisen – Dienen Urlaubsreisen der Völkerverständigung?", Studienkreis für Tourismus, Starnberg 1974.

124 Ropers anlässlich seines Vortrages an einer Fachtagung des Studienkreises für Tourismus vom 30.10.1979 in Bonn.

125 Brunner, M.B., Kirshenblatt-Gimblett, B., "Mayer's Ranch: A Tourist Performance in East Africa", Paper, präsentiert anlässlich der Table Ronde Internationale "L'impact social et culturel du tourisme international" des Centre de la Recherche Scientifique, Marly-le Roi, 9.–11. Juni 1986 (Publikation vorgesehen).

126 Nettekoven, L., "Soziale und kulturelle Wirkungen des Tourismus", in: Studienkreis für Tourismus, "Ferntourismus – ein Mittel der Entwicklungshilfe und Völkerverständigung?", Starnberg 1974, S. 120.

127 Mit Prostitution, Tourismus und Verarmung befasst sich der Dokumentarfilm "Leben ohne Ausweg: Sawei Chandee", den Peter Stierlin 1981 in Thailand gedreht hat. Informationen zum Film enthält die kleine Dokumentation "Tourismus und Dritte Welt – empfehlenswerte Filme". Be-

zug: Arbeitskreis Tourismus und Entwicklung, Missionsstr. 21, CH-4003 Basel sowie Zentrum für Entwicklungsbezogene Bildung, Gerokstr. 17, BRD-7000 Stuttgart 1.

128 Renschler, R., "Frauenhandel", in: Zeitschrift "Solidarität", Nr. 62, Basel, Nov. 1981, S. 20 (SKAAL, Postfach 2009, 4001 Basel)

129 Aus einem Reiseprospekt, zitiert nach "E+Z", Entwicklung und Zusammenarbeit, Bonn, Dezember 1981, S. 17.

130 Zitate aus einem Prospekt des Reisebüros "Live-Travel", Kloten.

131 Touropa Urlaubsberater, "Thailand, Exotisches Reich am Golf von Siam", München 1985.

132 Anders reisen, "Tips und Tricks für Travellers", 1984, zit. nach: "Birnthaler, J., Hager, A., "Gezielte Werbung für Prostitutionstourismus", in: iz3w 1986, Anm. 67, S. 37–44.

133 Bild-Serie 1983, sowie Benard, Schlaffer, "Die Grenzen des Geschlechts", zit. nach: S. Anm. 132.
Der Text über die Vermarktung taubstummer Frauen ist dem Stern entnommen, Hamburg, 31.7.1986, S. 138.

134 Thailand Correspondenz, "Prostitutionstourismus" Heft Nr. 7/8, München (ohne Zeitangabe), S. 56.

135 "Bangkok für Männer", "Blick", Zürich, 2.2.1981.

136 Prospekt von "Amstad Travel Service" in Rorbas.

137 Zentrum für Entwicklungsbezogene Bildung, "Tourismus, Prostitution, Entwicklung", Dokumente, u.a. von Jürgen Horlemann und Georg F. Pfäfflin zusammengestellt, Stuttgart 1983; Schmidt, H.G., "Der neue Sklavenmarkt, Geschäfte mit Frauen aus Übersee" (Vorwort von Wallraff, G.), Basel 1985.

138 Nach einem Bericht von Patrick Frilet in der Frauenzeitschrift "Annabelle", Nr. 18, Zürich 1981.

139 "Willy Egger – ein Bieler in Manila, 'S'isch halt im Puff, oder?'", Interview von Urs Frey, in: "Biel/Bienne" vom 5./6.2.1986.

140 Mit "sanfter Prostitution" befasst sich der 1980 von Klaus Vetter in Kenia realisierte Dokumentarspielfilm "Begegnungen in Kenia", 26 Min., 16mm/Video, Farbe (weitere Auskünfte und Verleih siehe Anm. 108).

141 "Touristik revue", Nr. 31, Bern, 31.7.86.

Die Anfrage wurde am 15.3.1984 gestellt. Das Postulat im Schweizer Nationalrat datiert vom 10.12.85, die Antwort des Bundesrates vom 26.2.1986.

142 Maurice Chappaz in seinem Erzählband "Die Walliser" ("Portrait des Valaisans" 1965). Ferner verfasste Chappaz u.a. das Pamphlet "Die Zuhälter des weissen Schnees", Orte-Verlag, Zürich 1976.

143 "Dioxintod für Millionen Fische – Umweltkatastrophe vor der Küste Venezuelas", "Tages-Anzeiger", 24.3.1982.

144 "The Global 2000 – Report to the President", New York, Juli 1980.

145 Odzuck, W., “Umweltbelastungen”, Stuttgart 1982.

146 Strahm, R., “Warum sie so arm sind”, Wuppertal 1985.

147 Wolfgang Graf Vitzhum, “Die Plünderung der Meere – Ein gemeinsames Erbe wird zerstückelt”, Frankfurt am Main 1981.

148 Schellenbaum, T., “Fischsterben vertrieb Touristen – An den Adria-Stränden tonnenweise tote Fische angeschwemmt”, “Neue Zürcher Zeiung”, 11.9.1984.

149 Informationszentrum für Menschenrechte und Entwicklung, Band zur Ausstellung “Reisen in ferne Länder”, Überseemuseum, Bremen (ohne Zeitangabe), Tafel 61, sowie: Maurer, J.L., Mellah, F., Rapp, J.P., “Tourisme dans le Tiers Monde – Mythes et Réalités”, Genf, August 1977.

150 Informationszentrum Dritte Welt, “Blätter des iz3w”Nr. 124, “Ökologie und Dritte Welt”, Freiburg i. Br., März 1985.

151 Hämmerli, F., “Für ein paar Dollar mehr – Die Hotels in den tunesischen Sahara-Oasen‘ “Natur”, Nr. 7, München, Juli 1983.

152 Schürmann, H., Paper für den Deutschen Volkshochschulverband, nicht publiziert sowie ders., “Internationaler Fremdenverkehr und Regionalentwicklung in Ländern der Dritten Welt”, in: “Tourismus – Arbeitstexte für den Unterricht”, reclam, Stuttgart 1981, darin S. 115–125.

153 Gerosa, K., “Urlaub im Armenhaus – Zur Zwiespältigkeit des Trekkingtourismus”, in: “Der Bergsteiger”, München, Mai 1981, S. 27.

154 Luger, K., “Der Maier am Himalaya”, in: “Die Bergbauern”, Wien 1983 sowie: “Der Mount Everest wird zur höchstgelegenen Müllkippe der Erde”, “Frankfurter Rundschau”, 11.7.1984.

155 Falett, R., “Denk-Pause”, Sent 1981.

156 Weiss, H., “Die friedliche Zerstörung der Landschaft”, Zürich 1981.

157 Reith, J., “Umwelt- und sozialverträglicher Tourismus”, in: Internationale Alpenschutzkommission, “Sanfter Tourismus: Schlagwort oder Chance für den Alpenraum?” Vaduz 1985, darin: S. 17–55.

158 Schweizerische Stiftung für Landschaftsschutz, in der “Basler Zeitung” vom 6.1.1982.

159 “Zermatt und sein Strom”, “hotel revue”, Nr. 37, 13.9.1984.

160 Bundesamt für Raumplanung, in der “Basler Zeitung” vom 29.12.1981.

161 Mitscherlich, A., “Aspekte der Fremdenindustrie”, in: “Thesen zu Stadt und Zukunft” Frankfurt am Main 1971, S. 112/113.

162 Jacobsen, A., “Wohin mit dem Müll? – Durch den Tourismus haben die Malediven Umweltprobleme bekommen”, “Die Zeit”, Nr. 20, 9.5.1986.

163 In der “touristik revue”, Bern, 15.8.1985.

164 Gujer, M., Arbeitskreis Tourismus und Entwicklung, “Befragung von Schweizer Südafrikatouristen”, Kleine Reihe, Basel, Oktober 1986.

165 “Der Spiegel”, Nr. 37, Hamburg, August 1986.

166 Flottau, H., “Das Westjordanland ist für Israel ein profitabler Markt”, “Tages-Anzeiger”, Zürich, 28.4.1986.

167 “Keine Reisen mehr nach Israel”, “Thuner Tagblatt”, 31.3.1982.

168 Kübler, F., “Die Schweiz ist für Israel ein wichtiger touristischer Markt”, “Tages-Anzeiger”, Zürich, 13.8.1986.

169 Anlässlich eines längeren Gespräches, welches ich am 25.8.1986 in Jerusalem mit Naim Tarazi führte.

170 Tarazi, N., anlässlich der Bad Boll-Konferenz im März 1986, Anm. 84, Übersetzung Samuel Andres, HEKS, Zürich.

171 Umfrage der Ostjerusalemer Zeitung “Al Fajr”, des New Yorker Blattes “News Day” sowie des australischen Fernsehens, zusammengefasst in: “Israel: Radikalisierung in den besetzten Gebieten”, “Basler Zeitung”, 9.9.1986.

172 “Schweizerische Wirtschaftsdelegation in Ankara: Türkei-Tourismus bringt ‘Wirtschaftswunder’”, “Tages-Anzeiger”, Zürich, 18.11.85.

173 “Weltbank Nachrichten”, Band V, Nr. 33, Paris, 21.8.1986.

174 Chatelain, C., “Marktstudie Türkei: Der Boom hat erst angefangen”, “touristik revue”, Nr. 32, Bern, 7.8, 1986.

175 Bundesamt für Statistik, “Reiseverkehr der Schweizer im Ausland”, Bern 1985, sowie: Ungefug, H.G., “Türkei-Boom: Es wird kräftig gebaut”, “Die Zeit”, Hamburg, 30.5.1986.

176 Amnesty international, “Folter in der Türkei”, Köln, Nov. 1985.

177 dpa-Meldung (Hamburg), in: Gruppe Neues Reisen, “Reisebriefe”, Nr. 15/16, München, Berlin, Juli 1986.

178 Ruf, W., “Weltwirtschaftskrise – Weltfinanzkrise – Dritte-Welt-Tourismus”, in: Studienkreis für Tourismus, “Tourismus in Entwicklungsländern II”, Starnberg 1984, S. 159–173.

179 “Basler Zeitung”, 14.12.1979.

180 “Neue Zürcher Zeitung”, 21.12.1980.

181 “Reisebranche im Zahlenspiegel”, in der “touristik revue”, Nr. 27, Bern, 3.7.1986, S. 4.

182 Reyl, E., “UNCTAD...”, in der: “Basler Zeitung”, 12.10.1980.

183 Abgestützt auf eigene Anschauung im Frühjahr 1982.

184 Engadin Press AG, Samedan.

185 “Neue Revue”, Nr. 30, 18.7.1981.

186 “Neue Zürcher Zeitung”, 27.2.1976.

187 “Fremdenverkehrswirtschaft International”, Berlin, März 1982.

188 “Tages-Anzeiger”, Zürich, 7.9.78.

189 Arbeitskreis Tourismus und Entwicklung, “Projekttourismus, Referate einer Arbeitstagung”, Basel, Juli 1979.

190 Maur, F., Keller, R., "Die letzten Paradiese", Aarau, Stuttgart 1984.

191 Hapag-Lloyd Kreuzfahrten, Bremen.

192 Renschler, R., in der 0-Nummer der "WochenZeitung", Zürich 1981.

193 Ausgeführt in: Renschler, R., "Alternativtourismus", "Beiträge zur Entwickungspolitischen Diskussion", Nr. 6, Erklärung von Bern, Zürich 1981.

194 Matt-Egli, S., "Frauenbrigade in Nicaragua: Informationen aus erster Hand", "Basler Zeitung", 24.9.86.

195 Enzensberger, H.M., "Eine Theorie des Tourismus", in: "Einzelheiten I"über die "Bewusstseinsindustrie", Frankfurt 1967, S. 179–206.

196 Mit der Frage "Alternativtourismus – Anspruch und Wirklichkeit" befasst sich auch Peter Zimmer. Seine Arbeit erschien als "Berner Studie zum Fremdenverkehr", Nr. 21, Forschungsinstitut für Fremdenverkehr, Bern 1984. Eine Besprechung und Zusammenfassung dieses Bandes von Lilo Roost findet sich im Sonderheft "Rückkehrer-Rundbrief"der Kontakt und Informationsstelle bei der Kübel-Stiftung, Bensheim, Juni 1986.

197 Philipp, C., "Drama im Dschungel", in: dieselbe, "Hast Du Dein Motorrad heute schon umarmt?", München 1984.

198 Ausgeführt in: Mäder, U., "Sanfter Tourismus, Alibi oder Chance? Die Schweiz ein Vorbild für Entwicklungsländer?", Rotpunktverlag, Zürich 1985, 220 S., Fr. 18.—.

199 Beratende Kommission für Fremdenverkehr, "Das schweizerische Tourismuskonzept", Bern, August 1979.

200 Elsasser, H., Leibundgut, H., Lendi, M., Schwarz, H., "Nicht-touristische Entwicklungsmöglichkeiten im Berggebiet", Schriftenreihe des Institutes für Orts-, Regional- und Landesplanung an der ETH Zürich, Nr. 29, Dez. 1982.

201 Niederer, R., "Sechshundert Hotelbesitzer – sanfte Antwort auf die landfressende Parahotellerie", "Weltwoche", Zürich, 26.4.84.

202 "Abwanderung: Ein Dorf hilft sich selbst" in: "der schweizerische Beobachter", Glattbrugg, 30. 6. 84.

203 "Erschmatt VS diskutiert Alternativen zum Tourismus: Ein Bergdorf und seine Suche nach der Zukunft", in: "der schweizerische Beobachter" Glattbrugg, 15.10.83.

204 Fischer, D., "Qualitativer Fremdenverkehr", Dissertation, Bern 1985 (plädiert für eine "Neuorientierung der Tourismuspolitik auf der Grundlage einer Synthese von Tourismus und Landschaftsschutz, wobei Qualifizierung Quantifizierung voraussetze).

205 Borchardt, K., "Europas Wirtschaftsgeschichte, ein Modell für Entwicklungsländer?", Stuttgart 1967.

206 Senghaas, D., "Von Europa lernen – Entwicklungsgeschichtliche Betrachtungen", Frankfurt am Main 1982.

207 Bluntschli, F., "Schweizer Aussenwirtschaft, Wohlstand und Entwicklungsländer", Institut für Sozialethik, Adliswil, Mai 1983.

208 Siehe dazu auch: Brugger, E.A., Furrer, G., Messerli, B., Messerli, P. (Hrsg.), "Umbruch im Berggebiet", Bern und Stuttgart 1984.

209 Nach einem Bericht von Carl Bieler, "Jugendlicher Unmut über den Tourismus", "Tages-Anzeiger", 2.3.1984.

210 Einzelne Bilder finden sich im "Tages-Anzeiger" vom 2.3.1984 abgedruckt, andere im "Brückenbauer" vom 15.8.1984.

211 Peter Fuhrimann hat auch Zeichnungen und Aufsätze zu einer Ausstellung verarbeitet. Bezug: Petersplatz 11, 4051 Basel. Zeichnungen und authentische Aussagen von Kindern haben auch Dorli Rüesch und Gisela Treichler in Nepal gesammelt und in der vom Arbeitskreis Tourismus und Entwicklung herausgegebenen Broschüre "Nepal und seine Touristen" (Basel 1983, 24 S., Fr. 4,50) zusammengestellt. Bezug: beim Arbeitskreis (Missionsstr. 21, 4003 Basel) oder beim Travel Book Shop (Seilergraben 11, Zürich).

212 Das Institut für Film und Bild (Bavaria-Film-Platz 3, 8022 Grünwald, BRD) hat zu diesem Thema den eindrücklichen Film "Blickwechsel, Touristen in Sri Lanka" produziert, in dem auch verschiedene Einheimische zu Wort kommen, so ein Vater eines jugendlichen Strandläufers sowie ein Priester.

213 Das Gespräch führte Claus Biegert, abgedruckt in: "Natur", Nr. 5, München 1986.

214 Informationszentrum für Menschenrechte und Entwicklung, Band zur Ausstellung "Reisen in ferne Länder", Überseemuseum Bremen, ohne Zeitangabe, mit Zeichnungen und Texten von Indianern.

215 Das war 1981 unter dem inzwischen (1982) gestürzten Lukacsregime.Der Internationalen Union der Lebens- und Genussmittelarbeiter-Gewerkschaften mit Sitz in Genf gehören 160 Gewerkschaften in 58 Ländern an, darunter die Hotel- und RestaurantarbeitnehmerInnen. In der Schweiz wurde der Boykott vom VHTL sowie dem Arbeitskreis Tourismus und Entwicklung unterstützt. Allerdings verdoppelte sich während dieser Zeit die Anzahl der Schweizer Touristen in Guatemala. Insgesamt nahmen allerdings die internationalen Ankünfte um über einen Drittel ab. (Über die aktuelle Situation Guatemalas s. 'Guatemalas Armee trotzt den Demokraten', "Basler Zeitung", 27.9.86)

216 "epd-Entwicklungspolitik", Nr. 3, Frankfurt 1986.

217 "Bangkok Post", Ausgaben vom 8. und 15.5.1986.

218 Sämtliche Referate sind in einem Band "Alternative Tourism" erschienen. Bezug: Ecumenical Coalition on Third World Tourism, P.O. Box 9-25, Bangkok 10900, Thailand.

219 Gespräch von M. Gujer, L. Roost und U. Mäder mit Peter Holden und Georg F. Pfäfflin am 2.12.1985 in Basel. Bandabschrift und Übersetzung durch das iz3w in Freiburg. Erstveröffentlichung in der Zeitschrift "Mosquito" (Anm. 84).

220 Ron O'Grady, Verfasser des (von Georg F. Pfäfflin bearbeiteten) Buches, "Zwischenlandung Dritte Welt", Frankfurt am Main 1982.

221 Pfäfflin, G.F., "Ecumenical Networks on Third World Tourism", in: Stu-

dienkreis für Tourismus, "Tourismus in Entwicklungsländern II", Starnberg 1984, darin: S. 149–159.

222 Aus: "Contours" (Zeitschrift der "Ecumenical Coalition on Third World Tourism"), Vol. 2, Bangkok 1985, S. 13–16 (Übersetzung durch das iz3w in Freiburg i. Br.).

223 Kurzfassung der programmatischen Erklärung der Ferntourismuskommission der Konferenz Blockfreier Staaten von 1976 in Colombo, in: Solidaritätskomitee für Afrika, Asien und Lateinamerika, "Entwicklungsstrategien – Abkoppelung oder Neue Weltwirtschaftsordnung", Diskussion zwischen Peter Braunschweig, Ueli Mäder, Ruedi Strahm und andern, Zürich 1979.

224 Abgedruckt in "Basler Zeitung", Nr. 238, 12.10.1981.

225 Die Ergebnisse dieser von Armin Vielhaber, Georg F. Pfäfflin, Regula Renschler und Ueli Mäder durchgeführten Befragung erscheinen in einem neuen Materialband des Bundesministeriums für wirtschaftliche Zusammenarbeit, Bonn, Herbst 1986.

226 Holden, P. (Ed.), "Alternative Tourism, Report on the Workshop on Alternative Tourism with a Focus on Asia", Chiang Mai, Mai 1984.

227 Scherrer, C., "Dritte Welt Tourismus – Entwicklungsstrategische und kulturelle Zusammenhänge", Berlin 1986.

228 "Urlaub mit 'Eingeborenen' verführt Kinder zum Betteln – Senegal bremst Entwicklung einer Touristenattraktion – Spenden mit Folgen", "Frankfurter Allgemeine Zeitung", 19.4.1985.

229 Weitere Informationen über die Casamance finden sich in: Schlechten, M., "Massentourismus im Senegal und integrierter Tourismus in der Casamance im Vergleich", Paper, Genf 1980. Ferner sind von der Genfer Ethnologin Schlechten Ende 1986 neueste Informationen in ihrer Dissertation über das Casamance-Projekt zu erwarten. Ein Vergleich des dörflichen Tourismus im Senegal mit einem massentouristischen Projekt in Kenia wird in einer beim Arbeitskreis Tourismus und Entwicklung (Missionsstr. 21, 4003 Basel) erhältlichen Tonbildschau gezogen. In der Publikation "Voyages, Accueils dans le Tiers Monde", Dev-Tour, Paris 1986 finden sich zudem die Beiträge: Goudiaby, A., "Les campements villagois de Casamance, S. 24–30; Cazes, G., "Réflexion sur le Tourisme Integré en Casamance: le problème de sa transposabilité", S. 30–41.

230 U.a. anlässlich der Tagung "Reisen in Entwicklungsländer" des Forschungsinstitutes für Fremdenverkehr vom 5./6.80 in Bern. Das FIF hat die Referate in einem Bändchen publiziert. (Bezug: Monbijoustr. 29, 3011 Bern) Krippendorf und Vielhaber weisen auch in andern Publikationen (zweckoptimistisch?) auf den sich abzeichnenden Trend zu einem emanzipierteren Touristen hin.

231 Haupttitel: "Klares Wasser – Sauberer Strand", erarbeitet von Ruedi Schärer, Walter Mahler, Gisela Treichler und Lilo Roost.

232 "Kauf kritisch – auch im Tourismus", erarbeitet von Regula Renschler, in Zusammenarbeit mit Georg F. Pfäfflin, Armin Vielhaber und Ueli Mäder, Herausgeber: Erklärung von Bern (Zürich), Zentrum für Entwicklungsbezogene Bildung (Stuttgart) und Arbeitskreis Tourismus und Ent-

wicklung (Basel). Siehe dazu auch: Mäder, U., "Dritte Welt: Fragen stellen beim Reisen", Bericht über die Kampagne "Kauf kritisch", "Tages-Anzeiger", 4.7.1985.

233 "hotel revue", Nr. 36, Bern, 4.9.86.

234 Bell, D., "Die nachindustrielle Gesellschaft", Hamburg 1979.

235 Toffler, A., "Die Zukunftschance", München 1980.

236 Huber, J., "Die verlorene Unschuld der Ökologie", Frankfurt am Main 1982.

237 Kleger, H., "Die 'Tradition' des Fortschritts und die Technisierung der Arbeit", in: Zschr. "Widerspruch", Zürich, Juli 1984, S. 16–27.

238 "Heimarbeit am Bildschirm – ein Politikum", "Basler Zeitung", 31.10.1985.

239 Gorz, A., "Abschied vom Proletariat", Frankfurt 1980; ders., "Wege ins Paradies", Berlin 1984.

240 Lüscher, R., "Abschaffung der Arbeit", in: Zschr. "Widerspruch", Zürich, Juni 1982, S. 30–36.

241 ADAC, "Freizeit 2000", München 1980.

242 Bundesamt für Statistik, "Zeitverwendung in der Schweiz", Bern 1981. Neuere SRG-Anlagen finden sich bei Haldimann, U., "Geht das Fernsehzeitalter zu Ende?", "Tages Anzeiger Magazin", Nr. 42, 19.10.1985.

243 Bertelt, M., "Wertwandel der Arbeit", Referat anlässlich der Mitgliederversammlung der deutschen Gesellschaft für Freizeit, Bonn, 15.9.1981.

244 Opaschowski, H.W., "Freizeit und Umwelt", Hamburg 1985; Altvater, E., "Über die Vereinbarkeit von Ökologie und Ökonomie" (Auseinandersetzung mit Holger Bonus), "Die Zeit", Hamburg, 4.10.1985. Siehe dazu auch Krippendorf (Anm. 70, 71, 74).

245 Arbeitskreis Freizeit und Erholung, "Freizeit im Wandel", Stuttgart 1983.

Quellenangaben

Umschlagfotos:: H. Stamm, Galgenen; T. Krempke (Titelblatt)

S. 9	"Der Wahn vom Weltreich – Die Geschichte der deutschen Kolonien", Sternbuch von Jürgen Petschull und Thomas Höpker, Hamburg 1984
S. 13	De Brazza 1882 am Nordufer des unteren Kongos. Ruth Weiss/ Hans Mayer, "Afrika den Europäern", Peter Hammer Verlag, Wuppertal 1984
S. 14, 16, 17	Helgard Patemann, "Lernbuch Namibia – Deutsche Kolonien 1884 – 1915", Peter Hammer Verlag, Wuppertal 1984
S. 19, 21	"Der Überblick", "100 Jahre Berliner Konferenz", 1/84, 20. Jg.
S. 33	Bernhard, N., "Tarzan und die Herrenrasse", Lenos Verlag, Basel 1986
S. 37	Helvetas, "Der Schweizer und die dritte Welt"
S. 40	Strahm, R., "Überentwicklung – Unterentwicklung", Peter Hammer Verlag, Wuppertal 1978
S. 41	Risz, H., "Nachrichtenfilme aus der dritten Welt", Zeitschrift "medium", 40/80
S. 48	H. Sondereggger, kem-fotodienst, Basel
S. 55	J. Häberle, kem-fotodienst, Basel
S. 57	H. Stamm, Galgenen
S. 95	Postkarte, Edition Plambeck, Neuss
S. 102	H. Stamm, Galgenen
S. 121	H. Stamm, Galgenen
S. 168	Postkarte, Iris, Mexichrome, FR

Die übrigen Quellenangaben sind jeweils im Text sowie bei den Bildern vermerkt.

Literaturhinweise

Eine ausführliche Literaturliste kann beim Arbeitskreis Tourismus und Entwicklung (Missionsstr. 21, CH-4003 Basel) bezogen werden.

Adler, C., Achtung Touristen – Anmerkungen eines Verhaltensforschers zum Thema Ferntourismus nebst Anregungen zum besseren Verhalten im Ausland. Frankfurt a.M., Umschau-Verlag, 1983.

Aisner, P., Plüss, C.,La Ruée vers le Soleil, L'Harmattan, Paris, 1983.

Annals of Tourism Research, A Social Sciences Journal, Pergamon, Periodika, New York.

Arbeitskreis Tourismus und Entwicklung (Hg.), Tourismusförderung in der Dritten Welt. Ökonomische, soziokulturelle und ökologische Auswirkungen des Tourismus. Basel, 1980.

Arbeitskreis Tourismus und Entwicklung (Hg.), Projekttourismus, Nutzen für wen? Untersuchungen über verschiedene Alternativreisen zu Entwicklungsprojekten. U. Mäder. Basel, 1980.

Arbeitskreis Tourismus und Entwicklung (Hg.), Reisen in die Dritte Welt. Basel, 1981, 4. Aufl.

Arbeitskreis Tourismus und Entwicklung (Hg.), Palmaria – Reisen in die Ferne; eine Unterrichtseinheit zum Tourismus in der Dritten Welt, 8.–10. Schuljahr, Basel, 1984.

Armanski, G., Die kostbarsten Tage des Jahres. Tourismus – Ursachen, Formen, Folgen. Bielefeld, Peter-Rump-Verlag, 1986.

Baumgartner, R., Trekking und Entwicklung im Himalaya. Interkulturell vergleichende Studien der Arbeitsgruppe Entwicklungsländer an der Universität Konstanz. Verlag Rüegger, CH-Diessenhofen, 1980.

Bensmann, H., Die Reisegesellschaft. Deutschlands Urlauber und die Tourismusindustrie. Düsseldorf, 1976

Benzing, B., Das Ende der Ethnokunst. Fulda, 1978.

Bergmann, K., Hammann, W., Ockenfuss, S. (Hg.); Abhauen. Flucht ins Glück. Reinbeck: rororo Sachbuch, 1981.

Bergmann, R., Cuba libre in Benidorn. Roman. Frankfurt, 1977.

Beutel, M., Greverus, I.M., Schanze, R., Speichert, E., Wahrlich, H., Tourismus – ein kritisches Bilderbuch. Bensheim, Päd.-Extra-Buch-Verlag, 1978.

Bouhdiba, A., Kulturgesellschaftliche Einflüsse des modernen Tourismus. Unesco Kurier, 1982, 7.

Boutillier, J.-L., Copans, J., Fiéloux, M., Lallemend, S., Ormiéres, J.-L., Le Tourisme En Afrique De L'Ouest. Paris, François Maspero, 1978.

Britton, S., The Political Economy of Tourism in the Third World. In: Annals of Tourism Research, 1982, 9,)S. 331–358).

BUKO AKE (Hg.), "Alternatives" Reisen in die "Dritte Welt" – zwischen Völkerverständigung und Neokolonialismus – Protokoll einer Studientagung. Haus Neuland, 1985.

Bugnicourt, J., Sex – Sonne – Sand. Forum Vereinte Nationen. In: Zeitschrift für Internationale Entwicklung, 1977, 5.

Bugnicourt, J.: Ein neuer Kolonialismus? Forum Vereinte Nationen. In: Zeitschrift für Internationale Entwicklung. 1977, 6.

Bundesministerium für wirtschaftliche Zusammenarbeit (Hg.), Tourismus und Entwicklungspolitik. Entwicklungspolitik, 1976, Materialien 54.

Bundesministerium für wirtschaftliche Zusammenarbeit (Hg.), Tourismus in Entwicklungsländer. Entwicklungspolitik, 1981,,Materialien 67.

Christian Conference of Asia, (Ron O'Grady), Tourism, The Asian Dilemma, Singapore, 1975.

Christian Worker's Fellowship, The Economic, Social and Cultural Impact of Tourism on Sri Lanka, Colombo, 1981.

Christofferson, P., Guatemala – Ferienparadies zwischen Massengräbern. Warum man am Atitlán-See keine Touristen mehr trifft. Bremen, edition CON, 1983.

Chung-Tong Wu, Issues of Tourism and Socioeconomic Development. In: Annals of Tourism Research, 1982, 9, (S.317–330).

Contours, Ecumenical Coalition on Third World Tourism, Periodika, Bangkok.

Decker-Horz S., Alternative Konzepte des Tourismus für die Dritte Welt und ihre Entwicklungspolitische Bedeutung, Dipl.-Arbeit in Politologie, Philipps-Universität, Marburg 1979.

Deutsches Institut für Wirtschaftsforschung, Internationaler Tourismus, Daten und Analysen; erscheint jährlich zur Internationalen Tourismus-Börse, Berlin.

Deutsche Stiftung für internationale Entwicklung, Auswahlbibliographien. Tourismus. Bonn.

Deutscher Volkshochschulverband e.V. (Hg.), Tourismus in Lateinamerika, in: Materialien 17, Lateinamerika in Spanischkursen II, S. 123–167, Bonn 1981.

Direktion für Entwicklungszusammenarbeit und Humanitäre Hilfe (DEH). Baumgartner F., Grundlagen zur Beurteilung touristischer Stipendiengesuche, Bern, 1979.

Dress, G., Der Tourismus als ein Faktor soziokulturellen Wandels in Bali. In: Studienkreis für Tourismus (Hg.). Tourismus – Entwicklung und Gefährdung? Wirtschaftliche und soziale Wirkungen des Tourismus. Starnberg, 1978.

Dress, G., Wirtschafts- und sozialgeographische Aspekte des Tourismus in Entwicklungsländern: dargestellt am Beispiel Bali in Indonesien. München, 1979.

Ecumenical Coalition on Third World Tourism (Hg.), Alternative Tourism – A Ressource Book. Bangkok, o.J.

Economic Review of World Tourism, World Tourism Organisation, Periodika, Madrid.

Eidgenössisches Statistisches Amt, Reiseverkehr der Schweizer im Ausland 1984, Sonderberichte, Bern 1985.

Entwicklungspolitischer Arbeitskreis im Informationszentrum für Menschenrechte und Entwicklung, Touristen – Eine Ausstellung über Reisen in ferne Länder. Bremer Überseemuseum. Ausstellungskatalog, o.J.

Enzensberger H.-M., Eine Theorie des Tourismus. In: Einzelheiten I. Frankfurt, 1962.

EPD Entwicklungspolitik (Hg.), Frauen in der Dritten Welt. Frankfurt, 1978.

EPK, Entwicklungspolitische Korrespondenz, Sexploitation. Hamburg, 1981.

Erklärung von Bern, Tourismus, ein schlechtes Geschäft für die Dritte Welt, Dokumentation, Zürich, 1979.

Evangelische Akademie, div. Tagungsberichte zum Thema, Bad Boll.

Forschungsinstitut für Fremdenverkehr. Von den Kosten und Nutzen des Fremdenverkehrs nach Entwicklungsländern, Referate und Ergebnisse eines Seminars (J. Krippendorf, F.A. Wagner, H.M. Müllenmeister, R. Jaisli, U. Mäder, E. Gugg, A. Vielhaber), Bern, 1980.

Forschungsinstitut für Fremdenverkehr, Fremdenverkehr in Entwicklungsländern – insbesondere aus sozio-ökonomischer Sicht – Textauszüge, Dokumentation zum Fremdenverkehrsstudium, Bern, 1982.

Forschungsinstitut für Fremdenverkehr (Hg.), J. Krippendorf, B. Kramer, R. Krebs, Arbeitsgesellschaft im Umbruch, Bern 1984.

Forschungsinstitut für Fremdenverkehr (Hg.), J. Krippendorf, B. Kramer, H. Müller, Freizeit und Tourismus, Bern 1986.
Förste, W., Verkaufte Träume – Kinderarbeit und Kinderprostitution in Thailand. München, 1982.
Fremdenverkehrsdienst des Eidg. Amts für Verkehr, Bern, Tourismus im Jahr 2010, eine Delphi-Umfrage über die zukünftige Entwicklung des Tourismus in der Schweiz (Krippendorf Jost). Bern, 1979.
Frentrup, K.; Die ökonomische Bedeutung des internationalen Tourismus für die Entwicklungsländer. Hamburg, 1969.
Galerie 70; Die programmierte Völkerwanderung. Einige Aspekte zu den kostbarsten Wochen des Jahres. Berlin, Maulwurf Buchvertrieb, Ausstellungskatalog, 1977.
Geisler, M., Tourismus in der Dritten Welt. Materialien für Unterricht und Bildungsarbeit Nr. 13 (Loseblattsammlung), hg. v. Gesellschaft für Entwicklungspolitische Bildung e.V., Freiburg.
Gormsen, E., Tourismus in der Dritten Welt. Geographische Rundschau, 1983, 12, (S. 608–617).
Gottlieb Duttweiler-Institut, Ferntourismus und Entwicklung, Vorträge einer internat. Tagung (mit Beiträgen von: Al Imfeld, O. Pfenninger, R. Baretje, J.M. Thurot, R. Renschler, M. Santi, Th. Schwarz, K. Kühne, R. Jaisli, P. Braunschweig, A. Haulot, MM. Kasse, F.Mc. Gilchrist, H. Zimmermann, F. Baumgartner, M. Schlechten, U. Mäder, J. Krippendorf, A. Vielhaber), Rüschlikon, 1979.
GradyR.O., Zwischenlandung Dritte Welt, Ein Beitrag zur Tourismuskritik, Dienste in Übersee (Hg.), 1982.
Graf S., Tourismus in Entwicklungsländern, ökonomische Semesterarbeit, Zürich, 1977.
Gruppe Neues Reisen (Hg.) – Schlösser, H., Wunschbilder des Reisens. Reiseberichte gestern und heute. Berlin, Express Edition, 1982.
Gruppe Neues Reisen (Hg.) Reisebriefe, Periodika, Berlin, Frankfurt, München.
Gruppe Neues Reisen (Hg.), "Komm auf das Schiff meiner Träume", Tourismus zwischen Wunsch und Wirklichkeit; Unterrichtseinheit für die Sekundarstufe II.
Hartmann, K.D., Auslandreisen. Dienen Urlaubsreisen der Völkerverständigung? Starnberg, StfT, 1974.
Heise G., Reisen in die schwarze Haut, Peter Hammer-Verlag, D-Wuppertal, 1980.
Helmich, G., Stellungnahme zur wachsenden Kritik touristischer Entwicklungshilfe. St. Gallen, 1977.
Henke, L., Parlitz, G., Thailand. Frauen als Devisenquelle. Deutscher Hochschulverband, Materialien 19, Band: Asien.
Informationsstelle Guatemala, Guatemala, Diskriminierung, Befreiung, Indianer, Tourismusboykott, München, 1980.
Informationszentrum Dritte Welt, Blätter des iz3w, Nr. 84 und 86, Wem nützt der Tourismus?, Freiburg i. Br., 1980.
Informationszentrum Dritte Welt, Klar, schön war's, aber..., Freiburg i. Br., (2. vollst. überarbeitete Auflage).
International Union of Travel Organisations (IUOTO), International Travel Statistics: erscheint jährlich.
Institut für Auslandsbeziehungen (Hg.), Tourismus und Kulturwandel. Zeitschrift für Kulturaustausch, Stuttgart, 1978, 3.
Institut für Fremdenverkehr, div. Publikationen zum Thema, St. Gallen.
Jungk, R., Wieviele Touristen pro Hektar Strand?, in: Geo, Nr. 10, Okt. 1980.
König, A., Was wollt ihr denn hier?, Bremen, 1981.
Kramer, D., Freizeit und Reproduktion der Arbeitskraft. Köln, 1975.

Kramer, D., Der sanfte Tourismus – Umwelt- und sozialverträglicher Tourismus in den Alpen. Wien, Österreichischer Bundesverlag, 1983.
Krippendorf, J., Die Landschaftsfresser. Bern, 1975.
Krippendorf, J., Die Ferienmenschen – Für ein neues Verständnis von Freizeit und Reisen. Zürich, Orell Füssli Verlag, 1984. (Siehe auch Forschungsinst. für Fremdenverkehr und Fremdenverkehrsdienst...)
Kultur-Magazin, Massentourismus und Alternativen: im Trikontinent, im Jura, in Sizilien, Bern, 1980.
Lange, K., Sanft *und* Brutal. Natur – Das Umweltmagazin, 1986, 5, (S. 26-34).
Lipka, S., Das käufliche Glück in Südostasien – Heiratshandel und Sextourismus. Münster, Verlag Westfälisches Dampfboot, 1985.
MacCannell, D., The Tourist. A New Theory of the Leisure Class. London, 1976.
Mäder, U., Fluchthelfer Tourismus: Wärme in der Ferne? Zürich, Rotpunktverlag, 1982.
Mäder, U., Sanfter Tourismus: Alibi oder Chance? Die Schweiz – ein Vorbild für Entwicklungsländer? Zürich, Rotpunktverlag, 1985.
May, S., Tourismus in der Dritten Welt – Von der Kritik zur Strategie: Das Beispiel Kapverde. Frankfurt, Campus-Verlag, 1985.
Mees, U., Vorausurteil und aggressives Verhalten. Eine experimentelle Untersuchung von Beziehungen zwischen Urteilen über Völker und aggressivem Verhalten gegenüber Angehörigen dieser Völker. Stuttgart, 1974.
Meinke, H., Tourismus und wirtschaftliche Entwicklung. Hamburg, Diss. 1967.
Meueler, E. (Hg.), Kenia – oder: Urlaub der Reichen in den Ländern der Armen, in: Unterentwicklung Bd. I, Reinbek, 1974.
Meyer, W., Ferntourismus. Vorstellungen über Ceylon – Kenia – Tansania – Tunesien als Urlaubsländer. Starnberg (StfT), 1973.
Mitscherlich, A., Aspekte der Fremdenindustrie, in: Thesen zur Stadt der Zukunft, Suhrkamp, Frankfurt a.M., 1971.
Mosquito, Aufstand der Bereisten, SKAAL/AG3W, Bern, Juni 1980.
Niemeyer, W., Reiseleitung – Zur Stellung des Reiseleiters in der interkulturellen Kommunikation, Arbeitskreis Tourismus und Entwicklung, Basel, 1985.
Ohse, U., Forced Prostitution, Edinburgh, 1985.
Opaschowski, H.W., Freizeit und Umwelt, Hamburg, 1985.
Organisation of Economic Cooperation and Development (OECD), International Tourism and Tourism Policy in OECD Member Countries, erscheint jährlich, Paris.
Pfäffinger, B., Seniorenreisen, Arbeitskreis Tourismus und Entwicklung, Basel, 1985.
Pfäfflin, G., Tourismus und Entwicklung – Ökumenisch reisen mit den Kriterien des Ausschusses für Entwicklungsbezogene Bildung und Publizistik (ABP). Stuttgart, Zentrum für Entwicklungsbezogene Bildung, 1985. (Siehe auch ZEB)
Phongpaichet, P., From Peasant Girls to Bangkok Masseuses. Genf, 1982.
Prahl, H.-W., Steinecke, A., Der Millionen-Urlaub. Von der Bildungsreise zur totalen Freizeit. Frankfurt, Ullstein-Sachbuch, 1981.
Prahl, H.-W., Steinecke, A. (Hg), Tourismus. Arbeitstexte für den Unterricht. Ditzingen, Reclam, 1981.
Prostitution Tourism in Asian Women's Liberation, Tokyo, Asian Women's Association, 3, Tokyo.
Reisebriefe, Periodika, Gruppe Neues Reisen, Berlin, Frankfurt, München.
Renschler Regula, Alternativ-Tourismus – Von der Sehnsucht nach der griechischen Insel und anderen Wunschträumen, Erklärung von Bern (Hg.), Zürich, 1981.
Renschler Regula, Das Phänomen des Reisens – Wie ändert der Tourismus uns

und jene, die wir besuchen?, Erklärung von Bern (Hg.), Zürich, 1982.
Resch, W., Fremdenverkehr und Dritte Welt. Anspruch und Wirklichkeit. Ein Leitfaden, Stein b. Nürnberg, 1977.
Riess, C., Jedes Jahr ins Paradies. Das Geschäft mit dem Urlaub, Hamburg, 1973.
Revue de tourisme, Stämpfli & Co AG, Bern.
Ruf, W.K., Tourismus und Unterentwicklung, in: Inst. für Auslandbeziehungen 1978, (S. 108 – 115.)
Scherrer, C., Dritte Welt-Tourismus, Diss., Dietrich Reimer Verlag, Berlin, 1986.
Scheuch, E., Ferien und Tourismus als neue Formen der Freizeit. In: Scheuch, E., Meyersohn, R. (Hg.), Soziologie der Freizeit. Köln, 1972 (S. 304-320).
Schlechten, M., Aliénation ou Rencontre, Modèle de tourisme culturel en Afrique, Mémoire fac. des lettres Université de Fribourg, 1978.
Schmid P., Fehr, B., Der Tourismus in Togo, Abschlussbericht eines Studienaufenthalts in Togo im Rahmen des ASA-Programms 1978, Kübel-Stiftung, Bensheim, 1979.
Schmidt, H.G., Der neue Sklavenmarkt. Geschäfte mit Frauen aus Übersee. Basel, Lenos Verlag, 1985.
Sex Tourism and Military Occupation, Asians Women's Association, 6, Tokyo, 1985.
Skrobanek, S., Die transnationale Sexploitation von Thai-Frauen. In: Peripherie, 1983, 13, (S. 4-13).
Smith, V.L., Hosts and Guests, Oxford, 1978.
Solidaritätskomitee für Afrika, Asien und Lateinamerika, Zeitschrift Solidarität, Tourismus in die Dritte Welt (U. Mäder, P. Braunschweig, R. Renschler, G. Berweger), 37/38, Basel, 1979.
Steinecke, A. (Hg.), Interdisziplinäre Bibliographie zur Fremdenverkehrs- und Naherholungsforschung, Berlin, 1984. (Siehe auch Prahl...)
Straatmann, G., Prostitutionstourismus in der Dritten Welt – Beispiel: Thailand. In: terre des hommes, 1980, 2, (S. 10-14).
Studienkreis für Tourismus e.V. (StfT), Ferntourismus – ein Mittel der Entwicklungshilfe und Völkerverständigung? Bericht über eine Tagung des Studienkreises für Tourismus vom 7.-8. Mai 1973 in Bensheim in Verbindung mit dem Bundesministerium für wirtschaftliche Zusammenarbeit. Starnberg, Studienkreis für Tourismus e.V., 1974.
Studienkreis für Tourismus (Hg.), Tourismus – Entwicklung und Gefährdung? Wirtschaftliche und soziale Wirkungen des Tourismus. Starnberg, 1978.
Studienkreis für Tourismus (Hg.), Tourismus in Entwicklungsländern. Beiträge der Arbeitsgruppe Ferntourismus des StfT 1974-1978. Starnberg, 1979.
Studienkreis für Tourismus (Hg.), Tourismus in Entwicklungsländern II – Beiträge der Arbeitsgruppen Ferntourismus des StfT 1979-1983. Starnberg, Studienkreis für Tourismus e.V., 1984.
Studienkreis für Tourismus (Hg.), Reiseanalyse (jährlich), Starnberg.
Tanzania Publishing House, Tourism and Socialist Development, Dar es Salaam, 1973
Terre des Hommes France, Quel Tourisme?, Revue, 35, St. Ouen, 1980.
Thailand Informations- und Solidaritätskomitee (Hg.), Tourismus in der Dritten Welt, Thailand-Correspondenz, 7/8.
Unesco-Kommission, Schlussbericht des Seminars über Tourismus und Dritte Welt, (M. Santi, U. Mäder, S. Aderi, Al Imfeld), Bern, 1981.
Vielhaber, A., Tourismus in Ägypten, Studienkreis für Tourismus, Starnberg, 1979.
Vorlaufer, K., Ferntourismus und Dritte Welt. Studienbücher Geographie. Frankfurt/Main, Verlag Moritz Diesterweg, 1984.

Wiegand, A., Entwicklungen und Auswirkungen des Tourismus am Beispiel Nepal, Informationen – Argumente – Literatur, München, 1983.
Wilke, R., Sanfte Frauen gegen harte Devisen, Der Überblick, 1981, 4.
Wirth, A., Massentourismus und abhängige Entwicklung: Kritik der herrschenden Theoreme zum Tourismus in der Dritten Welt, Marburg, Diss., 1976.
World Council of Churches (Hg.), O'Grady Ron; The tourism debate, Third World Stopover, Genf, 1981.
World Tourism Organisation, Tourism Compendium, Madrid, 1979.
World Tourism Organisation, Economic Effects of Tourism, Madrid, o.J.
Wynne, A., Keine Zeit für Tränen – Philippinische Frauen erzählen, Frankfurt, 1980.
Zanoni, L., Touristische Entwicklungszusammenarbeit, Daten, Strategien, Projekte, Dissertation in Wirtschafts- und Sozialwissenschaften Universität Freiburg i.Ue., 1977.
Zentrum für Entwicklungsbezogene Bildung (ZEB), Tourismus Prostitution Entwicklung – Dokumente, Horlemann, J., Pfäfflin, G.F., Stuttgart, 1983.
Zimmer, P., Alternativtourismus – Anspruch und Wirklichkeit, Forschungsinstitut für Fremdenverkehr der Universität, Bern, 1984.

Kontaktstellen

Arbeitskreis "Tourismus und Entwicklung", CH-4003 Basel, Missionsstr. 21.
Dritte Welt-Frauen-Informationszentrum (FIZ), CH-8005 Zürich, Quellenstr. 25.
Forschungsinstitut für Fremdenverkehr, CH-3011 Bern, Monbijoustr. 29.
Informationsdienst Dritte Welt, CH-3001 Bern, Monbijoustr. 31.
BUKO – Bundeskongress-Aktionsgruppen, BRD-2000 Hamburg, Nernstweg 32 – 34.
Gruppe Neues Reisen, D-1000 Berlin 61, Fidicinstr. 8a.
Informationszentrum Dritte Welt, BRD-7800 Freiburg, Postfach 5328.
Studienkreis für Tourismus, BRD-8130 Starnberg, Dampfschiffstr. 2, Postfach 1629.
Zentrum für Entwicklungsbezogene Bildung (ZEB), BRD-7000 Stuttgart, Gerokstr. 17.

Medien

Filme

"Sonne der Hyänen", Ein tunesisches Fischerdorf wird von einem Touristikunternehmer "entdeckt" und für den Tourismus erschlossen. Die Bewohner erfahren die tragischen Folgen davon.
Spielfilm, farbig, 100 Minuten, arabisch gesprochen, deutsche Untertitel.
Verleih: CH: Zoom, Selecta, T + E (nur Video). BRD: Matthias-Film, EMZ 12, alle Landesfilmdienste.
Blickwechsel: "Touristen in Sri Lanka", Touristisches Fehlverhalten in Tempeln, Kinder bleiben der Schule fern und laufen am Strand den Touristen nach.
16 mm, Farbig, deutsch, 26 Minuten.
Verleih: CH: T + E (auch Video) BRD: EMZ 1, 6, 12, alle Landesbildstellen
Blickwechsel: "Begegnungen in Kenya", touristisches "Begegnungs-Programm" mit Massai-Kriegern, Begegnung zwischen einem deutschen Touristen und einer Prostituierten aus Nairobi.
Verleih: CH: T + E (auch Video) BRD: EMZ 12, alle Landesbildstellen
Blickwechsel: "Das andere Mexiko", Zwei deutsche Touristinnen werden von Mexikanern eingeladen und erhalten so Einblick in deren Alltag und Lebensbedingungen.
16 mm, farbig, deutsch, 26 Minuten.
Verleih: CH: T + E (auch Video) BRD: alle Landesbildstellen
Blickwechsel: "Jamaica ist mehr als ein Strand", Der deutsche Hobbymusiker Stephan möchte Jamaica und den Reggae hinter den Kulissen erleben. Ein Jamaicaner (vom Meet-the-People-Programm) führt ihn zu den Rastafaris und zu den Slums.
16 mm, farbig, deutsch, 31 Minuten.
Verleih: CH: T + E (auch Video) BRD: EZEF/Matthias-Film EMZ 2, 12
"Ferien bei den Indianern", Indios im Hochland von Guatemala erleben die Auswirkungen des Tourismus auf ihren Alltag.
16 mm, farbig, deutsch, 44 Minuten.
Verleih: CH: T + E, BRD: EZEF/Matthias-Film
"Alpen im Zwielicht", Ausgehend von den Wünschen der Skitouristen wird die Gefährdung des Alpenraumes durch den Tourismus gezeigt: Umweltbelastung, soziale Probleme, Grundstückspekulation usw.
16 mm, farbig, deutsch, 20 Minuten.
Verleih: CH: T + E, BRD: Landes-, Kreis- und Stadtbildstellen

Tonbildschauen

"Tourismus in der Dritten Welt", Massentourismus in Kenya wird einem "integrierten" Tourismus in Senegal gegenübergestellt.
100 Dias und Tonkassette, deutsch, 30 Minuten.
GRAD/Brot für Brüder/Fastenopfer/HEKS.
Verleih: CH: T + E
"Das Geschäft mit den Leibern", thailändische Frauen produzierten diese Tonbildschau zum Thema Sextourismus-Prostitution-Entwicklung.
70 Dias und Tonkassette, deutsch, 20 Minuten.
EvB Zürich, ZEB, Gerokstrasse 17, D-7000 Stuttgart 1.
Verleih: CH: T + E, EvB; BRD: ZEB Stuttgart

Planspiele

SAFO (für ca. 14 bis 30 Spieler).
Tourismus und einheimischer Lebensstil auf einer Insel.
Hrsg: Evang. Missionswerk, Mittelweg 143, D-2000 Hamburg.
(Miete: Fr. 5.—, Kauf Fr. 15.—)
Verkauf und Verleih: Ch: T + E; BRD: Evang. Missionswerk Hamburg
ALPINA (für ca. 13 bis 27 Spieler).
Touristische Erschliessung eines Bergdorfes.
Hrsg: WWF Schweiz, Zürich.
(Miete: Fr. 10.—, Kauf: Fr. 39.—).
Verkauf und Verleih: CH: T + E, WWF Schweiz.

Adressen der Verleihstellen

Schweiz:

Arbeitskreis Tourismus und Entwicklung,
Missionsstrasse 21, CH-4003 Basel, Tel. 061/25 33 99
ZOOM
Saatwiesenstr. 22, CH-8600 Dübendorf, Tel. 01/821 72 70
Selecta Film
8, rue de Locarno, CH-1700 Fribourg, Tel. 037/22 72 22
Schul- und Volkskino
Erlacherstrasse 21, CH-3000 Bern, Tel. 031/23 08 32

Bundesrepublik:

EZEF/Matthias-Film
Gänsheidestr. 67, D-7000 Stuttgart 1, Tel. 0711/24 05 12
EMZ 1
Ev. Bildstelle
Postfach 2269, D-7500 Karlsruhe 1, Tel. 0721/14 73 68
EMZ 2
Ev. Medienzentrale in Bayern
Postfach 63, D-8500 Nürnberg 115, Tel. 0911/43 04-215
EMZ 6
Amt für Öffentlichkeitsdienst, Medienzentrale
Feldbrunnenstrasse 29, D-2000 Hamburg 13, Tel. 040/45 66 24
EMZ 12
Medienzentrale der Ev. Landeskirche in Württemberg
Theodor-Heuss-Strasse 23, D-7000 Stuttgart 1, Tel. 0711/29 02 06

Zu allen Filmen, Tonbildschauen und Spielen gibt es einen ausführlichen Prospekt beim Arbeitskreis Tourismus und Entwicklung in Basel.

Arbeitskreis Tourismus + Entwicklung

Ziele:

- Das allgemeine Bewusstsein und die Betroffenheit über die Problematik des Tourismus, wie sie sich der breiten Bevölkerung der armen Länder stellt, zu fördern. Dabei sollen die verschiedensten Auswirkungen des Ferntourismus in seinen vielfältigen Formen aus entwicklungspolitischer Sicht kritisch untersucht und bearbeitet werden. Auch Probleme des Tourismus in schweizerischen Feriengebieten sollen vergleichend in die Arbeit einbezogen werden

- Im einzelnen alle Verhaltensänderungen zu unterstützen, welche verhindern, dass fremde Menschen, Länder und Kulturen touristisch ‹konsumiert› werden, oder welche wenigstens mithelfen, dass gleichwertige Beziehungen zwischen den Bevölkerungen verschiedener Länder entstehen können. Derartige Verhaltensänderungen sollen in möglichst direktem Kontakt mit den Touristen verwirklicht werden

- Im einzelnen alle organisatorischen Massnahmen zu unterstützen, welche entwicklungshemmende Wirkungen des Tourismus abbauen oder entwicklungsfördernde Wirkungen des Tourismus verstärken. Derartige Massnahmen sollen wenn möglich in Zusammenarbeit mit Touristikunternehmen und den Gastländern verwirklicht werden

Konkrete Arbeitsmöglichkeiten zur Zielsetzung sind etwa:

- *Die Erarbeitung von Informationsmaterialien und beratenden Entscheidungshilfen für Touristikunternehmen, Reiseleiter, Touristen, Hilfswerke, entwicklungspolitische Organisationen und weitere Interessenten*

- *Die Bereitstellung von und die Mitwirkung an Ausbildungskursen im Bereich Schule und Lehrerfortbildung, in Jugendgruppen, in der Erwachsenenbildung, in entwicklungspolitischen und weiteren Veranstaltungen mit Bildungscharakter*

- *Publizistische Arbeiten in den Massenmedien einschliesslich die Förderung von journalistischen und wissenschaftlichen Untersuchungen zum Thema*

Der Arbeitskreis Tourismus und Entwicklung betrachtet die aktive Solidarität mit benachteiligten Bevölkerungsgruppen, vorallem in der Dritten Welt, als oberstes Ziel seiner Tätigkeit.

Missionsstrasse 21 4003 BASEL 061 - 25 33 99

Roque Dalton
Armer kleiner Dichter, der ich war
Roman, 512 S., Fr./DM 38.-, engl. Broschur, ISBN 3-85869-034-1
«Ich bin auf dem Weg der Poesie zur Revolution gelangt», schrieb der salvadorianische Dichter und Revolutionär Roque Dalton. Diesen Weg der Poesie, der zur Revolution führt, beschreibt er in seinem stark autobiographischen Roman. Der Komplexität des Unternehmens entsprechen die darstellerischen Mittel, bei Dalton beinahe unbegrenzt! Er war an vielen Orten zu Gast und hat viele Male Abschied genommen. Dieses Buch ist der Abschied von dem zugleich geliebten und verachteten Dichterlein, das er war. Als der Guerillero, der er auch war, wurde er 1975, ein Jahr vor Erscheinen dieses Buches, auf tragische Weise ermordet.

John Ya-Otto
Namibia — autobiographischer Bericht
200 S., illustr., Fr. 17.80/DM 19.80
Der Bericht eines SWAPO-Kämpfers über den Weg Namibias zu seiner längst überfälligen Befreiung und Unabhängigkeit.

Francis Pisani
Muchachos — Tagebuch der sandinistischen Revolution in Nicaragua
384 S., illustr., Fr. 24.80/DM 27.80
Das bereits klassische Werk über die letzten Tage der Somozas und den Sieg der Sandinisten.

Mario Benedetti
Literatur und Revolution
Essays. Lateinamerika. 176 S., Fr. 21.80/DM 23.50, franz. Broschur, ISBN 3-85869-033-3
Nachdem auf Deutsch Romane, Erzählungen und Gedichte übersetzt sind, liegt hier zum ersten Mal der Essayist Benedetti vor.

Rodolfo Walsh
Operacion Masacre
Argentinischer Tatsachenbericht nach Aussagen Erschossener. 208 S., Fr. 17.80/DM 19.80
Unser Geheimtip... Alle die dieses Buch gelesen haben, sind des Lobes voll, doch anscheinend halten Titel, Art und Aufmachung vom Kauf ab. Schade. Der Autor - er gehört zu den "Verschwundenen" — hätte es verdient, dass sein kriminalistisch verfasster Bericht über ein stattgefundenes Ereignis aus dem Jahre 1956 in Argentinien auch bei uns mehr gelesen würde.

Pierre Harrison
Das Nestlé-Imperium
Ca. 320 S., ca. Fr. 28.-/DM 31.-, illustr., franz Broschur
Harrison legt in seinem Buch die erste umfassende, kritische Darstellung der Strukturen und Praktiken des grössten Nahrungsmittel-Multis der Welt vor. Die französische Ausgabe von 1983 wurde vom Autor überarbeitet und aktualisiert.

Otto Marchi
Schweizer Geschichte für Ketzer
oder die wundersame Entstehung der Eidgenossenschaft. 208 S., Grossformat, illustr., Fr. 29.-/DM 31.-, ISBN 3-85869-035-X

Stefan Studer
Die Nationalstrasse — die Nationalstrafe
Macht und Ohnmacht im schweizerischen Nationalstrassenbau oder wie die Demokratie auf der Strecke blieb. 176 S., reich illustr., franz. Broschur, Fr./DM 24.80